陆学艺
陆留生　主　编

社会现代化：
太仓实践

SOCIAL MODERNIZATION:
A COUNTY PRACTICE OF TAICANG

上 册
【总结篇】

朱汝鹏 等／著

社会科学文献出版社
SOCIAL SCIENCES ACADEMIC PRESS (CHINA)

金太仓　周杰 摄

江南春晓　王红 摄

太仓港经济技术开发区

　　陆域规划控制面积约261.8平方公里，沿长江入海口38.8公里的黄金岸线呈带状分布，是上海国际航运中心组合港和集装箱干线港、江苏第一外贸大港——太仓港的直接经济腹地。1993年批准为省级开发区，2011年6月29日，获国务院批准晋级为国家级经济技术开发区。先后荣获"中国石油和化学工业最具投资价值园区""长三角最具投资价值开发区""全国模范劳动关系和谐工业园区"等称号。2011年实现地区生产总值192.2亿元，实现地方一般预算收入13.57亿元，完成工业总产值700亿元，完成固定资产投资128亿元，完成进出口总额51亿美元，主要经济指标连续多年保持20%以上的增幅。

太仓市科教新城　陈建法　摄

位于太仓、上海、昆山三城交汇的中心地带，上海11号轨道延伸段和苏州城际铁路已经规划，海□仓遗址、牛郎织女传说降生地位于境内，规划面积约12平方公里，规划总人口约10万人。目前海运堤一期运营良好，建成安置房30万平方米，农户动迁比率在70%以上，健雄学院、太仓市传媒中心、太仓市□级中学新校区等市重点工程均投入使用，科技文化产业园获得"苏州市文化产业示范基地"命名，健□学院获评为省级大学科技园。

高尔夫湖滨花苑小区　沈美林　摄

该小区是位于滨河路上的国际化精英领袖社区，占地208亩，总建筑面积19.74万平方米，是太仓第一个融合独立别墅、联体别墅、叠加别墅、高层、小高层为一体的高尚小区。各种建筑独具风格，整体布局合理，高低错落有致，四季绿草荫荫，处处精雕细琢，多重景观令人赏心悦目，打造出卓越不凡的品质生活家园。小区硬件堪称一流，全方位安防系统、智能化信息系统为您提供一个安全的生活保障。系统利用保温节能建筑材料，节能率高□40%。首家引进家庭直饮水系统。1.4万平方米的豪华五星级会所，为业主展现优越空间，享受丰富、□面的休闲娱乐生活体验，时尚流行主题区域：室内国际标准恒温游泳池、SPA香薰水疗、大型室内运□健身中心、豪华宴会厅……小区引进一流的物管，设置现代化智能安保系统，每户设家庭智能化信息□台，"一卡通"便利系统，为高尚的人文社区提供国际规范化、体贴呵护的生活配套服务。

太仓风情·水街海运堤　金云达　摄

　　坐落于新浏河风光带南岸太平新路和东仓新路之间，总占地约10万平方米，建筑面积约2万平方米，是集高档餐饮，时尚休闲为主的商业步行街。海运堤命名来源于该项目西侧太仓海运仓遗址，属地海运仓是在全国第三次文物普查中被发现的，是目前已知全国最大的元明时期粮仓遗址，此后被列入《2008年第三次全国文物重要新发现》，成为江苏省三大重要新发现之一。风情水街·海运堤用现代手法演绎传统园林和建筑文化，从回归自然的理念出发，采用现代元素与园林、建筑结合，延续了太仓江南水墨画的建筑特色，7万平方米的绿化创造出四季皆宜的环境。风情水街人文与建筑、园林与休闲、时尚与静谧的融合，是太仓高品质的时尚风向标。风情水街·海运堤突出特色餐饮主题，坚持高品质、高层次的经营理念，旨在传承和发扬太仓源远流长的餐饮文化，着力打造又一张太仓靓丽城市名片。海运堤于2010年5月8日正式开街营运，目前一期招商已圆满完成，16栋建筑已全部名花有主。入驻的企业有11家主题餐饮、2家西餐茶楼、2家KTV和1家酒吧，11家主题餐饮中，有主打苏州本帮菜的"松鹤楼"、有东南亚餐厅"源泰"、特色火锅"豆捞坊"、新进驻的"天下粮仓"主打高端粤菜，多个不同的菜系给消费者带来更多的选择。自运营以来，海运堤已经荣获苏州市特色（著名）商业街、太仓市创建明码标价诚信经营示范街等荣誉称号。

江苏省太仓经济开发区　徐仲良　摄

　　创办于1991年，1993年11月被江苏省人民政府批准为省级开发区。2011年6月，经国务院办公厅批准，升级为国家级经济技术开发区。开发区土地面积87平方公里，管理惠阳、东郊、太平、洋沙、朝阳、香花桥、太东、太胜、滨河、娄江、陆渡、东城12个居委会和小桥、花北、红庙、洙桥、三港、横沥、洙泾、陆渡、岳南9个村委会。立足于得天独厚的区位优势，得益于高效满意的亲商服务，建区十多年来，已有美国、英国、德国、法国、比利时、澳大利亚、加拿大、意大利、日本、韩国等国家和香港、台湾等地区的许多著名跨国公司来区落户。截至2011年底，全区共引进各类项目近3000家，总投资近500亿元人民币，其中外资项目413家，总投资近50亿美元。区内总投资额超千万美元的企业有100多家，形成了以电子信息、精密机械、汽车配件等工业项目为主，以房地产、旅游娱乐、生活服务等三产项目为辅的投资结构。

太仓位于江苏省东南端，东依长江，南邻上海，辖国家级太仓港经济技术开发区、科教新城、娄东街道办事处和六个镇，市域总面积823平方公里，户籍人口47万。

本册编辑委员会

序 言
社会现代化的一个"活样本"

一

《社会现代化：太仓实践》一书即将正式出版，这部书分上、下两册，上册为"总结篇"，下册为"理论篇"。该书选择在党的十八大即将胜利召开之际出版，是很有意义的。可以用一句话来概括，即：该书可以让全国广大的理论工作者、各级领导和广大干部群众看到一个诠释中央关于"加强社会建设、创新社会管理"战略设计的实践"样本"和"例证"。

党中央从十六届四中全会开始就逐步提出了加强社会建设的要求，十七大明确把社会建设和经济建设、政治建设、文化建设并列写进党章中。几年来，各地区、各部门、各类研究机构和专家学者提出了一系列贯彻中央指示精神的建议、著述、论文和调研报告，可谓议论众多、热闹非凡。

专家学者们的这些文章和谈话大多还是停留在研究阶段、论证阶段、设计阶段。而社会建设和社会管理从根本上说是一个实践过程。虽然，实践离不开研究，但这个研究是指实践性研究、研究性实践。《社会现代化：太仓实践》这部著作，正是在总结中实践、在实践中研究、在研究中再实践的产物。如同"五谷丰收"那样，满仓的粮食是通过耕耘、播种、培植、浇水、管理一直到收割、脱粒、进仓这个复杂过程的最终结晶，天上掉不下大米来。社会建设、社会管理也是这个道理，再好的设计，再深的研究，最终还是要通过全国上下各级各部门的大量实践才能出成果、出效益。《社会现代化：太仓实践》一书正式为全国提供一个县级市如何让社会建设和社会管理真正落地、生根、开花、结果的样本，以供人们比照、借鉴、参阅、思考。当然，太仓的实践经验是初步的，但有了这样一个经过解剖的"样本"放在面前，这对全国进一步推进社会建设和社会管理有着重要的借鉴意义和参考价值。

确立这个课题，选择太仓这个点，我们是经过精心考虑的。2010年底，中国社会学会和北京工业大学在北京召开"中国社会建设与社会管理学术研讨会"，全国一百多名与会者大多是社会学专家和学术研究机构的领导，而其中还有一位是来自江苏太仓市的基层实践者的代表。在同该市这位代表交谈时，我们提出了一个设想：请太仓市承担起总结近五六年来推进社会建设和社会管理的初步经验的任务。通过对一只"麻雀"的解剖和分析，为全国各地贯彻落实中央指示，寻找一条鲜活的实践路径，从而引导理论探索向实践层面展开，使"中央指示"真正在全国各地落地、生根、开花、结果。这个设想，对中国社会科学院社会学研究所来说无疑是对社会建设和社会管理理论研究的一种深化和拓展。社会学研究所的任务是既要有理论研究，又要寻找实施途径和方案，这就需要基层的支持、配合和参与。这位代表回到太仓，向中共太仓市委、市政府作了汇报。太仓市委、市政府认为，研究这个重点课题正合其时，是他们进一步贯彻落实科学发展观的一种积极实践和自觉需要。该市市委书记陆留生当即表态：中国社会科学院在太仓确立这个课题是对我市工作的一个重要推动，太仓正处在基本实现现代化的关键时刻，特别需要坐下来认真地回顾总结一下近几年来的各项工作，系统地思考下一步推进社会建设和社会管理的大政方针。陆书记的表态和社会学研究所的想法不谋而合，如同"两心合一心，天愿人作成"。在太仓市委、市政府的大力支持下，2011年3月双方各成立了课题研究组，并立即开始调研。在一年多时间里，北京课题组的同志七下太仓，得到了太仓市委、市政府领导的大力支持，在与太仓课题组的同志密切合作和相互帮助下，双方很快完成了调查、研究和写作任务。书的上册由太仓课题组写作，下册由社会学研究所课题组写作。

确立江苏太仓作为社会建设和社会管理的研究对象，这是客观研究的选择。太仓这个县级市在社会现代化方面大致有如下五个特点值得我们去做深入的研究。

一是太仓地处我国经济最为发达的东部地区，该市和上海接壤，隶属苏州。长期以来，该市的经济发展高速推进，经济总量一直名列全国百强县（市）的前列。2011 年，该市的人均 GDP 为 1.5 万美元，已达到世界中等发达国家的先进水平。太仓经济的高增长、快发展为推进社会现代化提供了强大的物质基础，这种现实优势值得我们高度关注。

二是太仓长期以来坚持经济、社会协调发展的做法，虽然在发展中也凸显过这样那样的社会矛盾，也出现过经济和社会发展某些不平衡、不协调的问题，但总体而言，太仓社会结构并没有发生严重的滞后现象，而是控制在一个合理的限度之中。2008 年底，全国各地 35 名专家专门到该市考察、研讨太仓的经验时，一致认为，经济和社会的协调发展造就了独特的太仓发展之路。中国社会科学院原常务副院长汝信认为："经济和社会均衡发展，太仓为我们树立了一个非常好的榜样。"太仓身处全国普遍呈现"经济一条腿长、社会一条腿短"的大环境中而能"独树一帜"。这种执著追求"经济社会协调发展"的做法值得我们高度关注。

三是太仓地处苏南地区，长期以来该市是闻名中外的苏南模式的忠实执行者和积极实践者。大家知道，早期的苏南模式是工业化发展的典型，把经济总量做大是不计成本、不遗余力的。随着形势的深入发展，特别是科学发展观方针提出后，苏南从 20 世纪以来就自觉地实现发展方式的转变，走上了一条更符合全面协调、可持续发展之路，把以人为本、关注民生作为经济发展的出发点和落脚点。苏南是一个不断出新、经常出彩的地方，同时也是"经验先出、问题先现"的地方。研究太仓，也就是研究苏南。总之，通过研究太仓，能找到苏南模式走上科学发展新路的轨迹，在太仓身上可以感受苏南翻天覆地的变化，看到经济社会发展的趋势和动向，凭这一点也值得我们高度关注。

四是太仓和苏南地区其他县市一样，正在全力以赴地向基本实现现代化目标迈进。在进军现代化的征程中，他们把实现社会现代化和实现经济现代化放到了同等重要的位置。实现经济现代化在太仓和苏南已不是一件难事，但是，实现社会现代化还要做许多开创性的工作。在这个宏大而复杂的系统工程面前，太仓和苏南一样，借助"第二个率先"即基本实现现代化的有利之机，全面规划了社会现代化的布局，争取在"第二个率先"中交出推进社会现代化的令人满意的答卷。太仓正在做的基本实现社会现代化重任的战略设计值得我们高度关注。

五是按照建设社会现代化需要经历三个发展阶段的基本过程来衡量：太仓第一阶段的任务已经"破题"，第二阶段的任务开始"起步"，第三阶段的任务正在"设想"，这是极不容易的事，在全国已经处于比较领先的地位。可以认为，太仓离基本实现社会现代化虽然还需要五年、十年或更长一点时间，但如今他们正处在一个承上启下、继往开来的关键时期，总结过去、剖析今天、展望明天是一件十分紧迫的事情。总之，太仓多年来为推进社会现代化所付出的一切和太仓今后再接再厉更上一层楼、再攀新高峰的设想值得我们高度关注。

鉴于以上五个"值得我们高度关注"，确定太仓这个调查研究点确实是个很好的选择。除此之外，还有一个特别的历史背景和原因，这就是：中国社会科学院社会学研究所早在20年前就在太仓设立长期固定的调查点，成立了中国社会科学院社会学研究所太仓经济社会发展研究中心。20年来，双方密切合作，先后完成了几个重大课题的调研任务，出版了《中国的一个小康市——太仓小康社会实录》《苏南精神文明建设模式》《城市化：苏南现代化新实践》《苏南模式与太仓实践》等多部著作并推向社会，引起了巨大的反响。这次，在新的历史时期，社会学研究所和太仓再一次合作研究"社会现代化"，这既是扩大双方合作成果的新机遇，也是深化研究社会现代化的新举措。太仓不仅有良好的研究价值优势，而且有一批20年来跟社会学研究所各位专家志同道合、同舟共济、心心相印的"草根式"专家。他们长期生活、工作在太仓，对周围发生的一切有敏锐的观察力、科学的推断力和高瞻远瞩的思考力。社会学研究所和这样一些在当地有相当影响力、对理论研究有一定把握力的人合作，完成这个课题的研究，是有十分把握的。

二

社会建设就是建设社会现代化。经过几年来政界和学界的努力，关于社会建设的内涵、任务、目标和途径等问题，在理论上正在逐步厘清。但如何在全国把理论研究转化为实践还是一个庞大的系统工程，有太多的事要做，有太多的问题有待破解。《社会现代化：太仓实践》为我们完成这个转化过程提供了一个"样本"。

在推进社会现代化的进程中，太仓总体的思路是：以推进经济社会协调发展为主线，以实现社会现代化为目标，以坚持"多元普惠、和谐善治"举措为路径。太仓社会建设的基本做法是"三个大力推进"：大力推进民生建设，以实现基本公共服务均等化为突破口，营造城乡一体、普惠共富、公平和谐的社会"大家庭"；大力推进制度建设，以强化基层民主，构建政府、市场、社会协调网络为主体，建设和经济现代化相适应的社会现代化新格局；大力推进生态建设，以构建江南水乡特色的现代田园城市为目标，打造能提振"精气神"和宜业宜居的幸福新太仓。太仓的总体思路和基本做法从太仓现阶段所做的工作而言，无疑是很正确的，说它是太仓经验也好、太仓模式也好，都是可以的。当然，随着社会现代化的层层推进和三个阶段任务的全面完成，相信不久之后的太仓可能会产生出更多经验和更好的理论，完成实践和理论上的突破，这是肯定的。

本书阐述的太仓现有的经验，其中不乏许多理论和实践上的真知灼见。太仓的经验大致可以给我们提供如下四个方面的启发。

（1）太仓的经验告诉我们，基层单位要推进社会现代化必须坚持以人的观念转变为先、目标设计以转轨为先、运作方略以转型为先的路径。推进和实现社会现代化在基层是一个从不断"量积"到"质变"的过程。要从实践运作中坚定不移地打开社会现代化这道大门需要各级党政领导和广大干部群众来一轮思想领域里的"转型"，就是需要从思想观念上、服务宗旨上、运作方式上真正从原有的习惯性思维和套路中解放出来，在总结中提升，在否定中创新，真正把中央指示精神的要义"以人为本""和谐社会""民生优先"等一点一滴地渗透到每一项、每一步、每一时的实践中去。太仓经验的可贵之处是他们能在前几年经济发展正处在蒸蒸日上的大发展时代中，就开始觉醒地意识到自己正面临社会矛盾爆发期和凸显期的到来，已经作出了"在坚持经济建设为中心的条件下，把构建社会主义和谐社会摆到突出位置"，像抓经济建设那样去着力抓社会建设的决策。这个决策的作出来自中央指示精神的推动，也来自发展中负面效应的倒逼，更为重要的是他们完成了思想观念上的转变和对原来发展方式的转型。这种在实践中自觉认识自己、改造自己、提高自己的勇气是十分宝贵的。

（2）太仓的经验告诉我们，社会建设和经济建设是互为动力、互为依托的关系，两者协调发展是推进社会现代化的真谛。早些年，太仓"以经济建设为中心""把经济搞上去作为工作的头等大事"的做法有没有错？不但没有错，而且是完全必要、非常重要的。太仓要是没有经济的高速增长、财富的高速积累，能把太仓的各项社会建设搞得像今天这样兴旺发达吗？那是不可能的。推进社会现代化是需要大量的钱财的，是需要有雄厚的物质基础做底气的。"浅水养不了大鱼""无本之木成不了森林"。中央从 2004 年开始提出"社会建设"的问题，到今天已经有近八年了。中央一再强调要加强"社会建设"，但同时也强调要保持经济的持续增长，要大力实施经济的转型升级，要更好地提高经济发展的质量，等等。特别在 2012 年全国经济增长指标有所回落的苗头露头时，中央更是及时地提出了经济发展要"稳中求进"的指示。实践告诉我们，社会建设、民生建设，如果没有经济的持续增长，就是一句空话。改革开放三十多年来，我作为专业的研究工作者，长期到基层调查，到过全国各地，对基层党政工作进行过很多次的调查研究，可以说是一个比较能"接地气"的人吧。我深知，我们的社会研究必须在基层的实践中去寻找路径和答案。社会现代化的研究更是如此，现代化建设如果没有全国基层实践工作的广大干部群众的共识、共知、共创、共行是根本行不通的。而其中最为关键的问题是我们专业研究工作者在经济建设和社会建设协调发展上能真正做到与上下"同气相求""同道相应"，达成共识。在前一阶段关于社会现代化的研究和讲课中，我都把经济社会协调关系放在重要的位置。我的观点是：前一时期经济建设中出现的种种问题、凸显的种种矛盾并不是"以经济建设为中心"本身的问题，而是经济、社会的协调发展工作没有做好的问题，存在的这些社会问题和矛盾，只要我们认识到了，是可以纠正的。社会现代化有很多很重要的任务要通过实践探索，在实践中得到解决。例如管理问题、体制问题、结构问题、公正问题等，这些改革和调整既需要人们的自觉和自信，也需要强大的经济实力做后盾。社会问题说到底有很多也是经济问题，要通过继续发展经济才能解决。

有人认为推进社会现代化不应该再像过去那样把经济建设放在第一位，这种想法是一种误解，也是不切实际的。

（3）太仓的经验告诉我们，社会现代化是一个艰巨复杂的系统工程，是需要长期积累、积小胜为大胜的历史过程。它不仅需要让民众增加幸福之"量"，更需要通过社会变革给民众更多幸福之"质"，说到底就是要改变社会的现状，塑造现代化的社会新格局。根据实现社会现代化需要经历三个阶段的设想（即：改善民生为主的第一阶段；改革社会体制，理顺社会关系为主的第二阶段；构建现代社会结构的第三阶段），太仓对实现社会现代化的这个过程原来并不十分明确，一度认为社会现代化只是让老百姓的生活过得好就可以了，也就是社会上流传的"上班有份好收入，退休有个好保障，回家有个好环境"，仅此而已。在实践中，他们越来越感到光是物质生活为主的"幸福"和真正意义上的社会现代化差距还远，于是他们设计了社会现代化的含义是"经济社会全面发展，城乡建设协调推进，生态环境显著改善，人民生活普遍富裕，民主法治不断健全"等内容。这显然比开始的认识要大大深入一步，离社会现代化的真实目标也靠近了一步。但是，随着实践的深入，太仓如今对推进社会现代化有了更为长期的思想准备和深刻的变革自觉。最近他们提出为了推进社会现代化，太仓要把力气花在"通过推进社会建设、创新社会管理，努力在全市造就一种在资源分配、利益关系、生存发展、道德行为上追求公平合理的价值理念、规则程序和制度保证的氛围"；提出了要继在 20 世纪八九十年代解决社会建设有没有"位置"、21 世纪初解决社会建设"好不好"问题的基础上，不失时机地推进以社会公平正义为主要目标的"第三次转型"，造就"三个太仓"：和谐太仓、民本太仓、幸福太仓。太仓对社会现代化在认识上的这三次递进和飞跃，正是该市对社会现代化本身是个"历史过程"的一种觉醒。作为今天的基层领导能够获得这样的认识，实际上就是推进社会现代化的阶段性成果。2011年 9 月，太仓市正式成立了以市委书记、市长为组长，市委副书记为常务副组长的加强社会建设创新社会管理工作领导小组，下设了加强社会建设创新社会管理工作领导小组办公室，具体规划、组织实施全市的社会建设和社会管理、实现社会现代化的任务。如今，在太仓，在率先基本实现现代化的大目标中，全力推进社会现代化的理念和观念已经深入人心，以改革现状、谋求创新发展为主的推进社会现代化的工作已在全市开展起来。太仓的经验告诉我们，推进社会现代化就是要像当年搞经济建设一样，先要有一定的实践，要有及时的总结，及时的宣传推广，要有声有势，达成高度的共识，一步一步地实现社会现代化建设的重大而光荣的历史使命。

（4）太仓经验告诉我们，推进社会现代化既要从更多地为人民群众谋求切身利益做起，更要引导民众从本地的实情出发，树立一个足以让全市干部群众人人向往的宏大目标，并带领干部群众去实践和探索，从而真正调动起"党委、政府、社会、民众"四个方面的积极性，造就上下一心推进社会现代化的良好氛围。太仓市在推进社会现代化的过程中，及时地向全市人民推出了一个把太仓建设成为"现代田园城市"的令人为之向往的目标。这个目标的推出并不是好高骛远的空想，而是对太仓这座城市多年以来，特别是近二十多年来，经过长期建设，在江南水乡基础上形成现代城市新格局的写照。可贵的是，太仓至今还有40多万亩农田的广大空间，这就为未来建设成"现代田园城市"预留了运作平台。这在苏南、在江南实在是难能可贵的，非太仓莫属。建设现代田园城市这个目标的提出，对于太仓，对于苏南、江南是有很重要的现实和历史意义的。有关这方面的论述在本书上册第四章第三节第三目中作了长达三万字的极为详尽的分析，值得读者认真加以品读。当然，太仓建设现代田园城市的目标，虽然不是推进社会现代化的全部，但这是建设现代化社会最符合太仓实情、最具太仓特色、让人最为振奋、最具有闪光点的社会建设内容之一。现代田园城市不是人们简单想象的一种"形态性"建设，而是一个活生生包含社会现代化丰富内涵的社会深刻变革。可以这样说，现代田园城市太仓的建成之日，就是太仓社会现代化的实现之时。他们也认识到，要完成这一宏大目标，需要时间、勇气和信心，但是这一宏大目标带有巨大的激励性，也充满机遇、挑战、压力和责任。太仓敢于向自己挑战，敢于把这个目标大胆亮出来，本身就是该市推进社会现代化的决心和信心所在。相信有了这样的目标做"灯塔"，太仓市的人民群众就不会把推进社会现代化仅仅看成一句口号。相反，民众会欣欣鼓舞、全力以赴地与党和政府一起，为实现这个宏大目标作出自己的贡献。我们高度赞赏太仓这一生动之笔，我们完全相信太仓能生龙活虎般地把社会现代化建设一步步推向前进。

三

《社会现代化：太仓实践》这部著作，在内容上有鲜活之感，而且在全书结构、内容安排、体例、写作上有独到之处。该书的特点大致表现在以下三个方面。

一是构思设计较好，能多角度地给人增添完整的印象。该书采取上、下册分别论述的方法：上册基本上是"纵写"，重点反映太仓推进社会现代化的由来和过程，告诉读者太仓"干了什么""怎么干的"；下册大体上是"横写"，是撷取宏观、中观、微观的若干个横断面，重点揭示太仓社会现代化的"效果如何""出路何在"。这种写法如同列车行驶在双轨车道上，使全书产生内容立体化、角度多元化和论述多样化的效果。

二是上、下册作者的身份互补，为全书提供了较强的可信度。该书上册的写作材料基础是一群实践工作者在各自不同的实践岗位上进行的总结，执笔者在多达几十万字原始材料的基础上加以归纳、提炼、加工而成，有较为系统的经验和感受。该书下册则由中国社会科学院社会学研究所十几位年富力强的专业研究人士在资深研究员的带领和主持下，通过大量问卷调查和个案访谈，在1200个调查样本的基础上，站在全国和全局的高度上对太仓的实践做法进行点评和议论。双方作者分别从感性和理性两条脉络对同一主题、同一主体和同一主旨进行研究和剖析，所述的内容和观点比较客观及可信。

三是两册分别阐述的侧重点同中存异，有助于读者产生积极的思辨效应。一部著作贵在它的包容性。著作不同于文件，不能只是一个声音、一个调门、一个口径。由于所站的角度不同，由于作者思考的立脚点不同，一本书中出现观点上的差异是难免的，也是有一定的积极意义的，它可以引起读者的更大兴趣和更多思考。本书对太仓经验的总体评价当然是一致的，但在某些具体写法上也存在不同的看法，细心的读者可能会发现在诸如"推进社会现代化中既要坚持经济高速发展不动摇，又要把社会建设切实放到重要位置上来""地方党政部门如何既发挥好强大的政治优势，又要催生社会成长""社会治理体制和机制的创新，是不是一定要一步到位才好，还是允许逐步完善"等问题上各种观点并存，这些看法上的差异并不影响太仓经验的本质，对全书的价值更是无碍大局。总之，只要是客观存在的东西，哪怕是建设性的讨论和批评都会增强批判思维的力量，会给丰富社会现代化事业带来很好的促进作用。

陆学艺

2012 年 8 月 28 日

本书（总结篇）的三个重点。

1. 太仓在推进社会建设和社会管理的工作中，形成了具有太仓特色的总体思路：**以经济、社会协调发展为主线；以实现社会现代化为目标；以坚持"多元普惠、和谐善治"举措为路径**。

2. 太仓加强社会建设和社会管理的基本做法是"三个大力推进"：**大力推进民生建设，以实现基本公共服务均等化为突破口，营造城乡一体、普惠共富、公平和谐氛围的社会"大家庭"；大力推进制度建设，以强化基层民主，构建政府、市场、社会协调网络为主体，建设和经济现代化相适应的社会现代化新格局；大力推进生态建设，以构建江南水乡特色的现代田园城市为终极目标，打造能提振"精气神"和宜业宜居的幸福新太仓**。

3. 在社会发展中，当前太仓正面临第三次社会转型，这个新阶段的基本任务是，**不失时机地推进以维护和促进社会公平正义为主核的"三个太仓"：和谐太仓、民本太仓、幸福太仓**。

目 录
CONTENTS

引　言／1

第一章　发展方式的转变打开了加强社会建设和
　　　　创新社会管理的"大门"／1

　　一　治国基本方略的推动／2
　　二　发展中负面效应的倒逼／3
　　三　各种基础资源的整合／5

第二章　发展方式的转变催生社会建设太仓实践
　　　　模式框架的形成／11

第三章　坚持以经济社会协调发展为主线推进社会建设和
　　　　社会管理，是践行科学发展观的题中之义／17

　　一　注重"高起点"／18
　　二　注重"互动性"／30
　　三　注重"全覆盖"／47

第四章　坚持以实现社会现代化为目标，使推进社会建设和
　　　　社会管理成为实现"第二个率先"的核心任务／52

　　一　太仓在率先基本实现现代化进程中抢步加速推进社会现代化／52
　　二　太仓正处在实现现代化的难得机遇期和重要转折期／56
　　三　太仓推进社会现代化的三大重点／58

（一）打造与基本现代化相对应的"高质"民生服务
　　　新格局，使太仓人更幸福／60

（二）打造比较公平、最具活力、规范有序的社会环境，
　　　使太仓人更和谐／77

（三）打造具有江南水乡特色的现代田园城市，
　　　使太仓人更眷恋／92

第五章　坚持"多元普惠、和谐善治"的实践路径，努力走出
　　　　一条符合太仓市情、可持续运作的社会建设和
　　　　管理的新路子／123

一　太仓推进社会现代化的"八字方针"其核心是以人为本／125

二　"多元普惠"是推进以公共服务为主的社会建设的科学、
　　理性的选择／128

三　"和谐善治"是加强和创新社会管理的应有出发点和落脚点／137

第六章　展望前程：太仓面临第三次社会转型和向后
　　　　三年的"十大任务"／147

一　打造高质量、全方位的"和谐太仓"／148

二　打造以民生为重、以公平为重的"民本太仓"／150

三　打造民众认可、感受强烈的"幸福太仓"／151

附录一　不断开拓社会建设管理工作新局面　陆留生／173

附录二　积极探索具有太仓特色的社会建设之路　陆卫其／179

附录三　建设更高水平的平安太仓　王国其／186

附录四　创新社会管理　谋求和谐善治
　　　　中共太仓市委　太仓市人民政府／192

附录五　创新引领，打造民本幸福金太仓
　　　　太仓市发展和改革委员会／199

附录六　积极建立统筹城乡的社会保障基本公共服务体系
　　　　太仓市人力资源和社会保障局／206

附录七　在推进城乡一体化改革发展中加强和创新社会管理
　　　　中共太仓市委农村工作办公室／209

附录八　强化基层民主　推进社区建设　太仓市民政局／217

附录九　积极探索　努力实践　走出太仓特色社会救助和
　　　　社会福利新路　太仓市民政局／224

附录十　培育社会组织　培养社工人才　推进社会管理和社会服务
　　　　太仓市民政局／229

附录十一　实施环保民生幸福工程　加快推进太仓社会和谐
　　　　　太仓市环境保护局／233

附录十二　不断提升交通运输对经济、社会发展的基础支撑和
　　　　　社会保障能力　太仓市交通运输局／239

参考文献／245

后　记／247

引　言

　　太仓市位于江苏省东南端，东濒长江，南邻上海。市域面积 823 平方公里，下辖太仓港经济开发区、太仓市科教新城和 6 个镇。太仓地处苏南地区，隶属苏州市，户籍人口 47 万，加上外来人员共约 94 万。

　　太仓历史悠久、经济繁荣、文化璀璨，素有"锦绣江南金太仓"之美誉。2500 年前春秋时期，因吴王在此设立粮仓而得名"太仓"。元明时期，刘家港已成为我国东南沿海的重要海港，号称"六国码头"和"天下第一码头"。太仓人文荟萃，是独特的娄东文化发源之地、郑和下西洋起锚之地、江南丝竹起源之地、娄东画派发祥之地、牛郎织女降生之地。明清时期，在经史理学、文坛艺苑、科技工艺等方面，诞生了数十名载入史册的著名人物。现代，更是涌现了著名教育家暨交通大学创始人唐文治，当代国画巨匠朱屺瞻、宋文治，中国舞台艺术奠基人吴晓邦，"中国的居里夫人"吴健雄，诺贝尔物理学奖获得者朱棣文以及 11 位两院院士。

　　改革开放以来，太仓国民经济持续快速增长，综合实力显著增强，各项社会事业发展迅速，是中国最具活力和发展潜力的地区之一，综合实力名列全国百强县（市、区）前十名，是江苏省首批六个率先全面实现小康县市之一。2011 年完成地区生产总值 867.53 亿元，实现全口径财政收入 226.45 亿元，完成工业总产值 2320 亿元。太仓港港口航线 99 条，完成集装箱吞吐量 300 万标箱，货物吞吐量 1 亿吨，太仓港已成为全国亿吨级大港，排名第十二位。城镇居民人均可支配收入 34887 元，农村居民人均纯收入 17201 元。太仓是中国开放型经济最为发达、最为活跃的地区之一，已成为海内外客商投资的热土，全市累计注册外资 130 亿美元，29 家世界 500 强企业、219 家欧美企业先后落户。太仓获得国家卫生城市、国家环保模范城市、国家园林城市、国家生态市、中国最具幸福感城市、中国最关爱民生城市等各类国家级荣誉称号 13 项。

太仓是著名苏南经济发展模式的诞生地之一和忠诚、积极的实践者。从 20 世纪 80 年代初开始，太仓拉开了兴办乡镇企业的序幕，走上了农村工业化的发展道路。30 年来，这个县级市大致经历了"工业化—城市化—现代化"三个递进台阶，发展形态出现过"经济发展为主—经济社会协调发展—注重民生的科学发展"三个层次的变化。在 2005 年完成小康社会建设的基础上，太仓开始了率先基本实现现代化的新进程。这个进程已走过了六七年的历程。在这六七年的时间里，太仓正在构筑和形成两大新的框架：一个框架就是经济建设在原有高起点、高水平的基础上构建以"转型升级"为核心的发展新格局，这个新格局就是经济结构的重铸；另一个框架就是在保持经济高速发展的同时，正以开创苏南经济发展模式的气魄和决心，开始探索一条属于中国特色、江南特征、太仓特点的社会建设和社会管理的实践模式，这种新模式的重要意义就是推动社会结构的变革和再生。这两个框架的构建大大丰富了太仓现代化实践的深刻内涵，是最具战略意义的两件大事，对率先基本实现现代化具有决定性的影响。

本书关注和阐述的就是第二个框架形成的前前后后和方方面面。这里要告诉读者的就是，一个县级市是如何在现代化的征途上把加强社会建设和创新社会管理放到"突出的位置"上来的。

第一章
发展方式的转变打开了加强社会建设和
创新社会管理的"大门"

改革开放以来,太仓市经济持续了 30 多年的快速增长,在全国百强县(市)排名中,一直名列前十名内,这个户籍人口只有 47 万人的小市,在2005 年已经达到了"全面小康"的水平。

表 1-1　太仓市相关年份主要经济指标

	1995	2000	2005	2006	2007	2011
地区生产总值(亿元)	85.05	156.31	295	366.63	440.27	867.53
人均 GDP(元,按户籍人口计算)	18946	34782	64679	79781	94926	184000
财政总收入(亿元)	3.58	9.87	45.18	60.99	80.06	226.45
其中:一般预算收入(亿元)	—	—	18.92	27.59	37.26	85.41
一般预算支出(亿元)	—	—	20.24	25.83	34.91	80.51
城镇居民人均可支配收入(元)	—	—	16670	19091	21576	34887
农村居民人均纯收入(元)	—	—	8401	9285	10487	17201

当今的中国,经济建设和社会建设两者不相适应、不太平衡、不够协调的情况甚为普遍,总体趋势是社会建设滞后于经济建设。按照著名社会学家陆学艺教授的判断,全国的社会结构要落后于经济结构 15 年。2012 年,陆教授对太仓市的社会建设和社会管理现状作了深入的调查研究,最终得出的结论是:太仓经济、社会发展两者不相协调的情况虽然也存在,但要大大好

于全国和其他一些地区，太仓社会建设的现状和高速发展的经济建设相比，大约滞后五到八年时间。这就是说太仓的社会建设和管理在全国处于领先地位，社会结构与经济结构的差距和全国相比缩短了一半左右。可以这样认为，太仓的社会建设和管理已经站在了较高的起点之上。按照社会建设三个阶段的划分：第一阶段是"以改善民生事业、推进社会事业建设为主"的阶段，第二阶段是"以推进社会体制改革、创新社会政策、完善社会管理为主"的阶段，第三阶段是"以形成现代型社会结构为主"的阶段。太仓的现状和这三个阶段对照，大体上已在第一阶段取得了较为显著的成效，在第二阶段有了一些突破，进行过创新性的探索。总之，太仓的社会建设已是破了题、迈了步。

在全国普遍呈现社会建设落后于经济建设的大环境中，太仓为什么能脱颖而出，以敢为人先的精神去开创发展新领域、新天地，走好科学发展之路、统筹协调之路？这里面有多方面的原因，大体可以从三个层面上去加以归纳。

一 治国基本方略的推动

这是由全国大形势、大环境决定的，也是自上而下各项大政方针造就的。进入 21 世纪以来，以胡锦涛为总书记的党中央出台了一系列执政兴国的重要决定，包括科学发展观的确立，以人为本、和谐社会的提出，一系列有关加强社会建设和社会管理意见的出台等，这给太仓的各任领导、各级干部和广大党员群众以极大的教育。他们逐步认识到，中国已进入到改革和发展的关键时期，这个新时期的特征就是经济建设取得了很大成功，而社会问题也进入了爆发期和凸显期。不仅全局如此，就是在太仓，这种特征也有充分的体现。太仓的党员干部是一个思想比较解放、视野相对开放、创业热情极为奔放的群体，他们面对新形势、新阶段、新时期，对问题的感悟比较深、把握比较准，与新形势接轨比较快。他们崇尚科学发展指导实践之真谛，服从一切从本地实际出发之真理，领悟"以民生为本、以和谐为纲"宗旨传递出的真情。思想支配行动，理念决定走向。在发展转型的大潮中，他们身体力行，不仅在发展观念上有了科学的提升，而且在实践中也努力按照党的十六届四中、六中全会提出的"在坚持经济建设为中心的条件下，把构建社会主义和谐社会摆到突出的位置"，开始尝试像抓经济建设那样抓社会建设。

二　发展中负面效应的倒逼

中共十六届六中全会明确指出："构建社会主义和谐社会是一个不断化解社会矛盾的过程。"太仓和全国各地一样，在20世纪末、21世纪初，一度出现过"经济报喜社会报忧"的局面。当时改革开放已经运行了二十多年，经济发展取得了巨大的成就，许多社会矛盾和社会问题开始浮出水面，例如劳资纠纷问题、失地农民的安置问题、社会资源分配不公的问题，等等。这些问题的产生说明我们在经济发展的同时没有同步设计社会发展，特别是太仓处于我国经济发展快的东部地区，社会矛盾和问题可能更多，而群众对这些问题得以妥善解决的期望值更高。这对一些专心致志、全力以赴搞经济建设的领导干部来说是"猝不及防"的。回忆一下当时的情景，市政府和各级干部对经济、社会两者失重、失衡带来的困惑大致可以归纳成如下五个方面。

一是民生导向问题。当经济上各项指标节节攀升，GDP、工业产值的增长连年都是以20%~30%的速度递进时，如何把自己的注意力放到普通老百姓的一些基本权益的维护上，如财产保护权、就业机会权、生存生态安全权和基本利益公平分配权等方面，各级领导、干部没有太多的思想准备，制度上也缺乏机制和规则的具体设计和安排。因此，太仓也同样出现过诸如：土地征用和房屋拆迁等与农民和居民利益发生冲突的现象；乡镇企业、民营企业"开开关关"，造成职工就业不稳定，社会不稳定因素加剧的现象；干群关系、劳资关系等社会、阶层关系矛盾的显化，犯罪案件频发的现象；等等。这些现象令领导、干部们深感烦恼，出现了猛醒和反思，我们天天忙于搞GDP，这就是发展太仓的最终目标吗？没有兴旺发达的民生事业能将太仓带进现代化的新天地吗？

二是宗旨归位问题。经济的飞速发展带来了财政收入的连年递增。20世纪80年代太仓财政收入只是在1个亿上下，而进入21世纪后，全市的财政收入竟几十倍、上百倍地飞跃，2011 年已登上 226 亿的高峰，一个户籍人口才 47 万人的小市算是"富"起来了（见图 1 – 1）。

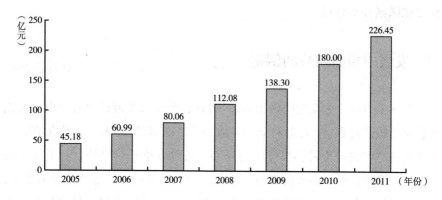

图 1 – 1 太仓市财政收入历年递增图

然而细细观察一下，太仓市社会阶层的分化也很突出，极少数人很有钱，而普通农民和一些打工型的居民只是在维持"温饱"的生活，这跟太仓在全省首批昂首阔步跨入小康社会、财政收入成百倍增长的现象形成了强烈的反差。太仓各级领导和干部开始反思，践行"为民服务"和"共同富裕"的宗旨，是不是光把"蛋糕做大"就算完成了呢？"分好蛋糕"要不要放到议事日程上来呢？

三是社会整合问题。从 20 世纪 80 年代开始，太仓和东部其他经济发达地区一样，大批农民工和外来就业人员蜂拥而入，这让当时的政府领导和企业主们既欣喜万分，又"猝不及防"。欣喜的是廉价人力资源为经济大发展平添了无限的生机，"猝不及防"的是大批农民工涌入带来的许多社会问题，新太仓人人际关系问题却还来不及"设防"。随着时间的推移，这种"担心"变成"忧心"，新老太仓人如果不能真正融合共处，不仅会成为社会不安定因素，更会给经济可持续发展带来意想不到的风险。太仓的持续发展是离不开"新太仓人"的。作为政府和企业领导如何转变观念，把对待外来民工从原来的"雇佣"关系转变为"服务"关系，这既是一个重大的社会问题，也是一个重大的经济问题。总之，社会的整合已是一个迫在眉睫的命题。

四是城乡一体化问题。经济的快速发展，带来了城市化的大幅推进，带来了城市现代化水平的不断提高。而与之相对应的是幅员广阔的农村，无论物质条件、生态环境、资源分配、公共服务都还处在传统落后的状况中。然而没有农村的现代化就不会有全市的现代化，按这样的要求衡量，城乡一体化已作为社会建设和社会管理的一个重点组成部分被刻不容缓地提出来了。而城乡一体化不仅是经济发展的一体化，更多更难的是社会建设和社会管理的一体化。

五是策略转向问题。30 年前，苏南和太仓都把构筑苏南经济发展模式作为一项最为重要的战略任务。可以认为，没有苏南模式也就不会有苏南和太仓的今天，这就充分证明，一个战略和策略可以决定一个地区的走向和走势。30 年来，苏南和太仓虽然面对的是越来越复杂多变的社会问题，但却没有拿出一个与经济发展模式相配套、相适应的社会建设和管理模式，在事关民生利益的大事上却没有定多少"策"、谋多少"略"，这显然是一种策略上的失误。因而苏南的社会建设和社会管理与经济建设相比，形成了物质层面相对落后、制度层面相对滞后、精神层面相对滑坡的不协调状态。这给了太仓的领导和干部一个重要的提醒，像 30 年前探索苏南模式那样，尽快走出一条社会建设的新路时不我待。当然一定要形成具有太仓本地特色的模式，才能真正实现经济现代化和社会现代化并驾齐驱、比翼双飞的现代化。

以上五个新时期带来的"猝不及防"的新问题，对太仓市各级领导和广大党员干部来说，构成持久的心理压力。这是一种倒逼机制形成的冲击力，促使越来越多的领导和干部重新审视自己一直"驾轻就熟"的发展方式，从而对转变发展方式有了新的思考和动力。从片面注重发展经济到重视加强社会建设和创新社会管理这个转换中，太仓市的领导首先是从自身角色的转换开始的，即在实践中把"以经济建设为中心"的唯一领导责任转变为"以经济建设为中心，以民生建设为重点"的双重责任。

三　各种基础资源的整合

太仓谋求经济社会协调发展、同步推进的资源是比较丰富的，进入 21 世纪以后的太仓市各任领导都十分重视对本地实际情况、客观环境和多方需求的整合和利用，从而不仅在观念上有了根本性的转变，而且对如何加强社会建设也找到了实践方位、运作路径。

（一）第一条路径

针对当前全市存在的最为突出的矛盾和群众呼声最为强烈的需求，充分调动现有的物质基础重点加以整治，并运用社会力量解决社会问题，实现社会自我完善。坚定不移地做到以需求为导向、以问题为导向、以实事项目为导向，循序渐进地迈开社会建设和社会管理之步。在 2005 年前后，社会建设上的问题很多，但在满足市民基本民生、改善小康民生、建设现代民生的大体制下，最为突出的还存在几难，例如农民增收难、市民看病难、学生上学难、社会保障难、农民进城难、生态优化难、社会治安难等等。市委、市政府认为，市民社会生活中的难点就是我们推进社会建设的着力点，这"难"那"难"，最根本之难就是普通老百姓的生活还不幸福、民心还不稳定。为此，太仓市从 2006 年开始针对这些难题，打响了以提高民生"幸福生活"为内容的社会建设实事工程，连续七年每年安排十项实事工程，对全市公共服务、社会保障、城市发展、环境建设等事关民生幸福的各方面进行工程化推进。七年共投资 60 亿巨款，把这些难事一项项地加以解决，不仅大大改善了民生的质量，而且赢得了民心。这些"实事工程"跟每一个市民息息相关，如：为促进农民增收的富民强村工程；以实现教育现代化建设为目标的教育强市工程；以改善环境为目标的蓝天工程、绿化工程、治水工程；以建设经济适用房、廉租房、政策性住房和老小区综合整治为内容的住房保障工程；建立以"四有"（人人参保有门、困难参保有助、提高待遇有招、社会化管理有方）为基本内容的就业、社保工程；以交通网络化、城乡联网一体、"公、铁、水"三路齐头并进的交通运输提升工程；以老人为中心、以服务为宗旨的养老服务均等化工程；等等。这些工程的一步步实施，惠及全市每一个人，让市民们共享改革发展成果。

（二）第二条路径

借助各项国家级创建活动的契机，努力把事关社会建设和社会管理的"创先争优"工作做到极致，从而把创建过程变成大力推进社会建设和社会管理的过程。进入 21 世纪以来，国家级、省级、苏州市级的各项事关社会建设的创建活动全方位、全覆盖、全过程地在市县广泛地展开。对于这些一级升一级、一浪推一浪、一环扣一环的创建热潮的汹涌展开，太仓市的态度非常明确。他们认为，（1）这是推动全市大力加强社会建设和社会管理的压力和动力所在。各级领导和干部借助这股势头，给自身加压，变压力为动力，这是一件好事，许多平时很难顾及的方方面面的工作内容和科学化、高标准的目标要求，都会在这些创建活动中促使自己去努力寻找实施方案，因而大量的社会建设和民生事业的任务通过这些活动得到切实有效的落实。（2）这是创新社会建设和社会管理的很好的平台。通过这些创建活动可以调动起全市各级领导、广大党员干部和全体市民的积极性、参与欲望和聪明才智，不少看来很难办成的事情，都能在活动中找到解决问题的良方。同时，随着活动的广泛深入开展也使各级领导和党员干部受到生动的民生教育，增强对"以民为本"的感情和认识，提高自己做好工作的能力和水平。（3）这些活动可以大大增加政府对社会建设和民生事业的资源投入。创建活动需要工作要求的高端化、工作成效的优质化，因此，需要人、财、物等各种资源的综合投入和各种优势的高度整合。各种资源的整合，对太仓来说有很好的优势。首先，太仓是经济发达地区，人均 GDP 已接近了 2 万美元，有较强的经济实力，物质资源比较丰厚。创建活动自然是需要花钱的，而且要花大量的钱，太仓有这个能力。但花钱也有讲究，钱再多，如果花钱不当，老百姓还是不满意的，而把大量的钱花在这些跟民生利益有关的各种创建活动上，钱是花在刀口上、用在民生中。其次，太仓地处江海交汇前哨，和上海相连，隶属苏州市。太仓的地域环境造就了太仓人民的开放心态、国际视野，人的思维、观念的现代化是推进民生事业、搞好创建活动的重要人才资源。最后，太仓有传统文化和现代文化相融相通的精神资源，因而对创建活动中提出的构建和谐社会的总目标有强烈的欲望和期待，决定了各项创建活动在太仓这方土地上能迅速地生根、开花、结果。

　　大力推进社会建设和社会管理不是说说就可以做到的，需要各种资源、条件的配合和支撑，需要动脑筋、花钞票、搞创新，一项一项突破，一步一个脚印去开展各项工作。把规模巨大的创建活动作为推进民生事业和社会建设的平台，这是一条很能立竿见影的路径。到 2012 年，太仓已经取得几十项国家级、省级的创建成果，有的是属于"唯一""唯几"级的，有的是属于"首批获得""最早授予"级的。在这几十项成果中，最具分量、最跟民生有关的是，国家卫生城市、国家生态市、国家环保模范城市、国家园林城市、全国最关爱民生城市、全国平安建设先进县（市、区）、全国村民自治示范县（市）、中国优秀旅游城市、中国长寿之乡、中国最具幸福感城市等。

（三）第三条路径

依托率先基本实现现代化的总体布局，努力做到社会建设和社会管理成为大布局中的重要板块，推动社会建设和社会管理与实现全市基本现代化相向推进。从 2006 年开始，太仓在设计和规划率先基本实现现代化伟大目标中，社会建设和社会管理的内容开始成为"主角"。在每年年初、年末全市总结上一年工作和部署下一年任务时，社会建设和社会管理已成为领导、干部讨论的中心和关注的焦点，而且连续七年，社会建设的内容一年比一年丰富、一年比一年具体、一年比一年深化、一年比一年给力。

2006 年末，市委在扩大会议报告中把"全面推进和谐太仓建设"作为报告四大部分中的一个重要部分，并提出"要始终坚持加快发展与造福群众相统一，协调推进经济、政治、文化、社会和生产建设""努力建设与'两个率先'相适应的和谐社会"。为此，报告详尽提出了六个"坚持"：坚持加快发展和成果普惠相统一，实施全民富裕工程；坚持发扬民主和依法治市相统一，实施"法治太仓"工程；坚持传统文化和现代文明相统一，实施先进文化工程；坚持城市发展和人的进步相统一，实施"文明市民"工程；坚持经济发展和促进稳定相统一，实施"平安太仓"工程；坚持生产发展和环境保护相统一，实施"生态家园"工程。这六大工程标志着全市社会建设和社会管理的推进已初具雏形，这和过去很长时间里在重要报告中民生事业和社会建设内容提得比较单薄的情况相比，是一个很大的进步。它清楚地表明，市委对如何科学完整地推进基本现代化的伟大目标理解比较到位、构想日趋完善。

在 2007 年的市委扩大会议报告中，市委部署深入推进基本现代化具体工作任务时，更明确地提出"要坚持以人为本，把关心和解决民生问题放到更加突出的位置，尽心竭力为群众办实事、办好事，不断推进和谐太仓建设"。在这一年中，具体提出了要把"提高市民收入""提升市民素质""优化生态环境""确保社会和谐稳定"作为当年必须重点关注的民生事业。市委开始把社会建设和社会管理的推进引向载体化、操作化的层面。

在 2008 年的市委扩大会议报告中，进一步提出了"必须统筹兼顾发展经济与改善民生、发展经济与社会进步、发展经济与维护稳定的关系，以解决群众实际困难和问题为切入点，协调推进和谐社会的各项建设"。报告中还提出了要建立健全社会利益协调机制和加快构筑公共服务体系等，开始把社会建设和社会管理推向创新体制机制的高度。

在 2009 年的市委扩大会议报告中，市委对推进社会建设和社会管理有了更清晰的理性认识，提出要"增强民生工作的系统性考虑、制度性保障和总体性把握，制定全市民生工作短期目标和长期规划，建立起一整套民生事业支撑体系和'民生幸福'量化标准，整合各地区、各部门的资源，系统地、整体地推进民生工作，让全市人民充分享受幸福美好的生活，建设更加和谐与充满活力的现代社会"。这些话写进市委的重要报告中，表示市委对社会建设工作不再停留在一般做实事、办好事的层面上，而是把工作重心引导到探索寻找内在规律、强化固本强基理念、完善工作运行机制、提升整体水平的目标要求上来，全市的社会建设和社会管理有了更为扎实的理论指导和科学保证。

在 2010 年末召开的市委扩大会议报告中，市委提出要"牢牢把握人民群众的新期待新要求，把保障和改善民生放在更加突出位置，加快改善民生为重点的社会建设和管理"。除了进一步部署如何大力提高城乡居民收入、全面提升公共服务水平外，还对如何"加强社会管理创新"首次做出部署，提出要"树立以人为本、注重民生、优化环境、增强活力、促进和谐的社会管理新理念，加快实现由防范、控制型管理向人性化、服务型管理转变"。还提出要把"基层基础建设作为社会管理的根基，把化解社会矛盾作为加强社会管理的基础性工作"。这充分说明，太仓市委已不再仅仅满足于将工作重点放在加强社会事业、社会保障的社会建设层面上，而是把视野进一步推向管理的层面，从组织、制度、机制等源头上的管理来深化社会建设的内涵。

在 2011 年末召开的市委扩大会议报告中，市委提出了"统筹城乡发展，在打造现代田园城市上求突破""加强文化建设，在促进文化大发展大繁荣上求突破""优化生态环境，在推进生态文明建设上求突破""切实改善民生，在持续增进民生幸福上求突破""创新社会管理，在维护社会和谐稳定上求突破"。这五个"突破"全面铺开了该市在新形势下进一步把维护人民群众的根本利益作为一切工作的出发点和落脚点的建设，努力做到工作思路上突出为民、经济发展上突出富民、公共服务上突出惠民、社会管理上突出安民，确保改革发展成果更多更好地惠及全体人民，加快推进社会现代化的新征程在太仓全面展开。

第二章

发展方式的转变催生社会建设
太仓实践模式框架的形成

对一个地区来说，发展方式的转变不仅是指经济发展方式的转变，同时也包含对社会建设、政治建设、文化建设等各个方面发展指导思想和指导方针的改变。从 2005 年以来，发展方式转变中最为重要的一个转变就是在科学发展观的指导下，越来越多的领导开始认识到，我们要建设现代化，光有经济的大发展还不够，经济的快速发展产生了大量的社会矛盾和社会问题，需要通过加强社会建设和管理来加以统筹解决。在不断发展的新形势面前，我们进入了一个大力推进社会建设的发展阶段，正如党的十六届六中全会上提出的"必须坚持以经济建设为中心，把构建社会主义和谐社会摆在更加突出的地位"。

发展方式的转变，往往是先从思想观念的转变和发展理念的更新开始的。有什么样的发展理念，就会有什么样的发展道路和发展方式。从太仓来说，这些年在发展方式的转变上最为直接的推动力就是观念的转变，而最为直接的成果则是，各级领导越来越深刻地认识到，经济快速发展不是最终目的，最终目的是要让人民得益、人民幸福、人民满意。因此，发展方式的转变开始催生出一个新的主题：以人为本、民生导向、和谐社会、共富之路。各级领导真心实意地把"发展经济"和"民生共富"这两件大事放到了一个天平的两端，把这两种责任自觉地放到了自己的肩上。解决社会问题、发展民生事业、实现和谐太仓已成为太仓各级领导干部的又一强烈追求。

以民生为本社会建设的推进和以和谐为主社会管理的创新，促使太仓这几年来产生了大量的实践行为，这个实践行为的标志大体是三句话：社会建设紧抓不放、社会管理紧锣密鼓、社会体制改革紧逼而至。这跟30年前的太仓冲破小农经济社会、大步走向工业化道路的情况有些相似，那就是：起步的动力都是十分巨大的，实践的路径都是逐步清晰的，探索的勇气和创新的精神都是非常强烈的。所不同的是：当时搞工业化是缺乏任何资源支持和环境支撑的，而推进社会建设和社会管理则有强大的经济实力做基础，有中央一系列指示做后盾。尽管如此，社会建设和社会管理是一项庞大、复杂的系统工程，对一个县级市来说，当时既缺乏必要的理论指导，又缺乏可供借鉴的实践经验，究竟从哪里入手、从哪里做起，目标、方位在哪里，步骤、方案怎么定等等，都是不太清楚的。一切都要靠自己的实践去摸索、去完善。

从太仓的实践来看，基本上走的是这样一条路线：一是从客观存在的现有种种社会矛盾上去排差距，去寻找起步线；二是和小康、现代化总体目标作对照，确定现阶段社会建设的目标和要求；三是从党中央连续确定的一系列加强社会建设和社会管理的指示中确定全市工作的重点和步骤；四是在对全市社会现状和各种优势条件的分析和研究基础上选择实践的具体路径。通过这样几个方面的工作，太仓市委、政府对如何推进社会建设和社会管理逐步有了一个比较清晰的思路，突出地表现在三个方面。（1）来自党、政府对大力推进社会建设总体形势的自觉适应，逐步树立了党管社会的理念，及时调整了自己的工作重心，积极参与和主动融入社会，开始自觉、主动地探索一条经济和社会协调发展的科学之路。（2）从一般的维护社会稳定的"权宜之计"，逐步提升自己的政治视野和思维层次，把目标提升到实现现代化和谐与幸福内涵的战略设计中去。（3）对如何加强社会管理逐步进行创新性实践，开始从机制上谋求改革和突破，从原有的习惯性下达指令、政策"被管理"局面转变到和民众互动、让民众参与、上下"合作有序"的轨道上来，在不断践行"党委领导、政府负责、社会协调、公众参与"的格局中建立起一套有利于和谐发展的社会体制和社会规范，从而把全市的社会建设和社会管理逐步提高到一个新的水平。

2005～2006 年间，虽然中央在各种文件、报告中已多次对社会建设和社会管理的问题有了十分明确的阐述，但在全国范围内如此广泛地推进这一项事业是从未有过的，对基层领导、干部而言更是一个全新的课题。或者说，还有不少基层领导干部对中央精神的这些变化甚至没有引起足够的重视和注意，当然也就谈不上对如何推进社会建设做深入细致的研究和坚持不懈的实践。太仓市的领导比较早地觉悟到了中央的这些变化，比较早地认识到了"社会转型"的分量，对中央发出的"信号"，他们有敏锐的感觉力。再加上与自身的实践和现状作比照，终于自觉不自觉地开始启动这扇"实践之门"，把构建和谐社会、以人为本、民生导向的思想和观念写进了全市每年的重要报告和文件中，成为率先"上呼下应"付诸实践的开拓者。

太仓市启动社会建设的实践首先是从"民生实事工程"起步的。太仓从 2006 年开始，就本着"为民于真，利民在实，惠民有效"的宗旨，在每年的政府工作中把为民办好"十件"实事工程写进人代会报告，接受人大和广大人民群众的监督和考评。这每年为民"十件大事"被称为太仓的"一号工程"，受到了广大市民的称赞。对这"一号工程"的实施，首先，政府要投入大量的资金。随着经济发展的不断攀升和财政收入的逐年递增，政府每年在"一号工程"上投下的巨量资金也一年比一年增加：2006 年 2.7 亿元，2007 年 6.8 亿元，2008 年 3 亿元，2009 年 9.5 亿元，2010 年 7.7 亿元，2011 年达到 20.3 亿元。资金的巨量投入确保了实事工程的规模和水平。其次，政府科学设计和安排项目。有了投入还得注重提高项目的质量和成效，他们努力把每一个项目都办成有超前性和示范性的效能工程，千方百计让更多的市民感受到实际的好处。最后，精心施工，严格管理。花了巨额资金搞投入，更要精心施工、精打细算，把钱花得更科学、更合理。他们坚持以人为本、厉行节约的原则，精心编制项目规划、强化财务制度化管理、严格招标管理，保证公正、公平、透明，实施项目招投标制度，合理降低建设成本，把"实事"办成"好事"，让"实事"收到"实效"。

太仓市推进社会事业的实践最早是从"构建社会保障体系"领头的。社会保障是对社会成员的基本生活权利提供安全保护的社会行为和机制。对一个市来说，市民们最为关心的切身利益是两件大事：一是收入分配；二是社会保障。收入分配是人们维持日常生活提高生活水准的基础条件，而社会保障则是市民获得福祉、维持和谐的制度安排。一个科学完整的社会保障制度的建立不仅是推进民生事业的"加速器"，而且也是创新社会管理的牢固基石。太仓市构建社会保障体系早在 2005 年就开始探索和实践，该市的社会保障体系始终坚持"民生优先、利益均衡"的宗旨，其内容和特点体现在"导向性、激励性、前瞻性、完整性、互补性、扶持性"六个方面，建立起了广覆盖、可持续的"太仓模式"——城乡统一社会保障网。这个体系的主要工作目标是三项，一是完善城乡统筹的社保制度。把全市群众分为城镇职工、被征地农民、外地农民工、低保人员等 15 大类，制定出台近 20 项社保政策，三大保险参保率近年来连续保持在 99% 以上。二是优化城乡均等的社保服务。在全市建立八个人力资源分市场和 30 个公共职业培训基地，建立市、镇、社区劳保服务"三级管理"和连同居民（村）小组在内的"四级网络体系"。三是加强城乡一体的社保管理。通过建立信息系统、实行"劳动保障卡"制度，推行社保基金和审计部门联网审计，开通劳保热线等工作，对城乡实行严格的社保管理制度，从而实现"人人参保有门、参保困难有助、提高待遇有招、社会化管理有方"的"四有"目标。

太仓市创新社会管理的实践是从建立"深化基层民主建设"开始有序突破的。太仓市早在 20 世纪 90 年代初就开始探索村民自治工作，20 年来已形成了十分成熟的社会管理创新经验，在全国享有盛名，获得了多项全国性的荣誉称号。在 2006 年开始的全市大力推进社会建设、创新社会管理的热潮中，太仓市把这项制度又推向了新的高度，不仅把原来的村民自治推向了社区和企业，建立起一整套村民自治、社区居民和企业民主管理的制度，而且扩大了基层民主自治管理的内容，深化了基层民主管理的内涵。它包含十个方面的管理：一是管理集体土地、财产；二是发展农村经济，维护村民合法权利和利益；三是办理本地区的公共事务和公共事业；四是宣传法律、法规和国家政策；五是开展社会主义精神文明建设活动；六是调解民间纠纷；七是保护和改善生态环境；八是开展社区服务；九是召开村（居）民会议，审议社区工作报告；十是开展对未成年人犯罪，妇女、老年人权益的预防和保护工作等。从而真正做到放权于民、还权于民，进一步强化了社会管理的功能，实现了政府行政管理和基层群众自治管理的有效衔接和良性互动。

　　太仓市通过在社会建设、民生事业和社会管理上的这三大"突破"，为全市全面推进社会建设和社会管理提供了样本、树立了典范、取得了经验，在这些突破性的社会建设成效带动下，全市方方面面的社会建设都得到了有效地开展。在最近的五六年时间里，全市形成了各级各部门都聚焦民生事业、聚焦社会建设和社会管理的实践热潮。

　　实践出真知，实践出规律。大量有效的实践，使全市社会建设和社会管理的运行框架逐步形成，具有太仓特色的实践模式也初露端倪。其实，模式是实践的必然产物。所谓模式，就是一个地区在自身特定工作环境、生活场景和历史、文化背景中形成的一种发展走向和思维、行为、体制上的战略选择。从某种意义上说，运作模式也好、发展模式也好，是普遍存在的，只要一个地区对工作有一定时间的实践和积累，都会自然而然地形成属于这个地区的特有运作规律和运作体系。模式不是人们所想象的那么神秘和高不可攀，只要善于回顾总结、善于分析提炼、善于积累、善于理性提升，都会找到"模式"的踪影。

　　太仓就是在较长一段时间的实践后，属于社会建设和社会管理的"太仓模式"才慢慢露出水面的。这个"太仓模式"的真正意义和价值并不在"模式"本身，而是深藏在"太仓"两字中：太仓模式是在太仓的环境中诞生、成长的，具有太仓固有特色。模式没有了地方特色也就失去了存在的价值。

　　太仓社会建设模式的特色，其总体思路大体可以用三句话概括，即：**以经济、社会协调发展为主线，以实现社会现代化为目标，以坚持"多元普惠、和谐善治"举措为路径**。其基本做法是"三个大力推进"：**大力推进民生建设，以实现基本公共服务均等化为突破口，营造城乡一体、普惠共富、公平和谐氛围的社会"大家庭"；大力推进制度建设，以强化基层民主，构建政府、市场、社会协调网络为主体，建设和经济现代化相适应的社会现代化新格局；大力推进生态建设，以构建江南水乡特色的现代田园城市为终极目标，打造能提振"精气神"和宜业宜居的幸福新太仓**。这个总体思路和基本做法的概括充分体现了太仓发展方式的转型成果，也是符合太仓实情、跟太仓现阶段发展方向一致、具有经济发达地区特点的模式。这个模式遵循这样一些推进社会建设和社会管理的基本规律和原则，一是注重民生的导向，具有民生福祉重点倾斜的意向和特征；二是体现了公平、正义的原则，把老百姓共享改革发展成果放到了社会建设的最为突出的位置；三是具有主动、积极进取抓社会建设的姿态，把抓好社会建设纳入到实现现代化大目标的总体布局和设计中去，不就事论事、不单腿独行；四是推进社会建设有了明晰的思路，把顶层设计和现实目标有机地结合了起来；五是把社会建设的任务放到了全党、全民面前，成为全社会的共同责任和党委、政府工作的重点，改变了"部门操作"的做法；六是突出了社会建设的战略性和系统性是发展的永恒主题，不搞"一阵风""权宜之计"。实践证明，太仓逐步形成的社会建设实践模式是有扎实理论基础的，在实践中将会是行之有效的。

第三章

坚持以经济社会协调发展为主线
推进社会建设和社会管理，
是践行科学发展观的题中之义

坚持以经济社会协调发展为主线是太仓社会建设和社会管理实践模式的第一大特色。

中共中央总书记胡锦涛在 2003 年 7 月 28 日的讲话中提出了科学发展观的要求，即："坚持以人为本，树立全面、协调、可持续的发展观，促进经济社会和人的全面发展。"并提出：按照"统筹城乡发展、统筹区域发展、统筹经济社会发展、统筹人与自然的和谐发展、统筹国内发展和对外开放"的要求推进各项事业的改革和发展，既是科学发展的方法论，也是中国共产党的重大战略思想。

科学发展观的具体内容包括，以人为本的发展观、全面发展观、协调发展观、可持续发展观等。而坚持经济社会协调发展是科学发展观中一项基本的任务、基础性的工作，没有经济社会的协调发展，其他发展也就成了无本之木、无源之水。

对一个县级市来说，经济社会的协调发展对提高县域发展的质量、水平至关重要；特别对地处经济发达地区的太仓市来说，推进社会建设和社会管理，"经济"这一块如何处理好是绕不过的一道"关"，更是当地党委、政府、干部、群众丢不掉的一段"情"。可以这样认为，能否做到经济社会协调发展直接关系到社会建设和社会管理是真推进还是假推进的问题。在实践中，如果一味强调"经济发达地区不能分散抓经济的精力"，而用"经济高速发展"来压缩社会建设的推进显然是行不通的；但如果是因为要抓社会建设而挤压"经济高速发展"也是不应该的；经济、社会两者发展都是头等重要的大事，不仅不能顾此失彼、抑这扬那，更要使两者协调发展、协调推进。为此，太仓近年来坚持把经济社会协调发展作为践行科学发展观的应尽之责，努力做到"以经济建设为中心"不动摇，"以社会建设为重点"不松动，使推进社会建设和社会管理成为谋求经济社会协调发展的一个"新平台"，在推进中求协调、在协调中求推进。

太仓是怎样把经济社会协调发展作为推进社会建设的一条主线的呢？主要是做到了以下三个"注重"。

一　注重"高起点"

经济社会协调发展，最关键的是取决于两者协调推进的"高度"，也就是说要"高起点"上搞协调，"高水平"上求平衡。在太仓，经济发展已经达到相当于工业化的中后期水平，人均 GDP 已赶上了世界最发达的国家的水平，在这样的条件下，不抓社会建设和社会管理是不可能的事。社会的事、民生的事天天摆在各级领导面前，有了这样丰厚的经济基础，领导者不会对社会问题熟视无睹，也不可能不把一部分资金投入到有利于全市市民的民生事业中去，就是在中央 2006 年前未曾特别提出加快推进社会事业的那时，各级领导者也都做了大量推进社会建设的好事、实事，这几乎是领导者行使为民服务权力的一种本能表现。

太仓市各级领导近年来抓社会建设和社会管理的指导思想是很明确的，"实"抓还是"虚"抓、主动抓还是被动抓，一个重要的试金石就看是不是"高起点"抓，也就是说，是不是像"抓经济建设那样地去抓社会建设"。如果真正做到了用抓经济建设那份热情、那份心思、那份拼劲去抓社会建设，这才是真正意义上的"高起点"，才有可能使经济、社会得到协调发展、平衡推进、比翼双飞。

有了这个"高起点"的理念，在近五六年时间里，太仓市完成了三个重要历程的转变。

（一）从"做蛋糕"向"分蛋糕"转变

太仓市各级领导认为，这是一个"以资为本"，还是"以人为本"的问题。"做大蛋糕"固然万分重要，一定要把这个基础夯实，才谈得上"分好蛋糕"；但"做大蛋糕"不能成为抓经济建设的全部目的，只能把它看作为人的利益服务的手段，市委、政府始终应当把"人"而不是"物"作为自己一切工作的出发点和落脚点。这个认识是太仓市各级领导花了二十多年的时间慢慢认识过来的。他们和其他一些地区一样，也曾经有过"为了经济发展而去抓发展"的过程，然后发展中出现的许多矛盾和问题，使他们逐步认识到"满足人的需求""为民谋取幸福"才是经济发展的根本、"做大蛋糕"的初衷。这一转变是从 2006 年以后开始的，他们开始从"一头扎进招商引资、全部精力上大项目"作为奋斗目标的一切中分身出来，把很大一部分精力用于改善民生福利、搞好基础设施、扩大公共服务等，当时被称为"市政府为民服务的实事工程"。这个实事工程一年比一年扩大，一年比一年深入，市民们也一年比一年能感受到市委、市政府对自己利益的关注和真情投入。

在"分好蛋糕"的理念推动下，太仓市委、政府认为，"分好蛋糕"就是要实现"共同富裕"。而"共同富裕"的关键在于正确处理好政府调控和市场调控之间的关系，做到"政府"和"市场"两只"手"灵活运用，靠市场这只"手"发挥好配置资源的基础性作用，而政府这只"手"则要尽量解决好让更多人通过创业和就业的途径增加收入，从而缩小城乡之间、各个阶层之间贫富的差距，逐步走向共同富裕之路。

首先，该市致力于加快产业结构的调整，加大服务业发展的步伐，提升服务业发展质量和水平，从而为全市市镇居民就业增收、民生幸福提升开创空间。为了加大发展服务业的力度，该市先后出台大型专业市场优惠政策、加快总部经济发展、促进服务业加快发展、鼓励制造业企业分离发展服务业等二十余项专项政策或意见，做到了以项目带动就业、以发展提升创收。

其次，该市致力于发展民营企业，全力推动民营经济发展，为全市实现"创业带动就业，就业促进富民"提供良好的环境。在加快发展民营经济中，该市努力打造低物流、低税费、低要素、低融资、低物业成本的发展环境，使太仓成为民间投资兴业的乐土。到 2011 年底，全市拥有民营工业企业 7152 家，占全市工业企业总数的 87.3%，规模以上的民营企业占全市规模以上工业企业的 56.95%。2011 年，全市民营工业实现工业总产值 1136.75 亿元，占全市工业的 48.98%。在大力发展民营经济中，政府这只"手"做了大量的实事，如：通过强化培训机制，建立民营企业经营管理人才培训平台，并提供培训补贴经费，不断提升民营企业家的素质；通过建立企业精英人才岗位任职资格市场化、制度化、规范化制度，努力提升他们的战略思维和现代理念；通过加强制度化建设、实施荣誉激励机制、增加经费投入机制和优化公共服务机制等方法，努力对企业家实行科学化、规范化管理，从而提升民营企业的质量和水平，增加创业者和就业者的财产性收入。

最后，该市在农村着力构建农民增收长效机制。实行农业、创业、就业、物业"四业富民"；推行新型农村合作医疗、新型农村养老保险、农村最低生活保障、被征地农民基本生活保障"四保惠民"；推进强村富民，加快形成家庭经营收入为基础、工资性收入和财产性收入为重点、转移性收入比重逐步提高的农民收入结构。该市还按照当前的农村实际情况，不断转变农村经济增长方式，推进农村经济转型升级和农民收入不断增加。在农民增收上他们积极探索出了"八条路径"，即：发展农村新型合作经济、促进农村劳动力充分就业、鼓励农民自主创业、挖掘农业内部潜力、完善农村社会保障体系、落实支农惠农各项政策、加强农民技能培训、培育新型职业农民等。特别是加大了对进城进镇农民的就业创业支持力度，实行统一的就业失业登记制度、城镇就业困难人员援助制度和职业培训制度；劳动年龄段人员进城进镇后半年内免费介绍岗位，确保一户有一人以上就业；有创业愿望的农民，优先解决小额信贷。这些举措有力地促进了农民增收。

从太仓的实践中可以看到："分好蛋糕"，不仅要给市民们更多的"钱"和"物"，更要给他们创造更多的挣钱机会和打开走向富裕的大门。

（二）从"补短型"向"普惠型"转变

一个地区搞社会建设和管理一般总是从群众最关心、意见最集中、矛盾最突出、问题最严重的事情入手，通过加强社会建设和社会管理达到化解矛盾、造福民生、实现和谐的目的，这就是我们通常说的"治堵型"。当形势发展到出现新情况、新矛盾时，社会上自然而然地会出现某些不协调、不平衡、不和谐的局面，因此，"治堵型"的社会建设和社会管理不是一个"权宜之计"、不"堵"即"通"的问题，而是一个需要长期关注、不断解决、相对提升的过程。通过不断"治堵型"式的社会建设使整个社会发展在不平衡中求平衡，在相对平衡中解决新的不平衡，循环往复地"治堵"，从而把社会建设推向深入和新阶段。

当太仓市的社会建设和社会管理工作进入了"主动、积极"加强的自觉阶段以后，开始也是在"治堵型"的指导原则下展开的，用他们的通俗语言讲就是"还债""补偿"性的建设。原来的路不平、河不畅逐步"旧貌换新颜"；原来的看病难、上学难逐步得到缓解和改善；原来的"三农"问题成堆，城乡差距很大的情况逐步有了根本性的改观，如此等等。太仓市认为，"治堵"本身就是建设，也是一种发展，而且是市民们最有感觉、最有感受的一个重要环节。

在不断的"治堵"建设中，太仓市的社会建设和社会管理逐步迈入了"高起点"推进的新时期。太仓市"高起点"的社会建设最重要的标志就是从"治堵"转向"普惠"，实施"普惠型"的"治堵"。通过"普惠型"的建设，把社会上和发展中可能发生的大大小小新"堵"超前地给予治理和解决，从而更加积极主动地把全市的社会建设推向新的水平。

在这里，我们列出该市从2006年至2012年，七年时间中政府每年为民谋利所做的十件"实事工程"，从中可以看出该市是如何不断地追求"普惠"，追求为民造福的"量"的覆盖和"质"的提升的。

2006年政府十项实事工程：建立垃圾收集系统，建设残疾人服务中心，启动实施新浏河风光带西段工程，实施农村新型社区建设试点工程，加快推进农村危桥维修改造工程，建设新港城污水处理工程，建设维新遗址陈列馆，扩建市殡仪馆，实施被征地农民培训、就业和保障工程，实施人口出生缺陷社会化干预工程。

2007年政府十项实事工程：实施农村学校现代化建设工程，易地新建市一医院，城区部分道路贯通工程，建立市农产品检测中心，建设全民健身中心，实施劳动保障信息化"村村通"工程，推进镇（区）社区服务中心建设，完善全市公交体系等。

2008 年政府十项实事工程：新建客运中心、公交枢纽站，实现农村社区卫生服务机构提档改造，来太务工人员子女学校规范化建设和爱心学校建设，加快社会化养老硬件建设，实施港城之星主体工程，实施金仓湖水系整治及西岸线景点建设，经济适用房建设，推进老居民住宅小区改造，实施长江江堤加固工程，启动村级污水收集处理系统建设。

2009 年政府十项实事工程：新建太仓市传媒中心，新建太仓市图博中心，新建太仓市文化艺术中心，实施太仓浏河一级渔港工程，建设市便民服务中心，实施市区农贸市场改扩建工程，推进再生资源回收网络体系建设，完善全市校园技防和技防村达标工程，实施老居民住宅小区改造二期工程，实施村级生活污水收集处理系统二期工程。

2010 年政府十项实事工程：实施管理区基础设施提档改造，加快农贸市场升级改造，推进文化惠民工程，完成公交一卡通和城乡公交一体化工程，建设老年大学和社区老年护理院，加强卫生信息化建设，实施学前教育现代化工程，实施社会治安信息化和新农村建设示范村综合基础设施工程，推进城市老小区和街巷整治改造，实施农村生活污水处理工程。

2011 年政府十项实事工程：实施城区水环境综合整治，新建浏河水源地，新建市科技活动中心，实施市、镇校舍升级改造，完成社区卫生服务体系提档改造，实施城乡公交服务优化提升工程，实施城市应急体系及新农村建设示范村综合基础建设工程，实施全市农贸市场升级改造，推进城市老小区改造工程，实施城区小街巷及慢行系统提档改造。

2012 年政府十项实事工程：建设太仓名人馆、美术馆，建设肉菜食品安全流通回溯体系，实施校舍升级改造，实施国家公共文化服务体系示范区创建工程，推进城乡公交服务优化提升工程，推进城区水环境综合整治（二期），推进老小区综合整治，实施绿道及慢行系统改造工程，推进村庄（居住区）环境整治及新农村综治建设工程。

凡是写进每年市人代会报告的为民实事工程都是政府向全市人民的庄严承诺，是实打实的实事，每一个市民的眼睛常年都盯着这些实事工程的进展和成效，实事工程成了政府推进民生事业和社会建设的重要载体。七年时间共 70 件大事，这些实事都是每年如期实现和完成的工程，没有丝毫的折扣，也没有留任何尾巴。对一个人口才四十多万的县级市来说，70 件实事的办成确实大大推进和改善了全市的社会建设和社会管理，这些看得见、摸得着，和民众息息相关的实事越来越成为该市政府履行以人为本、为民服务宗旨的缩影。

细细分析这七年 70 件实事的具体内容，我们可以清楚地感受到这 70 件实事折射出了一条政府为民谋利的思想脉络和实践走向。在这里我们截取 2012 年该市人代会上政府向会议代表报告的 2011 年十项实事工程实施并完成的详细情况（见表 3 - 1）。

表 3 - 1　2011 年政府实事工程实施情况

项目序次	内容	实施、完成情况
第一件实事	实施城区水环境综合整治	△　由水利(水务)局负责牵头，有关镇、区和部门配合实施； △　工程涵盖老城区、新区共 129 平方公里，总投资 1.9 亿元，分三年实施(2011 ~ 2013)； △　2011 年已投资 9000 多万元，实施四项工程：水系整治与闸站建设、污水管网建设、雨污分流与截污纳管、洗车场整治等，所有项目均按计划推进。
第二件实事	建设浏河水源地	△　由市重点办、水利(水务)局负责牵头，水处理公司、浏河镇配合实施； △　工程总投资 12.83 亿元，主要建设总库容 1742 万吨水库及配套设施，分三年实施(2010 ~ 2012)； △　2011 年已完成工程总量的 60%。
第三件实事	新建市科技活动中心	△　由市重点办负责牵头，市科协、教育局、妇联、财政局等有关部门配合实施； △　工程总投资 1.375 亿元，总建筑面积 2.5 万平方米，集科技教育、妇女儿童活动、教育培训、财政函授等功能于一体； △　工程已于 2011 年 12 月 5 日主体验收合格。
第四件实事	实施市、镇校舍升级改造	△　由教育局负责牵头，有关镇、区配合实施； △　工程总投资 1.72 亿元； △　市属学校改造建设任务基本完成，镇区学校正有序推进。
第五件实事	完成社区卫生服务体系提档改造	△　由市卫生局负责牵头，有关镇区配合实施； △　工程总投资 900 万元，主要对六家硬件未达标社区服务机构实施提档改造； △　两家主体改造基本完成，两家改造部分完成，一家正在前期对接推进，一家方案进行了调整。

续表

项目序次	内容	实施、完成情况
第六件实事	实施城乡公交服务优化提升工程	△ 由市交通局负责牵头，有关镇、区配合实施； △ 工程投资1600万元； △ 成立了市公交便民服务中心，加密了沪太快线班次，开通了太仓至虹桥枢纽班车，浏河—上海七号地铁线接驳班车已开通，实行公交配套优化，城区公交换乘站投入运营，14辆天然气燃料大容量公交车以及加气站投入运营。
第七件实事	实施城市应急体系及新农村建设示范村综治基础建设工程	△ 由市公安局、综治办牵头负责，有关镇、区配合实施； △ 工程投资1600万元； △ 推进城市应急中心和第五批"五位一体"新农村示范综治办、技防村(社区)、"户村接警系统"建设，工程已完成并投入使用。
第八件实事	实施全市农贸市场升级改造	△ 由市工商局负责牵头，有关镇、区配合实施； △ 该工程是继2009年、2010年后的三期工程，投资2亿元，实际改造建设市场24个； △ 其中八个市场建设已完成，四个市场正在建，三个市场设计完成，其余七个市场拟关闭、搬迁、改变用途或实施回购、回租。
第九件实事	推进城市老小区改造工程	△ 由市住建局、新区负责牵头，城厢镇配合实施； △ 工程投资7182万元； △ 总建筑面积约36万平方米，已全面完成。
第十件实事	实施城区小街巷及慢行系统提档改造	△ 由市住建局、新区负责牵头，城厢镇配合实施； △ 工程投资4500万元； △ 共推进六路、弄提档改造，工程已全部完成。

这条七年办实事之路的一个显著特点是，从"治堵型"向"普惠型"转变。社会发展总是和经济发展息息相关的，当经济发展越来越量质提升时，社会发展也会完成量质并进的转型过程。综观这70件实事，我们看到如下一些变化。

一是七年的实事是一个从"还欠账""补缺型"推进到"以人为本"的过程。在2006年刚着手提出办实事工程时，主要还是解决一些当时急需办的、老百姓反映比较大的事情，如垃圾处理、关注残疾人、污水处理、农村危桥维修等直接影响群众生活的"难点"和积重难返的棘手问题。而到了2010年、2011年，政府为老百姓办的实事已经提升到了如何提高群众生活质量、逐步推进生活现代化的着眼点上，如：管理区的基础设施提档改造、公交一体化、卫生教育、社会治安信息化现代化、实施城区小街巷及慢行系统提档改造等等。这些实事已不再是"老百姓的呼声"问题，而是"政府为民谋幸福"的问题。如果说开头两年办的实事较多的意义是"难事急办"的话，那么越到后来越显示政府"以人为本"的核心观念。

二是七年的实事是一个从"急事急办、难事先办"推进到"全市民、全过程、全方位"的过程。开头几年办的实事得益者往往只是"深受其害"的少数人和在一些具体生活环节中受累的一部分人群。而越到后来越显示每年办的实事，在覆盖面上，已逐步波及全市；在影响力上，已逐步从物质到身心健康，从生活环节到文化层面，从提升幸福指数到促进人的全面发展，从弱势群体到全民涵盖。七年中政府为民办实事的出发点、落脚点、着眼点都发生了明显的变化，这就是社会建设从浅层、表层向深层、里层推进的标志。

三是七年的实事是一个功能定位从"硬性、显性为民服务"推进到"统筹兼顾、系统改善民生"的过程。将七年70件实事内容进行前后对比可以找到这样几个轨迹：（1）由满足人的生存、生活需求向维护、激发人的发展权推进。例如，在2009年的实事中列入了推进再生资源回收网络体系建设，完善全市校园技防和技防村达标工程的内容；在2010年的实事中列入了实施新农村建设示范村综合基础设施工程的内容。（2）由兴办民生事业向加强和改善社会管理推进。例如，在2007年的实事中列入了推进镇（区）社区服务中心的建设的内容，在2006年的实事中列入了实施农村新型社区建设试点工程的内容。（3）由传统民生向现代民生推进。在前两年政府多兴办一些有形的民生工程，如风光带建设、殡仪馆建设、全民健身中心建设、金仓湖景点建设、江堤加固工程、农贸市场改扩建、居民住宅小区的改造等。但在近两年，现代民生和科技进步的成分越来越加强了，诸如，卫生信息化建设、学前教育现代化、公交一卡通、新建科技活动中心等。（4）为民服务覆盖面由弱势群体等特定人群向包括外来民工在内的全体新老太仓人拓展。如，2008年实事中就把"来太务工人员子女学校规范化建设和爱心学校建设"列入其中。

从以上对七年70件政府为民办实事的展示和分析中我们可以看出，太仓市的社会建设从"面、点、量、质"等多个角度显示正在逐步迈向高起点、高标准、高要求。这个"高起点"社会建设态势的形成跟该市经济高速发展是相一致、相协调的，没有出现经济建设高速发展、社会建设停滞不前的情况。

（三）从"碎片化"向"整体化"转变

社会建设和社会管理是一个庞大的系统工程。从全国来说，这一项系统工程还处在实践的初级阶段，对太仓市来说同样如此。他们尽管从"不自觉"到"比较自觉"抓社会建设已经经过了五六年时间的实践，但从总体来说，还处在"摸着石头过河"的起步阶段，因此，在这一个阶段中，社会建设和社会管理的"碎片化"现象是难免的。所谓"碎片化"，就是缺乏基本定位、缺乏明确目标、缺乏前瞻思考、缺乏整体设计、缺乏统一步调、缺乏评价机制。产生"碎片化"的原因是多方面的，它既是推进社会建设的初级阶段的必然规律，又是政府对抓社会建设思想认识不到位和政府包揽社会建设的必然反映，也是政府对推进社会建设和社会管理缺乏理论导向的必然结果。当然，"碎片化"问题总是相对地、长期地存在的，也就是说，短时间内要从客观上彻底摆脱"碎片化"是很难做到的，达到"整体化"推进是需要时日的。而从主观上来说，一个对社会建设有了自觉性的政府对"碎片化"现象是会很快察觉的，也是会很快自我克服和完善的，实践的规律就是周而复始、循序渐进。太仓市在这几年中对"碎片化"现象开始有了清醒的认识，觉得社会建设的推进必须要做到有计划、有步骤、有整体布局，才能真正造福于民。近年来，他们在推进社会建设上开始致力于"四个一"。

1. 制定了一个推进社会建设的中长期规划

在该市制定并出台的国民经济和社会发展第十二个五年规划的建设中，社会建设和社会管理已经成为该规划的重要组成部分，和大力推进经济现代化一样，保障和改善民生、促进社会和谐稳定已成为到2015年向后几年的工作重点。在这一规划中，他们充分做到了"五个坚持"，坚持以人为本，把提高人的素质、满足人的需求、加强人的管理、促进人的发展作为推进社会建设和社会管理的根本出发点和落脚点；坚持统筹兼顾，切实把加强社会建设和管理纳入率先基本实现现代化的总体布局中，做到同步规划、同步部署、同步推进、同步考核；坚持改革创新，用改革的思路和创新的方法更好地协调社会关系、维护社会稳定、促进社会和谐；坚持固本强基，切实加强基层基础建设；坚持群众路线，把做好群众工作作为加强社会建设和管理的根本性、基础性、经常性工作。在规划中对社会建设中的重点任务给予了充分地突出，如加快城乡一体化发展、建设现代化最佳宜居城市、大力推进"绿色太仓"建设、大力提高城乡居民收入、全面提升公共服务水平、加快完善社会保障体系、更加注重社会管理等都有比较详尽的规划和打算。总之，加强社会建设和社会管理的一张"网"已经编织而成，为今后更大力度地在实践中推进提供了坚实的基础和可靠的保证。

2. 设计了一条以民为本"幸福金太仓"的实施路径

设计和制定"幸福金太仓"蓝图是该市市委、政府推进社会建设的具体行动纲领。在这张蓝图中，一是提出了"幸福金太仓"的内涵，即：物质生活富足家家开心、精神文化繁荣人人顺心、公共服务健全事事称心、生态环境优良处处舒心、社会和谐稳定时时安心。二是确立了"幸福金太仓"的总体思路，即：坚持以人为本，以科学发展观统领经济社会发展全局，以"精致、和谐、务实、创新"的太仓城市精神为支撑，以提升人民群众的幸福感和尊严感为导向，进一步提升经济发展质量、提高社会文明程度、增进人民群众福祉，使发展更加惠及民生，让发展成果更加公平共享，努力将太仓打造成经济发达的富庶之城、生活安康的幸福之城、普惠便捷的公平之城、优美舒适的生态之城。三是规定了"幸福金太仓"的实施途径，即：完善就业创业体系，大力提升居民收入水平；完善社会保障体系，不断改善民生生活质量；完善公共服务体系，努力实现公共服务均等化；完善宜居环境体系，着力提高居民生活品质；完善民主法制体系，全力维护社会和谐稳定。

3. 形成了一套创新社会建设和管理的工作体系

近年来，太仓市积极推进以人民群众满意度为标尺的社会管理总目标，不断地构建起六大管理体系，积极探索富有太仓特色和创新成分的以"全覆盖、抓互动、重均衡"为总体思路的社会管理模式，实现了经济建设和社会管理齐头并进，社会建设和社会管理协调推进的新局面。太仓的"六大体系"是，（1）构建覆盖全面、重心下移的社会管理网络体系。通过党建引领，把管理力量放在"基层"，把服务对象定为基层群众。试点建立"区域党建工作站"，实现辖区内党组织资源共享互补。在基本队伍上，全面推行村、社区党组织领导班子"公推直选"；在基础工作上，建立市镇两级基层党组织建设专项资金，在农村普遍建立农村党员议事会，发挥广大党员在社会管理中的积极作用。夯实基础，强化社区建设，实施镇、村和农村新型社区三级管理的"社区工作站"，提升服务管理水平。不断加强村务公开民主管理，着力提高群众参与社会管理的积极性，努力实现"为民做主"向"由民做主"转变。（2）构建政社互动、有效衔接的社会管理协作体系。出台《关于建立政府行政管理与基层群众自治互动衔接机制的意见》，形成《基层群众自治组织协助政府工作事项》和《基层群众自治组织依法履行职责事项》"两份清单"。（3）构建贴近需求、资源共享的公共服务体系。着力推动教育事业均衡发展，大力实施百姓健康工程，推动文化大发展大繁荣。（4）构建民生优先、利益均衡的社会保障体系。主要做法是完善城乡统筹的社保制度，优化城乡均等的社保服务，加强城乡一体的社保管理等。（5）构建源头防范、有效化解的社会矛盾调处体系。建立源头防范机制，扼住矛盾纠纷始发关口。完善源头排查机制，拓宽矛盾纠纷调处入口，形成村信息员、村级调委会、镇矛盾纠纷调解中心和市矛盾纠纷调处中心四级信息交流反馈网络。完善大调解组织体系，增密矛盾纠纷化解出口，建立"公调对接""检调对接""诉调对接""访调对接"等专业调解机制。（6）构建综合治理、保障有力的公共安全体系。不断深化"平安太仓"和"法制太仓"建设，形成"经济发展、流动人口增加、案件下降"的"太仓现象"。注重强化网络管理，全方位、多层次收集网站、上网人员、虚拟身份等源头信息，建立对各类重点人员网上网下的动态管控和预警。对各类刑事犯罪保持"严打"态势，在全国县级市率先建成覆盖全员人口的信息动态管理系统，加强对重点人群的服务管理工作。

4. 探索了一套以"民生太仓"为目标的工作运作机制

推进社会建设和创新社会管理关键在实践、关键在运作。随着对这项工作认识的逐步到位和对推进意义的不断深化，太仓市的具体运作方案也开始从"整体化"的角度着眼，形成四个机制。

一是组织保障机制。太仓成立了全市领导小组，统筹全市社会建设和社会管理。领导小组由市委书记任组长，市长、市委副书记任副组长，市政府相关部门和工会、共青团、妇联等人民团体为成员单位。市领导小组统筹协调重大问题，下设办公室，配备相应人员，健全责任体系、规范工作制度。各级党委也切实加强对社会建设和管理的组织领导，把社会建设和管理作为贯彻落实科学发展观的重要任务，作为率先基本实现现代化的重要组成部分，纳入全市经济社会发展的总体布局。在确定推进社会建设和社会管理的各项任务目标后，该市还建立了统筹研究、协调推进社会建设各项重点工作的组织保障机制，全市制定了十个加快推进城乡社会建设的实施纲要，由十个总牵头单位制定具体实施方案，细化责任分工，明确工作目标、任务和进度，并建立联席会议制度，及时研究分析社会建设和管理的工作进展情况和向后推进的重点。

二是多元投入机制。在健全公共财政体制、调整和优化财政支出结构的基础上，把更多的资金投向公共服务领域，加大社会建设和改善民生的支出比重，确保动态正常增长。目前，该市用于社会建设和社会管理的财政支出已占到70%左右。不仅如此，他们还努力整合社会建设和各类专项资金，建立和完善政府购买公共服务的机制和政策，提高社会组织承接政府转移职能、开展公益服务和中介服务的能力。按照政府主导、社会参与、市场运作、政策扶持的原则，鼓励和引导社会力量增加对社会建设领域的投入，形成多层次社会事业发展格局和多元化投资格局。

三是创新社会管理机制。加快政府职能转变和管理重心下移，创新完善符合现代理念的社会管理机制，实现社会建设从管理为主到服务管理并举、侧重于服务的转变。努力提高公共服务的普惠程度和质量效能的整体提升。积极推广、不断深化该市以"政社互动"模式为核心的政府行政管理与基层群众自治有效衔接和良性互动的创新实践，积极探索机构设置综合、管理扁平高效、运行机制灵活的基层政府管理架构，强化政府公共服务和社会管理的职能。

四是引导干部投身实践的机制。把加强和推进社会建设和社会管理作为动员全市各级党员、干部深入群众、深入实践、深入基层，为民排忧解难、为民谋利尽责的过程。与此同时，在全市深入开展干部下基层活动，坚持从群众中来、到群众中去，切实增强群众工作的本领，扎扎实实为群众办实事、办好事，把群众中蕴藏的智慧和力量凝聚到推进率先基本实现现代化的伟大实践中来。在实践中，还加强了教育培训、典型示范引路、建立考核评价体系，加大考核力度，强化督促检查等手段，增强各级干部的工作主动性、积极性和责任性，不断提高工作科学化水平，开创全市社会建设和社会管理新局面。

二 注重"互动性"

太仓市经济社会协调发展十分注重两者的"互动"，也就是说，经济发展和社会发展不是"两辆车"在两股车道上跑，各管各的、各跑各的；也不是"一辆车"在一股道上跑，一个是主件，一个是配件，主件带配件的关系；更不是"车体"和"车主"，"车体"工作、"车主"享用的关系。经济社会的协调发展实际上是两个领域相互影响、两种事业相互支撑、两股动力相互推动、两个主体相互配合的问题。太仓市几十年来，特别是进入21世纪以来对这一认识已达到了非常融通的地步，他们越来越感到促进经济和社会的相向发展和互动发展是党和政府的根本职责所在，"两条腿"必须是在一个整体之中，必然会产生"互动"的作用。当然，要做到这一点最重要的是转变思维方式、改变思维模式，要从原有的"以经济建设为中心"的单一理念中转移到"经济发展和社会发展要比翼双飞、齐抓共荣"的方位上来。在实践中，他们致力于抓好以下五个"互为"。

（一）经济、社会互为支撑

太仓市的各级领导始终认为，经济、社会发展不存在主次问题、重轻问题，两者的发展一定要做到你靠我、我靠你，你为我、我为你，你中有我、我中有你。如何达到这样一种新的境界，太仓市认为主要要从两个不同角度去丰富认识、达成共识、做到互补。

第一，把经济发展的根本指导思想定位在为民谋幸福的目标上，把民生导向作为不断加快经济发展的根本动力。

太仓市领导认为，大力改善民生、加快社会建设绝不是说经济发展不那么重要了，也不是党和政府的工作重点要转移了，将原来致力于经济发展简单地转换到社会发展上去，以牺牲、削弱经济发展来重视和加强社会建设。恰恰相反，加快社会建设正需要经济高度发展来做支撑，从而使经济发展成为改善民生的强大支柱。通过经济的不断发展为社会建设创造更多的物质财富，具体地说，就是要把"富民"和"强市"一体化推进。如果说，在经济发展上有所"变"的话，那就是经济发展指导思想上的变化，即经济发展的全部目标是要为改善民生提供强大的物质基础，把经济发展的成果从指导思想和具体实践上转化成为民谋利的基础和条件。总之，要通过经济发展来推动社会发展，通过社会发展促进经济的更快、更大的发展。这就是经济、社会的良性互动发展。

指导思想的根本转变，使该市的经济、社会发展出现了一个新的格局，这个新格局就是"四位一体"，即：经济发展是中心，和谐社会是关键，社会建设是重点，为民谋利是目标。如果说，以前的经济发展比较多地偏向"以量为本"的话，那么，现在的经济发展坚持"以人为本"，强调经济发展为了人的幸福、为了社会的进步、为了真正意义上的全市现代化的实现。

第二，经济发展方式转变的定位，不仅要在经济领域内进行深刻的变革，也要在社会领域内进行深刻的变革，努力把社会结构的调整变成推进经济发展方式转变的巨大推动力。

太仓市各级领导在实践中认识到，转变经济发展方式是个已超越经济范畴的结构性难题，光在经济领域内谋求经济发展方式的转变步履比较艰难。目前，整个社会大结构的体制还停留在工业化初期阶段，要在今天实现经济发展方式转变一定要改变经济结构和社会结构不相协调的局面，深层次地把社会结构调整到经济发展的最佳着力点上。

这个指导思想一经确立，各级领导对社会建设的眼光一下子放大了，对经济社会发展的互为支撑更有信心、更有实践的自觉性了。那么，在转变经济发展方式中需要借助社会建设哪些支撑呢？该市在实践中着力解决好这样几个社会问题。一是解决好城乡居民收入的共同提高，特别是解决好城乡二元结构造成的务农人员收入水平低的问题。农民收入的快速增长促进了经济发展由主要依靠引资、出口拉动向依靠内资、发展更多的本土化企业的转变。二是解决好分配结构不合理造成的社会不公问题，通过实施强有力的社会保障制度和民生福利制度，使绝大多数的市民都能提高消费能力，推动经济发展方式的转变。三是解决好城乡结构的调整，通过大力推进城乡一体化，加快城市化步伐，使经济发展方式的转变有了重要的突破口。四是解决好外来农民工收入低、就业技术含量低和居住环境差等社会问题，在户籍制度改革、劳动就业体制和社会保障制度上提高农民工的物质、技术和生活待遇，从而助推全市经济发展方式的转变。五是解决好政府职能转变的问题，通过强化政府公共服务职能和确立以发展社会事业、解决民生为职责，从而最大限度地把民众的积极性调动起来，使转变经济发展方式有了重要的基础条件。

经济社会互为支撑这个目标的确立，使该市走上了科学发展经济的轨道。市委、市政府提出了"紧紧围绕率先基本实现现代化这一总目标，牢牢抓住重要战略机遇期，切实把握发展主题、工作主线、主要动力、重大举措和根本要求，努力实现率先发展、争先发展、协调发展、和谐发展，推动经济社会发展再上新台阶"。在经济发展上，近年来他们以更快的速度、更多的精力、更高的质量把经济做大做强做特做优。近五年中，该市的地区生产总值年均增长 19.6%，财政总收入年均增长 31.7%，工业总产值年均增长 22.7%，分别是"十五"期末的 2.4 倍、4 倍和 2.8 倍。近五年中，该市累计完成固定资产投资近 1300 亿元，利用外资完成 33.6 亿美元。随着经济的更快更好发展，全市的社会建设也得到了飞速的发展，城乡面貌显著变化，民生幸福持续提升。如今一个现代化中等城市的框架基本拉开，市区面积扩大到近 50 平方公里，城市化率提升到 58.7%；近一半农户实现了集中居住，城乡一体化发展走在全省前列；生态环境持续优化，单位能耗下降 21%，城市绿化率达到 44.5%，生活污水治理率大幅攀升。城乡居民的收入分别年增长 12.7% 和 11.4%。城乡社会保险全省领先，科教文卫等各项社会事业全面进步，城乡居民生活质量和环境得到新的改善。总之，经济高速发展，物质财富的更多创造，大大加速了该市社会建设的发展速度和质量。正如该市的一些领导和群众所说："太仓如果没有这几年的经济大发展，民生建设就只能是一句空话，民生建设、社会发展需要花大量的钱，没有钱空讲社会建设是没有用的。"

（二）发展、民生互为导向

太仓是苏南板块中的重要一员，也是长期以来苏南经济发展模式的积极实践者，依靠闻名全国的苏南发展模式的内生动力，太仓从一个落后的小农经济社会跨入了小康社会和现代社会，经济发展的速度和总量已经达到了世界上中等发达国家的先进水平，进入全国百强县（市）前十位。但苏南模式从根本上就是一种追赶型的模式，因此，几十年来所创造的社会财富主要用于工业化的再发展、再建设上，几十年来他们所做的一切主要是为提高经济发展的速度而竭尽全力，快速发展和总量扩大是不计成本的。到了20世纪的后十年已经充分暴露出了大量的社会问题，例如，环境污染问题、贫富差距问题、民众生活水平偏低问题、阶层矛盾问题等等。这就使太仓市的各级领导深切地感到，一方面经济发展必须要以民生为导向，使经济发展和社会发展进一步协调起来，另一方面要通过民生导向的发展来推进经济发展的新突破、新提升。这是经过长期实践和多年反思形成的新认识，把民生导向作为经济发展的出发点和立足点是全市干部的强烈追求和归宿，也是进一步健康可持续发展的金钥匙，发展的包容性得到了提升。

从世界发达国家的实践经验来看，经济发展一般是要达到一定的规模，物质基础要达到一定的水平，才能够比较顺利地大力推进民生导向和实现全面社会权利。德国、日本、澳大利亚等国家都是在人均GDP达到2000多美元的时候进入全民医疗保障权实施阶段的。太仓市进入这个阶段是20世纪的事，但实现全民医疗保障却还是近年来的事，这里面就有一个政府发展经济的指导思想和根本认识问题，即是不是从思想认识和目标定位上确立以民生为导向的经济发展模式。在近五六年时间里，太仓市各级领导逐步认识到：以民生为导向的发展模式，不仅可以解决好诸多经济发展中不断出现的各种社会矛盾，理顺经济发展的各种关系；而且更为重要的是，它可以更好地拉动经济的增长，为推动经济发展打开更为广阔的新境界。

这几年，该市积极实施了"以民生为导向发展经济，以经济发展为靠山促进民生事业的推进"互为促进的方针。不仅经济发展加快了，经济发展的质量提高了，而且民生事业改善了，社会管理加强了，整个社会出现了经济发展和社会建设的良性循环新格局和新形态，大大延伸和扩展了苏南模式的新内涵。突出地表现在以下几个领域的加快发展上。

首先，人才聚集度大大加快。以民生为导向的经济快速发展，造就了良好的社会环境和就业环境，各种人才纷纷向太仓聚集。人才到什么地方去创业、立业，最重要的因素是经济发展环境和人文社会环境。一个地区的经济、社会的协调发展对人才特别是精英人才具有极大的吸引力；反过来，一个精英人才聚集的地区肯定是经济社会协调发展的优质之地。在 20 世纪，太仓和苏南虽然经济发展速度很快，各种项目纷纷引进，经济发展环境越来越好，但是社会环境，包括教育、文化、环保、住房、交通、治安等发展的滞后，没有带动大批精英人才进驻、落地、生根。有的虽然来了，但心仍向往着别处，虽然在太仓企业里任职，但晚上和节假日都要去上海吃、住、玩，把上海、苏州等大中城市作为他们的落脚地，而太仓只是工作八小时的暂栖之地。近年来，太仓的人才引进和精英人才的太仓落户有了很大的进展。太仓是著名的国内德资企业的聚集之地，太仓被国家商务部和德国经济部共同授予了中国唯一一个"中德企业合作基地"称号。到目前为止，全市已有德资企业 150 多家，太仓是一个仅 47 万户籍人口的小县，但如今每 1000 个太仓人中就有 1 个德国人在这里工作和生活。在众多德国人眼里，太仓是一座"温柔的城市"，兼具"江南水乡"和"德国小镇"双重特点的城市，这里充满活力，有很好的城市生态。太仓良好的生活环境和社会环境，很大程度上拓展了中德企业合作领域和规模效应。正是良好的社会建设造就了华东地区的"德国中心"，包括德国中小企业集聚中心、专业技术人员培训中心、中德经济文化科技服务交流中心等。今年已 71 岁的德国老人克罗斯特，在太仓工作生活了十多个年头，当了七年德国依纳（中国）有限公司的总经理。按理说，他退休了以后应该要回到自己的德国家乡去安度晚年，但他执意留在了太仓，他决心要为更多的德资企业来太仓创业"穿针引线"。克罗斯特先生为何如此情牵太仓？用他的话说："太仓环境很美，完全不比德国小镇差。"在这位德国人眼里，太仓既是宜居的城市，也是创业的城市，在这里可以找到事业上和生活上需要的一切。总之，良好的社会建设和和谐的社会环境为国内外人才争相落户、落脚太仓带来了巨大的诱惑力。目前，该市人才工作已步入了招商引资与招才引智紧密结合、产业集聚和人才集聚相互促进、国内人才与海外人才兼收并蓄的良性循环。全市人才总量年增长连续五年突破 16%，到 2011 年底，全市人才总量达 88521 人，高层次人才 4987 人，每万劳动力中研发（R&D）人员达 100 人，人才贡献率达 35%。如此快速的人才的聚集，很大程度上得益于该市良好的社会生态和生活服务环境。

其次，城市空间布局全面拓展。城市形态的优化和城市布局的拓展最有力地反映了经济、社会互动发展，发展、民生互为导向的重要标志。一座城市既是经济发展的广阔舞台，也是民生福祉的依托平台。太仓坚持做到在经济发展中拓展城市、在城市拓展中关注民生、在关注民生中谋求经济发展的内生动力。近年来，该市经济发展和民生建设的齐头并进，造就了一个"一市双城三片区"的城市空间发展新格局，从而使该市的发展功能更完善、居住条件更舒适、生态环境更优美。另外，城市建设步伐的加快和提升，本身就充分说明了这里的经济发展和社会事业是协调发展的。在20世纪，这里并不是这样的，一度经济建设发展很快，但城市建设相对滞后，主要是规划编制滞后、建设资金投入不足、基础设施不配套、交通条件不通畅、商业网点不合理、污水处理不给力、居民住房简陋、绿化面积过小等。近年来，随着"一市双城三片区"格局的形成，这些滞后现象逐步有了改变。所谓"一市双城三片区"是指：在空间布局上，形成中心城区主城和港城"双城"的格局；"三片区"指沙溪、浏河、璜泾三片。沙溪建成历史文化名镇，集文化旅游与工业发展于一体的综合型城镇；浏河建成对接上海、服务港口的滨江生活服务、生态休闲城镇；璜泾为港口发展的重要组成部分，建成临港工业及生活配套完善的综合城镇。这"一市双城三片区"的格局不仅大大拓展了生产力的布局，优化组合了发展资源，而且民生发展的特色十分明显，生态性、宜居性特别强，十分适合各种人的创业、生活和居住，充分体现了城乡经济和社会发展一体化的品质与水平。如今，城市空间布局的优化使城市功能更加完善，经济高位运行和快速发展更增强了可持续的功能。新区正由原来的制造业为主的经济开发区向产业与城市高水平融合发展的示范区转变；港区正在迅速成为具有特色的新兴产业园区；科教新城正在加快推进，一座科教文化产业集聚的智慧新城正在崛起；主城区西部正在建设成高新技术产业园。城市空间布局的拓展和优化也大大改善了民众的生活、居住条件，如今，老小区改造正加快进行，大城区道路普遍提档和加强绿化，城市的一批造福于民的重大基础工程正在加快推进。

再次，现代服务业发展速度大大提升。现代服务业的发展不仅需要经济实力的支撑，也需要足够良好的社会环境的融合。太仓市这几年社会环境质量的大提升为现代服务业的提速提供了绝好的机会。在转变经济发展增长方式和调整产业结构的过程中，该市及时打出了社会环境优良的品牌，给了国内外服务业客商以巨大的吸引力和选择空间。原来太仓的现代服务业相比制造业而言是比较滞后的，近年来，该市实施了服务业三年倍增的计划，把发展现代服务业作为转型升级的战略重点，加快构建与先进制造业相融合、与城市现代化相协调、与经济国际化相接轨、与群众需要相适应的服务业发展体系，实现服务业发展提速、比重提高、结构提升，生产性服务业和生活性服务业齐头并进。到目前为止，全市已初步形成了以"港口物流、总部经济、服务外包、创意产业"为支撑的发展格局。同时也形成了和城镇居民生活新需要相适应的商贸流通服务、教育培训服务、医疗卫生服务、养老服务、社区服务、家庭服务等生活性服务业的新格局。以港口物流而言，该市已达到了全年集装箱吞吐量逾 300 万标箱、货物吞吐量逾亿吨的大港口、大物流的规模和水平，已名列全国大港口第 12 位，港口物流企业总量已达1000 家，在建和拟建的物流项目总投资达 200 亿元。以总部经济而言，该市的工业投资大厦、雅鹿大厦、奥森尚座大厦等一大批项目已投入使用，一个个总部楼宇项目的纷纷集聚，直接加速了太仓市总部经济的发展。凭着良好的区位优势和投资环境，该市已拥有总部企业 15 家，其中世界 500 强企业在太仓设立区域总部的有三家，有 30 家国内外研发机构在太仓设立研发中心，在太仓市域从事产业活动的单位达 80 余家。以服务外包而言，该市是江苏省首批服务外包基地城市，到目前为止，全市共有服务外包企业 135家，从业人员 4000 多人，各类载体面积近 50 万平方米，国际资质认证超过20 项。以创意产业而言，该市以 LOFT 工业设计园为龙头的创意产业正在扎实推进，设计园区已有企业 40 多家，聚集设计师 300 余人，可为企业提供从产品设计到市场导入等"一揽子"服务，园区共承接了 300 余份设计大单，服务对象包括德资、美资、台资以及上海知名大企业。2011 年全市的服务业增加值达到了 350 亿元左右，总比增长 22%，服务业增加值占 GDP的比重达到 40%，比 2010 年提高 1.5 个百分点，在苏州各县市中保持领先水平，没有以民生为导向的社会建设的良好基础做后盾，太仓市如此快速地发展现代服务业是难以想象的。

最后，文化产业的悄然崛起。太仓市的文化资源十分丰富，文化底蕴也比较丰厚，以江海文化、娄东文化为代表的文化形态，使太仓具备了发展文化产业的新优势。文化产业是一项需要经济和社会建设互动、互促的事业，也是一项充分反映经济和社会建设良性循环发展的产业。为此，该市近年来在加快经济、社会协调发展的征程中，大力推进文化产业的崛起。他们的主要做法是：（1）坚持规划引领，科学规划发展方向。用产业规划引导文化资源开发，确立重点项目，调整产业结构和产业布局，拓展市场。会同上海社会科学院文化产业研究中心编制了发展规划，提出了把"创意太仓、活力家园"作为发展文化产业的主题，确定了文化产业发展的六大重点领域和十个文化产业重点项目。（2）加大政策落实力度，扶持产业快速发展。该市设立了800万元的文化产业发展专项引导资金，把培育引进文化产业人才纳入该市"522"人才工程计划。（3）加大推介招商力度，推动产业跨越发展。该市每年举办文化创意产业活动等项目推介会，组团赴台湾进行招商引资，在第七届中国（深圳）国际文化产业博览交易会上举行专场推介。（4）强化服务企业，促进企业发展。该市建立企业跟踪服务制度，采取一系列有效措施服务企业，全市入驻工业设计和策划等文化产业企业共36家。目前，该市的文化产业呈现良好的发展态势，2011年全市文化产业增加值37亿元，增加值增幅25%，在全市GDP占比为4.6%。该市正扎实地向打造文化产业发展先进城市的目标推进，使文化产业成为既促进经济快速发展的强大动力，又成为改善民生、造福民众的巨大平台。

（三）富民、强市互为动力

太仓是经济发展水平较高的地区，是长三角地区经济综合发展水平名列前茅的地区。随着经济的高速发展，该市的经济资源拥有量日益丰富，不仅公共财产资源一再见长，而且社会各阶层的个人收入和财产也相对富有，和全国乃至世界的平均水平相比，这里已经达到了富裕的水平。人均国民收入不仅比全国高出四倍，而且跟世界平均水平相比高出二倍左右，和中等偏上国家相比也高出二倍以上。做大做强全市经济，长期以来一直是太仓各任领导的不懈追求，这种追求动力之大是难以想象的，他们动用的精力、智力、外力、内力是全方位的。之所以如此热衷，原因是多方面的，但最主要的动力来自两个方面。

　　第一个方面是，太仓市各任领导确实看到了做大做强经济对造福全市人民和提高城市威望的重要意义。长期处于以小农经济为主的农村城市如果不来个"咸鱼翻身"，不把自己的一、二、三产业来个翻天覆地的变化，实现小康、进军现代化纯属是一种梦想，没有"家产"、没有实力的地方没有任何的美好前途，连梦想也想不起来。这样的城市、这里的老百姓不仅不被看好，而且会受到世人的冷落和冷眼。因此，要么富起来、强起来，要么"被边缘""被遗忘"，这两者的选择没有含糊，是明明白白地放在各任领导面前的一个必答之题。除了极个别的人以外，绝大多数的领导都希望自己在有生之年、有位之时能为全市人民的福祉做些事、出点力，这是一个领导最基本的职责所在。而要让这个地区富起来、强起来，不先把经济搞上去，不把硬实力搞上去，那是奢想。因此，各任领导借助于这里的天时、地利、人和等各种要素，孜孜不倦地为做大做强经济尽心尽力，提高全市经济在市场经济环境下的竞争力，实现"强市"目标，也就自然而然地成了他们执政的首选和工作的全部。

　　第二个方面是，环境的催逼和竞争的煎熬。从全国大环境来说，经济发展创先争优的氛围一再升温，特别是地处在苏南模式的核心层的太仓，从一开始就面临着"前有标兵、后有追兵""不进则退、慢进也是退"的处境。在太仓当领导是不好当的，主要是早在 20 世纪八九十年代，这里的经济发展就一直相对滞后，这既归咎于这里人太少、气不旺，也制约于这里起步迟缓、步步被动，一直裹挟在苏南大环境的边缘和底部，抬不起头、挺不起胸。而苏南那时炽烈的经济发展势头却时时刻刻地煎熬着太仓市的各任领导，特别是闻名天下的张家港精神、昆山之路、园区经验等，都一刻不停地在影响着太仓、催逼着太仓。什么"快发展是硬道理，不发展是落后，慢发展也就是停顿""顽强拼搏、负重奋进、争创一流、抢占先机""有条件要上、没有条件创造条件也要上""只要中央没有禁止的，什么都可以试，什么都可以闯"等激动人心、催人奋进的口号让这里的各级领导感到压力重重、坐立不安，不把太仓经济搞上去，上对不起党中央、下对不起老百姓。因此，痛下决心，坚定不移地把"强市"、做大经济作为各任领导的铁定目标。随着时间的推移，确实"皇天不负苦心人"，太仓的经济发展有了转机，逐步跟上苏南的发展节奏，甚至具备一些"后发经济优势"，太仓正在一步一步地把自己打造成经济上拿得起、实力上硬得起、地位上强得起的向经济现代化大步迈进的城市。

经济不发展、慢发展了会引起内责、自责；经济快发展、大发展了也会引起反思和再认知。太仓市各级领导近年来对自身的快速发展当然是很满意的，但更多地在思考经济发展了怎么办、经济发展的后生动力究竟在哪里、经济发展的可持续切入点是什么等问题。在"强市"初步实现的情况下，"富民"问题自然而然地凸显在人们面前。大家开始思考，"强市"是目的吗？不完全是，"富民"才是终极目的。而"强市"和"富民"本身就是一回事，没有"强市"，"富民"只能是少数人的专利，真正的民众还不可能富起来。只有全市绝大多数的人都富起来了，"强市"才有真正意义上的"含金量"，不然"强市"是装饰门面、华而不实。为此，该市近年来把"强市富民"改为"富民强市"，把"富民"放在比"强市"更为突出的位置，各级领导的目光更多地关注"富民"问题，更多地让全市绝大多数的民众富起来、更幸福一点。这两个词的前后换位配置显示了各级领导对加强民生建设的真正重视。他们不仅这样想、这样说，也是这样做的，在"富民"上下了一些关键性的工夫，取得了具有实质性的成果。

（1）县级市应该"富民先富农民"的观念深深扎根，力促农民收入的持续较快增长是他们的富民之本。太仓"农民"的概念有两种，第一种是指非城镇户口的人员，这样的农民到目前为止仍有 16.36 万人，占全市人口的三分之一左右。第二种是指目前尚在农村务农，主要经济来源仍然依靠农产品收入为主的，这一类农民在这里已经占极少的比例，大约有 3 万人，只占全市户籍人口的十五分之一，而且大都是五十岁以上的中老年人，这样年龄的人在城市里或许已经退休，而在农村却仍然是该市农林牧副渔的主力军。提高农民收入不仅是针对在农村务农的人员，也覆盖在农村仍有"根"、户籍仍在农村、农村仍有住房或宅基地，而工作在城镇、从事的大都是非农产业的那些年纪比较轻的人，他们还是法律意义上的农民，或者称为进城的农民工。

太仓市在提高农民收入上的举措是十分有力和有效的，主要有五个方面的实施途径：一是拓展非农就业促进增收，即尽量减少在农村务农的劳动力，把更多的劳动力转移到二、三产业中去；二是鼓励农民自主创业促增收，逐步实现由"打工经济"向"创业经济"转变；三是挖掘农业内部潜力促增收，加快发展现代农业，大力推进"大承包，小包干"为经营形式的村合作农场；四是发展农村新型合作经济促增收，加快"五大合作"组织，特别是股份合作社、专业合作社的壮大和完善；五是完善农村社会保障体系促增收，促使农村养老保险与城镇养老保险逐步衔接。通过这五条途径，该市农民收入得到了快速有效的增长，2011 年全市农民人均纯收入达1.8 万元，和城镇居民的差比已缩小到 1∶1.8 左右（见图 3-1）。

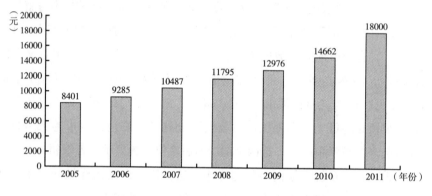

图 3-1　太仓市农村居民人均纯收入图

农民收入的快速增长使富民方略有了底气，一个地区老百姓的"富"和"穷"在很大程度上取决于原来"穷"的一方（即农民）是不是"富"起来了。如果这部分人富起来了，那么全市的富民压力就会大大减轻。

（2）大力发展中小型私营企业，鼓励民众自主创业，让"小老板"、民营企业家队伍更快地壮大并更多地获利。提高居民收入，增加就业途径和提高技术性就业能力是一个途径。还有一条重要的途径就是政府要鼓励和扶持劳动者自主创业，当好"小老板"，创造条件提升自己，逐步当上"中老板""大老板"，让更多的人"富"起来。这几年，全市的民营企业得到了飞速发展，全市已拥有民营工业 6900 多家，占全市工业企业总数的 86%，其中规模以上民营工业企业占全市规模以上工业企业的 61%。2010 年，全市民营工业完成工业总产值 903 亿元，占全市工业的 47%，支持着全市工业的"半壁江山"。在大发展中，市委、市政府通过强化培训机制、坚持职业化定位、加强制度化建设（包括实施荣誉激励、增加经费投入、优化公共服务）等提升民营企业家素质，营造良好环境，创新管理机制，更多地挖掘人才，促进更多的优质人才自主创业、做大做强企业，并逐步使更多的私营企业主进入到主导社会结构和较高职业阶层中去，真正成为先进生产力代表和现代化经济的创新人物。例如该市目前实力强劲的雅鹿集团、香塘集团、沙溪太星村、浏河东仓村等都是从原有的村级、个体私营企业逐步壮大起来的，有的已成为国内外著名的民营集团企业，有的已成为农村现代化的样板示范单位。这些单位不仅集体资产富甲一方，而且单位内个人的口袋也鼓了起来，如东仓村每年的村级可支配收入达到了3000多万元，太星村的农民不仅家家住上了小别墅，而且240户村民已购买小轿车212辆。太仓市璜泾镇被中国纺织工业协会授予"中国化纤加弹名镇"的称号，享誉全国。这个镇的化纤加弹企业多达1078家，个体经营户594家，销售2千万元以上的企业达218家，其中超亿元企业18家，每年生产的DTY＋90Y涤纶长丝占全国产量的20%左右，占世界产量的10%左右。这样连户聚块到成片的化纤加弹企业也就是从20世纪80年代少数几户个体企业开始的。三十年来，企业户数越滚越多，产品越做越优，业主也越来越多，几乎家家都是"老板"，这里的农民也开始富起来。实践证明，富民的最大潜力在于自主创业，聚财的动力和活力蕴藏在广大民众的积极创业之中。

（3）把大力推进公共服务均等，构建优质、覆盖城乡的公共服务体系作为促进民众过"幸福"光阴、过"优质"生活的重要通道。富民，不仅要让民众增加收入，还要使民众的生活有幸福感和优质感，也就是说富民不仅要"富袋"，还要"富态"，要富到"骨子里"。经济增长的终极目标是提升民众的社会福祉，增进民众的幸福程度。当然，幸福感不是"虚"的幻觉，而是"实"的感受，是民众对自身方方面面的生活内容的一种主观体验，而大力推进公共服务的均等则是最现实的满足群众幸福需求的一条通道。这几年，太仓积极推进公共服务的均等化，合理配置公共资源，推进教育优先发展，完善公共卫生和医疗服务水平，健全计划生育家庭权益保障机制，提高食品药品安全保障水平，促进城乡公共服务均等化，做到各项公共服务项目城乡一样全、公共服务设施城乡一样优、公共服务投入城乡一样多、公共服务质量城乡一样好、群众对公共服务的感受度城乡在一个水平线上。太仓继获得"中国十大最关爱民生城市""中国最具幸福感城市""全国第一个富裕型长寿之乡"等桂冠以后，去年又获得了"中国县级市民生成就最高荣誉大奖"的称号。在这项评选中，太仓不仅获得了县级市总分第一的好成绩，而且在八个"一级指标"排名中拿到了医疗卫生、居住、公共文化服务和社会安全四项第一，从而被评选专家们称誉为"民众共享发展成果、共建人民幸福之城"。

（4）高度重视社会"第三次分配"对富民的平衡调剂作用，加强和完善社会救助和社会保障功能，努力使"富民""富"到"边"。太仓地处东部发达地区，是该地区中相对富裕之区，历来被人看成"小康"之乡，有"金太仓"的昵称。然而，在相对富庶的地区同样也有一些困难村、低保户、贫穷人，形成这种状况的原因是多方面的。这一群体主要由一些无业、失业人员、孤老重病残疾丧失劳动力人员和发生突然事故的家庭组成，这类人员数量很小、占比很低。但这群人同样应该是政府和各社会团体关注的重点，也是"富民"大政策中的一个组成内容，而且"强市"越"强"，这部分人的受关注度应该越高。为此，该市已经初步形成了一个以城乡低保及低保边缘群体为重点，以医疗救助、教育救助、住房救助、法律援助、五保供养等专项救助和临时救助相配套，以慈善救助、社会帮扶为补充的新型社会帮困体系。多年来，该市做到：对低保及低保边缘群体应保尽保，不断提高救助金额标准，扩大覆盖人群标准；医疗救助的力度不断加强，不断扩大救助对象，提高救助比例；教育救助帮困助学的强烈氛围，通过结对助学、慈善助学、设立助学基金、减免学习费用等途径保证实施；住房救助确保被救助者住有所居，做到城镇发放租房补贴金、提供廉租房，农村由政府、集体、个人共同出资新建、改建、维修住房，同时，加快经济适用房的建设和供给力度；法律援助维护合法权益，成立"法律援助中心"，配备职业律师，为困难群众撑起保护伞；养老服务形成机制，初步建立以居家养老为基础、村（社区）养老为依托、养老服务机构为补充，居家养老和机构养老相结合的服务体系。另外，对有一定劳动能力的困难群体，鼓励他们自食其力，实施农民由专业户合作化带动、企业靠扩大就业带动、一般农民靠能人授技带动等多途径带动的办法，逐步帮助他们脱贫致富。

（5）努力推进文化的发展和繁荣，在文化大发展中普惠民生幸福，让更多的民众富了"口袋"富"精神"，让富民"富"到民众的"心"里。

近年来，太仓在大力实施"富民强市"的过程中，把"文化强市"放在重要的议事日程，让更多人感受到文化的幸福、精神的愉悦、道德的力量，在人的精神和灵魂深处"富足"起来、振奋起来、丰裕起来、温暖起来。他们的主要做法，一是推进社会主义核心价值体系，提升太仓"精致和谐、务实创新"的城市精神，持续开展"文明太仓"市民大行动，努力营造文明和谐的社会环境。"文明太仓"活动包含了文明素质教育行动、文明风尚弘扬行动、城乡一体文明建设行动、文明环境优化行动、文明创建示范行动、未成年人思想道德建设提升行动等六大行动21项工作。二是进一步加大建设城乡一体化的公共文化服务体系力度，更好地满足市民享有健康丰富的文化生活，更加关注以文化的影响力充分发挥城市先进的伦理"教化"作用。到目前为止，该市已基本建成了覆盖城乡的公共文化服务体系，全市公共文化设施面积达14.81万平方米，人均占有公共文化设施面积为0.32平方米。全市在"十一五"期间，共投入资金累计近10亿元，还提供300万元的公益性基层文化设施建设发展引导资金和群众文化发展资金，每年都列入市财政预算。一大批惠及城市、农村的文化设施，不仅有效地拓展了城市的公共生活空间，而且不断开拓着市民的视野，强化了文化道德的"教化"功能作用。三是努力实施文化惠民政策，丰富群众文化内涵，提升文化的影响力，形成"人人参与、人人享受"的文化自觉。文化"富民"，关键要贴近实际，落地生根，让文化惠及更多民众。该市的群众文化活动十分活跃，这座人文荟萃、以娄东文化发源地闻名的城市，如今的群众文化生活非常多彩，近年来更是获得了"全国桥牌之乡""武术之乡""龙狮之乡""丝竹之乡""民乐之乡""舞蹈之乡"等美誉。该市每年都要开展文化"四进工程""文化百村行""百团大展演"等活动，不仅文化工作者为基层送去丰富的文化产品，而且民众自己也组建起各类业余文艺团队160个，创作了大量的文艺作品。光城厢镇就拥有40多支业余文体团队，组建了2000余人的志愿者队伍，近三年来举办丰富多彩的文体活动，演出累计800多场次。近年来，该市有200余种文艺作品在苏州市以上获奖发表，呈现一派娄东文化遍地开花的繁荣景象。

以上五个方面的"富民"举措，带来了"强市"的实际效果，该市的各级领导始终认为，"强市"没有"富民"做基础，"强"市是虚的、假的；

而"富民"没有"强市"做支撑和依傍，"富民"只能是少数人的专利，多数人的无奈；只有"富民"和"强市"互为动力，才是经济社会协调发展、发展民生良性循环的优质生态。

（四）奋进、稳定互为保障

太仓在经济社会协调发展中始终没有忘记，经济建设的奋进，率先和高速发展绝对离不开一个平安、和谐、幸福的社会环境，特别在今天加快率先基本实现现代化的大格局中，社会建设和社会管理一定要高度关注平安太仓的建设。该市市委、市政府对这个指导思想是身体力行的，最近该市召开了加强社会建设创新社会管理的大会，他们把深化平安太仓建设放在大会并列的主题加以强化。一会抓两件大事，可见他们对经济的奋进和社会的稳定的关系认识是十分到位的，重点也是非常突出的。

对于平安太仓建设推动经济发展、实现现代化大目标的定位，该市陆留生书记的指导思想十分明确，从这次大会上他的报告中的一段论述可见一斑。他说："推动科学发展、率先基本实现现代化，需要平安稳定的发展环境，要更加科学地处理好现代化建设与平安建设的关系，切实做到同步推进、共同提高。一方面，要推动经济又好又快发展，为平安建设提供扎实的经济基础和重要支撑；另一方面，要深化平安太仓建设，更好地维护社会稳定、化解社会矛盾、防范打击犯罪、加强公共安全监督、维护社会主义市场经济秩序，为推动科学发展、率先基本实现现代化创造团结和谐的社会环境、安全稳定的治安环境、公平竞争的经济环境和规范有序的法制环境。"陆书记的这一段话把该市如何处理经济发展与平安建设的关系，把平安建设如何推动经济发展和实现现代化的主要目标方向都讲得非常清楚。

太仓市把经济发展上的"奋进"与社会建设、社会管理上的"稳定"协调推进、互为保障的方式两手同时抓起来，不仅讲在嘴上，而且体现在实际的工作中，他们从2003年就在全市开展了持续八年的"平安太仓"建设活动。在实践中，他们坚持发展与稳定并重、富民与安民共进，不断开拓思路、创新举措、健全机制、扎实工作，平安建设取得了显著成效。平安太仓已成为一个该市在全省、全国令人称道的响亮品牌，在区域竞争力的提升中占有重要分量。他们主要做了这样几件大事：一是深化对平安建设理念的认识，梳理"发展是第一要务、稳定是第一责任"的理念，自觉地把平安建设纳入经济社会发展规划和科学发展考评体系，做到同规划、同部署、同落实；二是齐创共建格局不断完善，形成了党委领导、部门负责、社会协同、群众参与的推进格局和条块结合、整体联动、纵横交织、全面覆盖的工作机制；三是化解矛盾和防控犯罪能力不断提升，矛盾纠纷化解率持续保持在95%以上，"一分钟关门、五分钟处警、十五分钟完成全市布控"的城乡一体治安防控网基本建成；四是基层基础工作不断夯实，平安家庭、平安学校等17个系列平安创建活动不断拓展、被省综治委确定为综治和平安基层基础工作示范市。该市的平安建设给人民群众带来了很大的安全感和满意度，据省城调队电话调查，该市群众安全感达到92%，居苏州各市（区）前列，连续八年荣获省"社会治安安全县（市）"称号，连续两届被中央授予综治和平安建设先进集体。

太仓市的平安建设取得了骄人的实绩，但他们并没有以此为满足。他们认为，经济在不断发展，平安稳定工作也要与时俱进。当前，该市正在迈开大步向率先基本实现现代化目标推进，新的发展目标给平安、稳定工作带来了新的要求，提出了新的起点，这个新起点就是要建设更高水平的平安太仓。这个新起点不仅取决于新的目标，而且也取决于新形势、新任务和群众的新要求。他们认为经济越发展，遇到的各种矛盾会越深入，特别是随着人民群众生活水平的不断提升，对幸福和安全有着更高的期盼，如：征地拆迁、环境保护、劳动社保问题上都会有新的矛盾发生，流动人口和特殊人群的服务工作还有许多薄弱环节需要克服，虚拟网络社会管理机制还有待于完善，等等。总之，在新的形势下，该市居安思危、防微杜渐、未雨绸缪，正在全力以赴地推进"八大体系"建设，从源头上、根子里、基础层确保深化平安太仓建设的各项措施落到实处。该市的八大体系建设如下所述。

进一步健全社会矛盾化解工作体系。积极构建源头预防机制、大调解机制和群体性事件应急处理机制，扎实推进社会稳定风险评估工作，深入开展社会矛盾纠纷定期排查工作，大力推进以人民调解为基础、集人民调解、司法调解、行政调解为一体的"大调解"工作格局，不断增强化解矛盾纠纷的整体合力。

进一步健全现代治安打防控体系。以社会化、网络化、信息化为重点，健全打防控相结合的立体化治安防控体系；以技防城建设为载体，完善市、镇（区）、村（社区）三级联网的视频监控系统；以网络化巡防为手段，推进专职巡防队和治安志愿者队伍建设；建立健全"严打"整治经常性工作机制，全面提升重点地区的管控水平。

进一步健全公共安全监管体系，完善主动防控与应急处置相结合、传统方法和现代手段相结合的公共安全监督体系，包括消防、枪支弹药、危险物品、药品、食品安全等监管体系，确保不发生有重大影响的安全事故。

进一步健全流动人口和特殊人群服务管理体系。形成人口动态管理体系，全面推进流动人口居住证制度，逐步实现基本公共服务向实有人口全面覆盖；深化完善外来人口融合工程，进一步理顺和加强流动人口居住房屋的出租管理；对特殊人群有针对性地落实教育、管控和矫治，切实预防和减少其现实危害。

进一步健全非公有制经济组织和社会组织服务管理体系。对社会组织管理加强监管并重的举措，重点扶持经济类、公益慈善类、城乡社区服务类的社会组织；进一步推进"政社互动"，充分调动和发挥社会组织参与社会管理的积极性；积极推进非公有制经济组织建立健全党团组织、工会组织和综治组织。

进一步健全信息网络管理体系。建立健全网络舆情监测、研判、预警、处置机制，加大网络正面宣传力度，建立和健全网上动态管理机制和虚拟人口、虚拟社会的信息库，营造良好的网络安全环境。

进一步健全国家安全工作体系。严防和"严打"境内外敌对势力、敌对分子的渗透破坏活动。

进一步健全基层基础工作体系。坚持工作重心下移、关口前移，努力形成以夯实基层组织、壮大基层力量、聚合基层资源、强化基础工作为主要内容的基层基础工作体系，全面建立"一委一居一办一站"社区管理模式，夯实平安根基，深入推进17项系列平安创建活动。

平安稳定就是和谐，平安稳定就是幸福。一个地区有了平安稳定的环境，大家高兴，各路人才也乐意在这里聚居、创业，而且会感到一种深深的自豪感和幸福感。现在，这个小小的太仓市正吸引着越来越多的四面八方的人才在此安居乐业，就连海外的一些企业和人才也纷纷登陆太仓，到目前为止，150 多家海外科技创新企业在太仓扎根，443 名海外高层次人才来这里创新创业。他们看好的是这里的环境，包括人文环境、投资环境、软硬设施环境等。当然，其中很重要的一个环境就是平安、稳定、和谐的环境，他们说，在太仓不会有什么不放心的治安问题，安居才能乐业，这样安定和谐的环境是让我们最感放心的事情，千好万好，平安是第一好，没有平安、没有和谐，什么事都干不了、干不好。

三 注重"全覆盖"

太仓市各任领导对经济社会协调发展的理解是：以经济建设为中心，用科学发展观统领经济社会发展全局，不仅要使经济运行所产生的社会财富更快地增加，而且更为重要的是要让社会财富更好地为推动社会各项事业更快地发展服务，从而加快实现全社会的和谐和全体民众的生活幸福。

实现社会的和谐是庞大的系统工程，涉及的面很广，人民群众对和谐社会的要求也是全方位的，既包括物质的，也包括政治的、文化的、社会的等精神、智力层面的需求。胡锦涛总书记在党的十六届六中全会上提出的"八个重点"，都是地方党委、政府推进社会建设和社会管理的重要内容，都是谋求经济社会全面协调的重要组成部分。以民生工程为主的社会事业建设内容涉及方方面面、对象涉及各家各户、时间涉及每时每刻、领域涉及各行各业、要求涉及点点滴滴，再加上实现社会和谐的每事每时都离不开经济发展的支撑，如果经济归经济、社会归社会，那么经济、社会发展都会失去意义。因此，经济和社会的协调发展关键在于"全覆盖"，要有坚定的相关性和强烈的渗透性，绝不是像 20 世纪七八十年代那样，经济发展可以基本不考虑民生的利益和需求，民生发展也得不到经济发展的强有力支持，把民生事业压缩到非常低的水平和最为原始的初级层次上。今天的经济社会协调发展已经到了"全覆盖""全方位""全过程"的新阶段，作为党委和政府各级领导有还是没有这样的观念是非常重要的，这种观念能否确立会直接造成结果的很大不同，也会给民众带来的福祉出现天差地别的后果。

经济社会协调发展的"全覆盖"，突出地反映在以民生为重点的社会事业的"全覆盖"上，这个民生事业的"全覆盖"其实质就是把民生事业放在动态持续发展的过程中去谋划和实施。衡量社会事业是否"全覆盖"，主要看这样几条：（1）你所关注的社会建设是"求表象"，还是"求实惠"；（2）你兴办的各项社会事业是惠及全体民众，还是只惠及部分人；（3）你解决民众的需求是抓"本"治"源"，还是"避重就轻""以表治表"；（4）你的终极目标是定在"加快社会现代化"上，还是定在民众"不闹事"、社会"不折腾"上；（5）你对民生事业的实施过程是以"社会进步"和内涵不断扩展、升级为目标，还是只关注"做过了没有"，不关注"民众满意了没有"。对一个地区的党委、政府来说，民众的"幸福指数"和"惠及程度"始终是衡量经济社会是否真正协调发展的重要"指示器"。党委、政府不仅要"一心一意搞建设"，更要"全心全意为人民"，要随时注意经济、社会协调发展的动态反应，要在协调上不断地调试、转型、升级，要把经济、社会发展中涉及的各个方面、各个层面、各个阶段、各个场合的到位程度放在重要的位置上。

太仓市近年来对经济社会协调发展的因时调适是十分重视的，特别是在经济迅猛快速发展的背景下，如何快马加鞭地把民生事业的"全覆盖"放到十分突出的位置。他们的目标很明确，就是通过对民生事业的"全覆盖"来加快经济社会协调发展的质量和水平，使经济社会的协调发展适应率先基本实现现代化伟大目标的要求。也可以说，这几年来，该市的经济社会协调发展已经上升到了一个新的高度，进入到了"高度"协调发展的通道。

该市对社会事业的"全覆盖"提出了"服务不留死角、服务到位到家"的实现目标，具体运作首先是通过制度设计的渠道来进行的。

（一）规划性覆盖

太仓市认为，民生事业的"全覆盖"必须首先从"规划覆盖"入手。"规划覆盖"实际就是目标覆盖，就是顶层设计覆盖，把社会事业、民生福祉的中长期要求写进规划，等于从战略上定了向、到了位。为此，他们在制定"十二五"时期经济社会发展的规划上明确提出了"坚持协调发展"和"坚持和谐发展"的基本原则。在坚持协调发展中，重点制定了城乡一体发展的要求，使推进城镇化和建设农民幸福生活的美好家园相结合；在坚持和谐发展中，重点提出了把保障和改善民生作为加快转变经济发展方式的根本出发点和落脚点，在构建系统化的民生制度体系、着力提高居民收入，大力推进基本公共服务均等化、提高人民群众幸福指数等方面做出总体部署。这种依靠规划来覆盖全市社会民生事业的做法在 2011 年该市召开的第十二次党代会上也做了更为具体的表述，提出了"以保障和改善民生为目的"的六大总体目标，即：经济更发达，向后五年每年地区生产总值年均增长15% 左右；城市更宜居，建成以现代田园城市为特色的城市空间；社会更和谐，使社会的安全感、凝聚力得到进一步的增强；文化更繁荣，全面提升文化软实力，满足人民群众的精神文化需求；生态更文明，基本形成绿色低碳产业结构、增长方式和消费模式；人民更幸福，实现城乡居民收入倍增。2011 年底该市召开的全会扩大会上，这种"规划性覆盖"的做法又有了进一步的深化和完善。会上，该市将 2012 年的工作总基调定在经济社会发展要实现"稳中求进、又好又快"的工作导向上，具体的规划是实现八大突破，即：加大有效投入，在构建现代产业体系上求突破；集聚创新资源，在建设创新型城市上求突破；深化改革开放，在增强科学发展动力上求突破；统筹城乡发展，在打造现代田园城市上求突破；加快文化建设，在促进文化大发展大繁荣上求突破；优化生态环境，在推进生态文明建设上求突破；切实改善民生，在持续增进民生幸福上求突破；创新社会管理，在维护社会和谐稳定上求突破。这些在重要时刻、重大场合作出的规划性设想和设计，保证了该市经济社会协调发展的"全覆盖""全到位"。

（二）制度性覆盖

实现一个地区的经济社会协调发展，特别是在加快推进社会建设和改善社会管理步伐的今天，都需要依靠成熟的、稳定的、具有现代化理念的先进制度来保证。该市的领导认为，坚持协调发展不是一年两年的事，而是长期、持续的行为；坚持协调发展也不是修修补补、琐琐碎碎的事，而是要有总体的设计；坚持协调发展更不是随意性、临时性的措施，而是要有基本的运行体制作保证。从 2006 年开始，该市就加强社会建设、发展民生事业出台了几十个相关政策性文件，包括统筹医疗保险、实施社会保障、完善社会救助体系、规范发展社会组织，实施"政社互动"等一系列政策规定，涉及的面也是很广的。这些文件规定虽然在一定程度上具有覆盖某些领域的功能，但毕竟是方面性的、条线性的，在全市最高层面上如何形成一个总体的制度来保证持续、稳定、科学、有力地推进社会建设和社会管理，一直在该市领导的头脑中酝酿着。一直到 2011 年下半年，该市正式出台了《加强社会建设创新社会管理的意见》，从全市统筹总领的高度筹划社会建设和社会管理工作。并成立了以市委书记为组长，市长、市委副书记、组织部长、政法委书记和市政府副市长等人为副组长的加强社会建设创新社会管理领导小组。领导小组下设十个工作组和"社会办"办公室，开展有目标、有政策、有机构、有专人负责把关的社会建设和社会管理制度体系，确保了全市社会建设和社会管理的科学、规范化展开，逐步形成了具有太仓特色的社会建设和管理之路，为全市经济社会高质量协调发展添上了浓重的一笔。在这个制度性覆盖的部署下，全市向后的社会建设和社会管理有了明确的方向，即他们提出的"十大任务"：加强以中低收入人群为重点的居民收入倍增机制建设；加强以推进公共服务均等为重点的公共服务体系建设；加强以实施"全面覆盖"为重点的社会保障体系建设；加强以优化城乡环境为重点的"绿色太仓"建设；加强以培育健康社会心态为重点的社会文明建设；加强以维稳控安为重点的"平安太仓"建设；加强以党的建设为重点的基层基础建设；创新"三社联动"机制，提高社区建设现代化水平；创新"政社互动"机制，提高社会管理法治化水平；创新"互融共享"机制，提高社会服务信息化水平。这十项任务的形成具有"全覆盖"全市社会建设和管理的性质，不仅涵盖了一个地区社会建设和社会管理的基本内容，而且覆盖了全市各阶层的切身利益，用制度保证了这项建设的持续开展。

（三）监督性覆盖

谋求经济社会高水平的协调发展不只是党委、政府"随心所欲""一厢情愿"的行为，应该是全民的共同责任和共同担当。为此，该市十分重视来自各方和基层的"监督性覆盖"，这种监督性覆盖，不仅有人大、政协和各民主党派的监督和参与，而且还探索和完善了"政社互动"的监督性治政治市的方略。这一做法最早起步于基层民主自治管理，后逐步把这种双向互评、互估、互核、互动的做法推广到政府各项行政管理的方方面面。通过政府行政权力的自我约束，实现基层自治组织的权力归位，通过基层自治组织自治能力的提升，实现与政府行政管理的承接互动，最大限度地激发社会活力，是最具深度的监督动力。从 2010 年 8 月份开始，该市在城厢、双凤两镇试点签约，2011 年，推广了试点经验，在全市推行了"政社互动"签约，实现了"全覆盖"。在推行过程中，该市做了如下几项工作：第一，搞好全市年度群众自治组织协助政府管理事项《协议》的签约和双向评估；第二，市级层面做好对市、镇两级政府"权力清单"执行情况的全面评估，镇级层面做好基层政府对自治组织自我教育、自我服务、自我管理的综合评估；第三，根据"向谁负责、由谁考核"的理念，逐步推行村（居）干部效绩由村（居）群众考核的机制；第四，进一步规范政府行政指导与基层自治的指标衔接，实现政府指令性指标向指导性意见转移和自治组织将政府指导性意见向自主性指标转移；第五，整理和出台"政府服务事项清单""社区服务事项清单""政府购买项目清单"；第六，加快推进基层民主管理、依法自治的能力建设；第七，充分发挥基层党组对自治组织的领导核心作用、政治导向作用、组织保障作用，带领和帮助群众实现党的主张、履行法律义务、接受政府指导、开展民主自治；第八，拓宽基层群众诉求渠道，创新社会公众参与平台，确保群众与政府互动畅通；第九，加强社会组织的培育、建设和规范，扩大"政社互动"的外延；第十，加强对"政社互动"的实践指导、督察和考核，积极培育示范点，使"政社互动"更有亮点、更具特色、整体提高。通过以上十项工作，"政社互动"不仅成了全市"和谐善治"的平台，同时也形成了保证全市经济社会做到协调发展的监督性机制。

从以上三个"注重"的叙述中，我们看到，以经济、社会协调发展为主线，深深地贯穿在太仓社会建设和社会管理的全过程中，已成为该市加强社会建设和创新社会管理的一大特色。当然，这里所指的太仓的经济社会协调发展是区别于 20 世纪形成的"接长社会一条腿，不使经济社会跛足而行"的协调发展形态的。今天的经济社会协调发展已处在"高起点""互动性""全覆盖"这三个内涵的高水平基点上，是太仓市经济社会协调发展的深化和延伸，这种深化和延伸突出地表现在它的自觉性、高质性和创新性上。

第四章

坚持以实现社会现代化为目标，使推进社会建设和社会管理成为实现"第二个率先"的核心任务

太仓市推进社会建设和创新社会管理是以坚持实现社会现代化为目标的，这是该市实践模式的第二大特色。

一 太仓在率先基本实现现代化进程中抢步加速推进社会现代化

太仓市已明确宣布，于2013年率先基本实现现代化，走在江苏省的前列，和苏州市及下属各兄弟县市同步推进现代化进程，这已是铁定的目标。太仓认为，实现"第二个率先"，不仅是该市新一轮跨越发展的内在需要，更是顺应人民群众新期盼的必然选择。

当然，率先基本实现现代化不是一句口号，更不是凭想象、任其自然发展就能实现的，必须要有清晰的思路和一套严密、完整、明确的目标。要完成这个目标，还要依靠扎实的举措，真干实干，努力攀登才能达到。为此，苏州市提出了率先基本实现现代化的总体要求，这就是"建设宜居新苏州，打造创业新天堂，共筑幸福新家园"。这三句话的具体要求是：（1）建设宜居新苏州，就是要扬长"三大优势"——文化优势、环境优势、公共服务优势；（2）打造创业新天堂，就是要构筑"三大高地"——最具创新活力高地，人才集聚高地，新兴产业发展高地；（3）共筑幸福新家园，就是要提

升"三大水平"——社会和谐水平、人民生活水平、城乡一体化水平。为了率先基本实现现代化，苏州市还提出了主要发展目标，做到六个"走在全国前列"。经济综合实力走在全国前列，科技创新能力走在全国前列，城乡一体化水平走在全国前列，社会和谐程度走在全国前列，人居生态环境走在全国前列，人民幸福指数走在全国前列。苏州市率先基本实现现代化采取的战略举措是八个"现代化苏州"，即文化繁荣、旅游兴盛的现代化苏州；成果共享、人民幸福的现代化苏州；结构优化、产业高端的现代化苏州；人才集聚、创新引领的现代化苏州；内外并进、充满活力的现代化苏州；城乡融合、功能完善的现代化苏州；生态优良、环境优美的现代化苏州；安定团结、社会和谐的现代化苏州。从苏州以上制定的要求、目标和举措来看，率先基本实现现代化绝不是经济高速发展的单兵独进，而是经济社会协调发展、并驾齐驱的全面推进。细细研究这一幅幅蓝图，可以深切地感受到，推进率先基本实现现代化是一个以民生为导向，经济、政治、文化、社会、生态文明和党的建设全面协调的过程。而在这桌"现代化的大餐"中，分量更重的是那部分跟人民福祉息息相关的社会建设、社会管理。今天的苏州市各级领导已经视民众的幸福为"第一发展要素""第一追求目标""第一履行职责"，这跟十年、二十年以前有了很大的区别，这跟党中央的战略部署和战略导向是完全一致的。

我们之所以把苏州市的这幅蓝图较为全面地摘录在这里，主要目的是，太仓是苏州市的一个组成部分，苏州市的蓝图也就是太仓市和其他所属市的蓝图。苏州市实现这个蓝图，太仓要有自己的贡献，所以，太仓市的具体实施意见离不开苏州这张总体的蓝图。因此，要研究太仓现代化，首先要研究苏州的现代化。

在苏州市的总体规划下，太仓市也拿出了自身率先基本实现现代化的蓝图，太仓市的总体要求是："率先走出一条符合时代特征、具有太仓特色、人民充分认可的基本现代化之路，全力当好全省'第二个率先'的先行军。"太仓如何当好"先行军"？他们的思路是，要在产业优化升级上、科技创新能力上、港口开发建设上、城乡一体水平上、生态环境质量上、人民幸福指数上"走在全省前列"。他们的目标是，把太仓打造成经济更发达、城市更宜居、社会更和谐、文化更繁荣、生态更文明、人民更幸福的现代产业港城和人文宜居名城。太仓市这个率先基本实现现代化的思路和目标已清楚地告诉人们，基本实现现代化，不仅要有经济的现代化，还要有社会的现代化，社会现代化的焦点就是民众的幸福、和谐和自信。

江苏省在2010年召开的第十二次党代会上提出了全省到2020年基本实现现代化的宏伟目标。作为苏南经济发达的苏州市及各县（市），提出了在2012年、2013年、2014年分批实现各县（市）和全市率先基本实现现代化的目标要求，太仓市定位在2013年实现。从江苏省制定的《全省基本实现现代化指标体系（试行）》的要求来看，太仓2013年实现这一目标是没有多大悬念的。此指标体系共分经济发展、人民生活、社会发展和生态环境等四大类30项44个细化指标，再加上"人民群众对基本实现现代化建设成果满意度"这一项。按照监测要求，如果总分达到90分以上，单项指标实现程度达到80%以上，人民群众对基本实现现代化建设成果满意度达到70%以上，才算达到基本实现现代化的考核要求。按太仓至2010年发展现状进行梳理测算，得分超过80分，2013年达到90分是不成问题的。

太仓市各级领导认为，太仓率先基本实现现代化从指标体系来考量，虽然有若干项在2013年实现的难度还较大，例如高新技术产业产值占规模以上工业产值比重、万人发明专利拥有量、单位GDP二氧化硫排放强度和单位GDP氮氧化物排放强度等四个指标的完成形势较为严峻，但从经济现代化总体要求而言，实现规定的分值是不成问题的。从社会发展和民生事业来说，30项指标中人民生活、社会发展、生态环境占到了21项，占比为70%。由此可见，经济建设的发展问题还离不开民生事业的加快，社会建设和社会管理对实现基本现代化的份额和权重是如此之大，这是今天整个大环境处在一个新成长时期的重要特征。因此，率先基本实现现代化，要下更大的力气去努力实现社会现代化，才能保证整个现代化的率先基本实现。作为一个地区的党委和政府，只有把这占比达70%的一块紧紧抓住、抓好，才能真正取得人民群众对基本实现现代化的认可。正如江苏省委常委、苏州市委书记蒋宏坤所说的："我们的基本实现现代化是在全面小康基础上提升的现代化。现代化不仅仅要关注经济的增长，更要关注经济、政治、文化、社会、生态文明建设协调推进；不仅仅是强调量的增长，更要追求质的提升；不仅仅要注重统计数据，更要注重人民群众的主观感受，是经济社会全面发展、城乡建设协调推进、生态环境显著改善、人民生活普遍富裕、民主法治不断健全的现代化。"

太仓市的各级领导对现代化的理解正是这样。他们认为，从指标、数据来说，在2013年基本实现现代化确实是十拿九稳的事，特别是属于社会发展、民生事业的那些指标，太仓实现这些指标非常乐观。但是，该市领导也深刻认识到，作为真正意义上的社会现代化，其外延和内涵还远不是指标体系中规定的这些，还有更多、更重的任务和目标要去达到。按照陆学艺教授对社会现代化的设想："建设社会现代化，必须实现民生事业现代化、社会事业现代化（例如教育现代化、科技现代化、医疗卫生现代化等等）、社会体制现代化、社会管理现代化、社会组织现代化、社会生活现代化、社会结构现代化，等等。"可见，建设社会现代化是一个宏大复杂的系统工程，是一项非常复杂、艰巨的任务，达到看得见的指标好办，达到内在的质量要求不易。陆学艺教授还提出，社会建设"既要进行保障改善民生的各项事业建设，又要进行包括社会事业体制在内的社会体制改革的创新；既要加强社会管理、社会安全体系建设，又要进行社会理念、社会规范的建设；既要加快收入分配关系的调整，有效调节过高收入，扭转各种差距扩大的趋势，促进社会公平正义，又要积极培育中产阶层的发展壮大，加快优化社会结构的步伐，使之形成与经济结构相平衡、协调的社会结构"。由此可见，社会现代化远不止20项、30项指标的要求，更多、更艰巨的任务是要解决体制问题、公平正义问题、结构问题等深层次的问题。社会现代化不仅是由指标体系说了算，也不单单是老百姓的直观认可说了算，更重要的是要致力于改革、创新，要注重发展的质量、结构的优化、品质的提升、社会的公平，从长远的角度和可持续的要求去衡量才行。广大民众目前所需求的"上班有份好收入、退休有个好保障、回家有个好环境"，当然也是社会现代化的标志性评价，但如果不从深层次解决好社会的公平、和谐、正义、结构、体制等这些重要的问题，民众的幸福度不仅会大打折扣，而且也会出现更多的新变化、新矛盾、新问题，应该说，这不是可持续性的社会现代化。

从这样的战略目标来考量社会现代化，确实还需树立"经济发达地区更要加倍努力，抢步加强社会现代化"的强烈意识。正如中国社会科学院社会学所所长李培林在接受《经济参考报》记者谈话时所表示的，"现在收入差距的关键问题，固然有均不均的问题，但更重要的是公不公的问题。解决公不公的问题，必然触及现有的利益格局，触及一些既得利益群体，这是改革的难点所在"。解决收入差距问题是这样，推进社会现代化同样也是这样。社会现代化不是光靠经济高速发展、实力高度增强就可以实现的，推进社会现代化更多的是要借助于体制的改革、借助于社会结构的变动，这对经济发达地区的苏州、太仓来说同样是一项十分艰巨的任务。如果只满足于创造更多的物质财富，增加民众口袋里的收入，认为社会现代化就能自然地实现，这肯定是不对的，至少是对社会现代化内涵理解的不全面。这种情况的出现在经济发达地区更有它的必然性，持有"富了，也就现代化了"观点的人在这些地区是不少见的。太仓市的领导开始意识到了，社会现代化的"魂"，是现代型的社会结构和社会管理，而改善民生、让民众致富生活幸福只是社会现代化的"皮"。该市领导已从实践中真正领悟了这一点，对本地区"抢步加速"推进社会现代化有了较为成熟的宏观思考和战略设计。该市市委书记陆留生在全市"加强社会建设创新社会管理"工作会议的报告中提出了"坚持六项原则"的要求，即以人为本的原则、统筹兼顾的原则、改革创新的原则、固本强基的原则、群众路线的原则和法治的原则。该市负责抓社会建设和社会管理的市委副书记陆卫其在讲话中也明确指出：太仓的社会建设相对滞后于经济建设，居民收入水平相对滞后于经济发展水平，社会结构还不够合理，收入分配体制有待完善，公共服务均等化水平有待提高，社区和社会组织建设的体制机制有待建立和完善，社会建设的总体水平有待提高。可见，这两位领导的思想深处已经在着手考虑社会现代化的更具本质的一些东西，作为经济发达地区的领导能触及这一层面上的现代化是非常不容易的，这对探索太仓特色的社会现代化的路子是很有分量的一种思维。

二　太仓正处在实现现代化的难得机遇期和重要转折期

陆学艺教授对社会现代化有一个总体设计，他认为，从国内外进行现代化建设的经验和教训看，结合中国目前的基本国情，中国的社会建设未来的发展将经历三个阶段。第一阶段，保障和改善民生事业的阶段。以解决影响社会和谐稳定的突出问题，化解社会矛盾、解决社会问题，加强源头治理、标本兼治，最大限度地增加社会和谐因素。第二阶段，社会体制改革攻坚阶段。要创新社会政策，完善社会管理，破解城乡二元结构，逐步实现新城乡一体化，培育壮大中产阶层，构建一个合理、开放、包容的社会结构。第三阶段，构建现代社会结构阶段。形成橄榄型的社会结构，实现"民主法治、公平正义、诚信友爱、充满活力、安定有序、人与人和谐相处的社会主义和谐社会"，即实现社会现代化。

根据陆教授的设计，在全国范围内，实现这三个阶段的任务需要"5年、10年、20年"的时间。从太仓的现实情况来看，目前，太仓大致是这样的一种现状，第一阶段已经"破题"，第二阶段开始"起步"，第三阶段还只是"设想"。这样，太仓实现社会现代化至少也需要"3年、5年、10年"的时间，这只是"基本"实现社会现代化，而"真正""全部"实现社会现代化可能需要更长的时间，因为第二、第三阶段中一些核心任务的完成特别的艰巨，受到各种制约因素特别多。

按太仓社会现代化进展情况我们可以做出估析，第一阶段的任务花2～3年时间实现应该说是不会有太大问题的；而真正的难点在第二阶段的体制改革，要在该市通过改革形成一个与社会主义市场经济体制相适应、相配套的社会体制，可不是一件容易的事，任务特别艰巨。例如，户籍体制问题花几年时间想要解决本身就有难度，因为这不是一个县级市说了算的。更何况解决了户籍问题也不能算是彻底解决了城乡二元结构的问题，因为真正解决城乡二元结构，不仅要打开"体制门"，还要打开"人心门"。外来民工来到太仓能不能从心底里融合进太仓这座城市，能不能从心底里接受这座城市，能不能把自己的全部人生和家庭交给这座城市，这里面还有很多文章要做。这种长期形成的城乡二元结构要彻底解决，正如陆教授所说的，这是"社会建设的一关，也可以说是要通过的一个大坎，一些发展中国家过不了这个坎，就进不了现代化国家的行列"。要迈过这一坎，不仅要改户籍体制，还要改城乡体制、就业体制、社会保障体制和各项社会事业的体制，这些体制不解决，社会结构调整和优化就只能是一句空话。而太仓今后推进社会现代化就是要迈好体制改革这一步，这个迈步比第一阶段的保障和改善民生事业不知要艰难多少倍，触及既得利益群体的地方实在是太多了，但不管有多么艰巨，推进社会现代化这一步一定要迈好。

太仓市推进社会现代化目前处在一个难得的机遇期和重要转折期，其总体态势可概括为：推进社会现代化的内外环境越来越好；社会建设和管理的动力越来越大；实现经济、社会两个现代化协调发展的思想、物质基础越来越强；各级领导和广大民众互动参与社会现代化建设的积极性越来越高。可以认为，向后若干年，太仓社会现代化是形势大好与矛盾迭出相交织，战略机遇和体制挑战相共存，机遇大于挑战，是一个大有作为的重要转折期和战略机遇期。太仓市各级领导和民众已深深看到了这一点，正以前所未有的决心和高度自觉的责任感抓好当前需要抓的一切工作和规划设想向后的蓝图，以更大的勇气去实践社会现代化。

在中共苏州市第十一次代表大会上，苏州市委提出了要"充分认识苏州经济社会发展的阶段性特征，牢牢把握国际国内重大发展机遇，不为传统的模式所困，不为过去成绩所累，不为既有的经验所限，不为面临的险阻所惧。坚决破除一切妨碍科学发展的思想禁锢，坚决破除一些妨碍科学发展的行动制约，坚决破除一切妨碍科学发展的体制束缚。凡是有利于转型升级、创新发展的事情都要敢闯敢创，先行先试；凡是有利于城市品位提升、人文生态环境优化的事情都要求精求好、抓紧落实；凡是有利于民生福祉、社会和谐的事情都要全心全意、尽情尽力。"太仓市坚决贯彻执行苏州市委的这一指示精神，在推进经济、社会现代化的进程中扎扎实实地把它落实好、实践好。在规划2012年全年经济社会发展目标任务时，他们提出了工作的总体要求——"加快转型升级、强化创新引领、深化改革开放、加速城乡一体、促进文化繁荣、加强生态建设、增进民生幸福、创新社会管理"。这就为加快推进经济、社会现代化发出了新的战斗动员令。

三　太仓推进社会现代化的三大重点

社会现代化和社会建设、社会管理虽是一回事，但前者是后者的目标和任务，后者是前者实现的手段和过程。

当前，太仓市正在向率先基本实现现代化的新目标挺进，2012年是该市实现现代化目标的冲刺年。因此，在向这个目标冲刺时，不仅要有指标体系来给予衡量，还要有一系列人们看得见、摸得着的基本特征做表述，各个发展阶段都应该在经济、社会、民生等方面有一个配套和适应。根据太仓的特点和实情，该市各个阶段的基本特征是有明显不同的（见表4－1）。

表4－1　太仓不同发展阶段经济、社会、民生指标

发展阶段	主要特征	具体特征
小康 （1992 年前）	1. 经济增长是第一位的目标,传统、粗放的增长方式是该阶段发展的主要方式。 2. 社会事业基本上没有提上议事日程,社会事业发展处于次要和从属地位。 3. 广大民众对社会建设和管理缺少期待和明晰的追求,不仅生活水平低下,而且生活质量不高。	1. 人均 GDP800 美元以下,资源利用粗放,生态环境恶化,增长的创新度低,增长方式以资源消耗为主。 2. 科教文卫等民生事业投入不足,城乡差别较大。 3. 居民收入较低,社会保障不健全、水平低。 4. 公共服务设施落后,社会福利保障水平较低。
小康— 全面小康 （2006 年前）	1. 经济增长是发展中的第一要义,经济呈现快速发展的态势,经济结构开始调整,经济发展方式的转变初露端倪。 2. 社会事业和经济增长实现同步、协调发展,以民生为导向的发展理念和实践不断明晰化、具体化。 3. 人民生活达到了中等发达国家的水平,民众的需求开始从"老三件"向"住房、汽车、高档电子产品"转移。	1. 人均 GDP 从 800 美元迅速提升到 1.4 万美元,单位 GDP 资源消耗下降,生态环境逐步好转,增长的创新度逐步提高。 2. 科教文卫投入与经济增长同幅同步,城乡之间差距缩小。 3. 城镇居民收入提高,农民收入提高幅度增大,总体生活达到宽裕型小康。 4. 各项公共服务和民生事业有了较大发展,社会保障健全、水平提高,社会福利和非保障福利水平均有提高。
基本现代化 实施阶段 （2011 年前）	1. 经济发展转型升级提上议事日程、成效显著,经济发展呈现快速、持续、高质量增长态势,科学发展观成为发展的主旨。 2. 社会事业全面发展,社会公平化、现代化水平提高。 3. 人民生活达到总体富裕,城、农居民收入差距缩小。	1. 人均 GDP 达到中等发达国家水平,单位 GDP 能耗基本达到世界先进水平,环境指标全面达标,新兴产业、科技产业、创新产业较快增长,创新度达到世界水平。 2. 科教文卫主要指标达到世界先进水平,城乡一体化水平大大提高,城乡公共服务均等化、同质化。 3. 居民收入水平达到中等发达国家水平,城乡社会保障全覆盖、均等化,保障水平进一步提高。 4. 社会福利体系健全,达到中等发达国家先进水平。

　　从以上不同发展阶段反映的经济、社会、民生的各自特征来看，太仓市的社会现代化和经济现代化是相同步、相协调的。以社会、民生事业为特征

的全面小康和以社会现代化为特征的基本现代化是一个统一体，也是太仓发展特色的重要标志。可以这样说，太仓把"推进社会现代化"作为基本实现现代化的不可分割的整体，推进社会现代化就是推进率先基本实现现代化。太仓市推进社会现代化是全方位的，但是也是有重点的、有时代特征的。近年来，他们致力于以下三个方面的重点。

（一）打造与基本现代化相对应的"高质"民生服务新格局，使太仓人更幸福

对太仓来说，推进社会现代化和全国大环境相比，有较好的经济基础、较优的地缘环境、较佳的人文优势、较强的民众需求和较早的成功实践。太仓理应从"高质""高位"要求和目标入手，打造一个与基本实现现代化相对应的民生服务和社会建设新格局。在完成"第二个率先"基本实现现代化目标中同时率先基本实现"高质""优态""丰满"的社会现代化，使太仓人能在提升幸福指数上再上一层楼。

当然，要实现这样的目标、达到这样的要求，必须有一个新的设计、确定一个新的推进路子，太仓市这几年正在努力形成如下通往社会现代化的新格局。

1. 打造教育卫生现代化新格局

现在社会上人们关注的现实问题很多，但最关注的是，中年人的买房买车，小孩子的读书上学，老年人的看病医保这三项，而其中最牵动民众神经的还是小孩的读书问题。中央提出了要加强以保障改善民生为重点的社会建设和社会管理，太仓市的领导认为，推进社会现代化一定要推进社会事业现代化，推进社会事业现代化首先要解决好和每家每户每人都痛痒相关的教育、卫生现代化的建设。搞好了这个方面的建设可以给民众带来直接的利益，并容易惠及全体人民。

经过多年的持续努力，太仓已建立起了包括高等教育（健雄学院）、中等职业教育、基础教育、特色教育、社会教育等多层次、广覆盖、全方位的教育体系，现代化大教育格局初步形成。

太仓教育现代化主旋律之一，优先发展。围绕"加快建设教育强市、率先实现教育现代化"的发展总目标，该市全面实施"科教兴市"战略，

坚持把教育工作特别是城乡教育一体化优质均衡发展列入党委、政府重要议事日程。围绕教育改革发展规划、学前教育发展、义务教育学校转制、高中布局调整、校舍安全工程等事项，市委常委会、市政府常务会议都进行过专题研究，各镇（区）党委、政府主要领导更是把教育事业发展列入目标责任制和领导干部考核指标体系。多年来该市教育拨款的增长高于财政经常性收入的增长，生均预算内教育事业费用逐年增长，预算内生均日常公用费用全面达标，预算内教育经费支出占财政支出比例逐年提高，足额征收教育费附加，"政府主导、学校联动、社会参与"三位一体的帮困助学体系不断完善。从 2006 年至 2011 年，该市连续五年把教育工程列入市政府实事工程，投资 20 多亿元，先后组织实施了"乡镇学校十大重点工程""农村学校现代化建设工程""来太务工人员子弟学校规范化建设工程""全市校园技防工程""学前教育现代化工程""中小学校舍升级改造工程"，以及健雄学院一二期、江苏省太仓高级中学异地新建等一系列重大工程，高水平、合理化配置了公共教育资源、全面提升了教育现代化水平。

太仓教育现代化主旋律之二，创新发展。该市近年来，在学校管理方面坚持了创新发展，不断缩小城乡教育质量差距，形成了个性鲜明、具有地方特色的校园文化，实现了城乡教育管理体制、机制一体化。该市探索并组建了教育集团，新建了"城乡教育高位均衡发展"模式——托管和共建工程。这一工程的实施，实现了城区优质资源对农村相对薄弱学校的有效辐射。与此同时，该市还在教育管理上实现"六个统一"：教育发展市政府统一规划，教师和干部由市教育局统一管理，教师工资由市财政统一发放，农村中小学公用经费由市财政统一拨付，免费义务教育专项资金由市、镇（区）两级财政统一划拨，农村中小学医保、养老保险、住房公积金等由市财政统一纳入预算。该市在构建培研新型运作机制方面，建立了"培训、教研、科研和信息化四位一体"的运行机制。在构建城乡一体校外教育运行机制上该市也作出了积极的实践，加大校本课程的开发力度，形成了"一校一品"的特色。在推进中小学领导干部选拔任用制度改革中，该市全面推行了中层干部竞争上岗制度，完善和规范了校长任期目标责任制，并积极鼓励城区优秀学校管理干部到农村学校任职或挂职。

太仓教育现代化主旋律之三，协调发展。太仓市在兴办教育事业中，着眼于办好每一所学校、每一类学校、每一级学校，使教育"福祉"普及各地、各校、各个学生，在发展地位、保障机制、基础设施、教师队伍等各个方面努力做到一视同仁、资源均衡、各具特色，形成了"学前教育有活力、义务教育显公平、高等教育更优质、职业教育有特色、终身教育趋完善"的良好格局。目前，该市的83.9%的幼儿园达到苏州市优质幼儿园建设标准，义务段中小学均成功创建为"苏州市教育现代化学校"，面向残疾儿童的爱心学校通过了苏州市特殊教育现代化学校验收，普通高中本一本二上线人数比苏州平均水平分别高0.5和3.5个百分点，"定岗双元"人才培养模式获得省高等教育教学成果奖特等奖，成人教育中心校（社区教育中心）均已达到苏州市级现代化成人教育中心校标准。

太仓市教育现代化主旋律之四，内涵发展。为了让城乡孩子、本地孩子和外来人员子女享受同等优质教育，该市把均衡师资作为一项重要工作来抓，把师德建设摆在教师队伍建设的首位，不断增强教师的责任感、使命感、人格魅力和学识魅力，一支师德高尚、业务精湛、结构合理、充满活力的高素质专业化教师队伍正在形成。全市幼儿园教师本科及以上学历达48.7%，小学教师本科及以上学历达66.1%，初中教师本科及以上学历达93%，高中教师研究生学历比例达20.8%；全市拥有特级教师六名，教授级中学高级教师四名，苏州市名校长名教师27名，苏州市学科带头人65名，太仓市学科带头人446名。

该市的医疗卫生事业这几年也同样在不断地向现代化水平迈进。从规划布局来说，该市明确了市、镇、村（社区）医疗机构的布局、规模、功能定位及发展方向，全市卫生服务体系健全率达100%。从基础设施建设来说，该市这几年先后对第一人民医院实行异地新建，社区卫生服务中心、站实行提档改造，市中医院实行扩建，浏河人民医院等三所中心医院实行新建扩建，在全市医疗系统加强了卫生信息化建设，共投入资金12亿元。从卫生服务能力来说，全市共有卫生技术人员3030人，每千人口拥有卫生技术人员6.49名，其中每千人口拥有执业医师2.68名、注册护士2.42人，每千人口拥有床位5.36张（见表4-2）。从医改工作来看，该市全面实施国家基本药物制度，国家规定的九大类22项基本公共卫生服务项目均等化服务实现全覆盖，建立健全了药品采购、监管制度，城乡居民的医疗保障水平达到了人均500元，职工和居民医保住院费用报销比例分别达88%、62%。从农村医疗卫生服务来看，全市乡镇卫生院（社区卫生中心）、社区卫生服务站全面达到省定标准。从公共卫生服务均等化来看，基本公共卫生服务经费已达到人均35元。从城乡环境卫生面貌来看，全市已有4个镇被命名为国家卫生镇，占67%，所有村均建成江苏省卫生村，农村无害化户厕普及率达100%。

表4-2　太仓市医疗卫生事业发展表

年份	新型农村合作医疗覆盖面（%）	医院、卫生院机构床位数（张）	医院、卫生院卫生技术人员数（人）
2005	97.63	1959	2408
2006	98.82	2316	2591
2007	99.04	2394	2537
2008	99.10	2470	2671
2009	99.40	2480	2894
2010	99.13	2608	3039
年增长率（%）			
2010	—	5.2	5.0
2006～2010	—	5.9	4.8

2. 打造公共服务现代化新格局

大力发展各项社会事业，加快健全完善均等优势、覆盖城乡的公共服务体系，让城乡居民普遍得到好处，持续享受实惠，这是近年来太仓市在社会建设中着力关注的重点和目标。当然，该市打造的公共服务体系正在不断走向现代化的水平，突出地表现在"公平"和"持续"这两个基本立足点上和"优质""幸福"这个大目标上。所谓公平，就是照顾到各个群体、惠及广大民众；所谓持续，就是既要尽力而为，又要量力而行，要循序渐进、级级递进；所谓"幸福"就是高质量、高品位、高满足的美好生活。经过多年来的精心打造，该市公共服务体系现代化建设新格局已初步形成（见表4-3）。

表4-3　太仓市公共服务体系现代化表

公共服务 总体目标要求		2006 年以前	2006 年以后
		注重于公共服务项目的 "健全""完善"和"覆盖"。	注重于两个基本立足点："公平" "持续"，一个大目标："优质""幸福"。
		体系新格局	举措	各种指标成效

六大 公共 服务 体系	就业服务体系	一个提高就业质量、扶持创业机制、提供职业培训、引进高层外来人才创业创新为主要导向的就业服务体系框架正在形成	△ 注重就业、创业、产业、物业并举，初次、再次分配并重，完善城乡富民长效机制； △ 做好"提高就业质量"和"促进高校毕业生群体就业"两篇文章； △ 制定大量就业、培训、创业支持政策，包括小企业创业扶助政策、培训鼓励政策等。	△ 2006～2011 年失业率常年维持在 3% 以下； △ 本地劳动力新增就业人数年增长率在 17%～20% 之间； △ 建立大学生见习基地 209 个，举办了 712 期人力资源市场； △ 全市人才总量年增长率连续五年突破 16%； △ 443 名海外高层次人才在该市创业、创新。
	教育服务体系	一个注重"公平"和"质量"的教育服务体系已经形成，各项主要指标均达到发达国家 20 世纪 90 年代末水平，教育质量名列全国前茅	△ 提前完成了"十五"规划中确定的每 10 万人设置一所高中，每 3 万人设置一所初中，每 1 万人设置一所小学的布局任务； △ 新建 10 所农村学校，扩建改建 18 所农村学校，惠及了 3 万名农村学生； △ 兴办了八所民办公助的外来人口子弟学校，本地公办学校对外来人口子女全面开放。	△ 全市苏州市级以上优质幼儿园达 70%； △ 所有中小学均成功创建成"苏州市教育现代化学校"； △ 高中省三星级以上学校覆盖率达 100%； △ 形成了以"双元制"为模式的职业教育格局； △ 实现了苏州市级社区教育实验镇、社区教育中心镇、农科教结合示范基地、社区教育实验项目四个"全覆盖"。
	健康服务体系	健康服务模式的整体转变、医疗机构整合能力的提高，全民卫生健康活动的到位	△ 对医疗机构改造提档，提高对医护人员的拥有率； △ 从原有的"疾病治疗"转向了"健康保健"； △ 三级医疗机构从原有的无序竞争变为相互合作； △ 全面建设社区卫生服务单位、全面推行食品卫生量化分级管理。	△ 建起了 70 个"世代服务站"服务村、社区、企业； △ 科学育儿基地建设全面拓展了儿童的早期发育； △ 明确了三级医疗机构的功能定位、分工合作； △ 获省社区卫生服务先进单位，获全国亿万农民健康促进行动"省级示范市"称号； △ 建成国家卫生镇四个、省级卫生村 75 个； △ 全市连续多年无重大食品安全事故发生。

续表

		体系新格局	举措	各种指标成效
六大公共服务体系	老年服务体系	一个"以老人为中心、以服务为宗旨"的养老服务体系已建成、正在不断提高服务水平、建起了"以居家养老为基础、社区养老为依托、机构养老为补充"的太仓特色服务体系	△ 把加强社会化养老机构硬件建设列入政府实事工程，投资1.5亿元，提升养老机构建设水平； △ 投入巨资升级改造老年福利院。	△ 全市拥有养老机构九家、床位2471张，千名老人拥有床位22.3张，比苏州市平均水平高2.9个百分点； △ 全市十个镇（区）154个村（居）全部建立了居家养老服务中心（站）； △ 目前享受政府埋单服务的老年人1200多人次； △ 全市拥有九家老年护理院和日间照料中心（站），床位250张； △ 入住老人满意率98%以上。
	住房支持体系	已形成了"四大体系"为核心内容的住房保障工作模式	△ 加快建设经济适用房，建立社区街道、住建局及住房保障领导小组的"两级公示、三级审核"制度； △ 逐步完善廉租房制度； △ 有计划地推出政策性住房； △ 全面实施老小区综合整治。	△ 经济适用房的申购和销售完全公开、公平、公正化； △ 城市低收入家庭享受廉租住房； △ 来太工作的优秀人才政府出资购买人才公寓，提供优惠出租； △ 为外来务工人员提供集体宿舍、职工公寓的居住条件； △ 全市小区改造造福民众。
	社会保障体系	注重社会保障改革的导向性和激励性相结合、前瞻性和创造性相结合、完整性和互补性相结合、合理性和扶持性相结合的方针，实现社会保障制度设计最优化	△ 把新老太仓人分成公务员、事业人员、职工等15类人群，分别研究落实社保制度措施； △ 对一部分参保困难的人群实施扶助政策； △ 在提高社会保障待遇上，推出了"农民补充养老保险办法"、建立"土地换保障制度"； △ 实行医保待遇向基层、老人、低收入群体和特殊病人倾斜，实施医疗再保险机制，出台灵活就业人员工伤保险制度。	△ 全市社会养老保险参保率、医疗保险参保率保持在99%以上； △ 城乡老人养老保障享受率达100%； △ 全市户籍劳动年龄段人员参加农村养老保险的占比不到5%； △ 城乡社保统筹率达到95%以上； △ 对残疾人、低保人群、企事业单位改制人员、大龄参保人员实行了各种不同的财政补贴。

一是就业服务体系的形成。太仓市是东部沿海经济发达地区，各类经济实体多、第三产业相对发达，就业岗位比较多，在这里很少看到想就业而没有就业岗位的现象，当然，失业者并非没有，但很少。从 2006 年至 2011 年，失业率常年维持在 3% 以下，而且比例还逐年下降，本地劳动力新增就业人数逐年增长，年增长率在 17%～20% 之间。但该市在改善和保障民生的事业中，还是把注重就业、创业、产业、物业并举，初次、再次分配并重放在重要位置，不断巩固完善城乡富民长效机制。他们着力建立健全市场导向与城乡统筹的就业制度，完善就业促进政策，特别是在提高"就业质量"和"促进高校毕业生群体就业"这两件大事上多做文章。在太仓，形成了不少就业、培训、创业支持政策，包括小企业创业扶助政策、培训鼓励政策等。他们还建立了大学生见习基地 209 个，举办了 712 期人力资源市场，把更多高学历的外来人才聚集到太仓。太仓市人才总量的年增长率连续五年突破 16%，乃至已有 443 名海外高层次人才在这里创业创新，对这些海外人才，该市提供最高 250 万元安家补贴，最高 400 万元经费资助，最高 500 万元风险投资和最高 500 万元担保融资等政策。如今该市正在形成一个以提高就业质量、扶持创业机制、提供职业培训和引进高层外来人才创业创新为主要导向的就业服务体系建设框架。

二是教育服务体系的形成。该市的教育服务体系注重"公平"和"质量"。所谓"公平"，即教育资源均衡分配。该市提前完成了"十五"规划中确定的每 10 万人设置一所高中、每 3 万人设置一所初中、每 1 万人设置一所小学的布局任务；新建了十所农村学校，扩建改建 18 所农村学校，惠及 3 万名农村学生；兴办了八所民办公助的外来人口子弟学校，均配有校车，硬件设施日趋完善，本地公办学校对外来人口子女全面开放。所谓"质量"，即致力于教育质量的提升。该市做到了幼儿教育优质健康发展，苏州市级以上优质园达 70%；义务教育优质均衡发展，所有中小学均成功地创建成"苏州市教育现代化学校"；高中教育优质多元发展，全市省三星级以上高中覆盖率达 100%，两所三星级普通高中合并办学，按省四星标准完成了改建扩建工作；职业教育优质特色发展，已形成了中、高职协调发展的职业教育布局，形成了以"双元制"为模式的职业教育格局；终身教育健康有序发展，实现了苏州市级社区教育实验镇、社区教育中心镇、农科教结合示范基地、社区教育实验项目四个创建工作的"全覆盖"。总之，该市的教育服务体系是较为先进和领先的，各项主要指标均达到了发达国家20世纪90年代末的水平，教育质量在全国名列前茅。

三是健康服务体系的形成。该市的健康服务体系除了在对医疗机构的改造提档、医护人员的拥有率较高等方面的先进建设外，在以下三个节点上，该市也有很出色的表现。（1）健康服务模式的整体转变。该市已从原有的"疾病治疗"转向了"健康保健"，该市建立了70个世代服务站服务村、社区、企业，为全市基层提供方便快捷的优质服务。科学育儿基地建设全面拓展了儿童的早期发育。（2）三级医疗机构的整合能力的提高。该市将不同级别的公立医疗机构的关系，由过去的无序竞争改为相互合作，三级机构各自明确了自身的功能定位，市级医院以综合疾病治疗为主，乡镇卫生院和社区卫生服务中心以治疗常见病为主，社区医疗机构以健康保健为主。（3）全民卫生健康活动比较到位。该市已获省"社区卫生服务先进市"和"全国亿万农民健康促进行动"省级示范市称号，全市建成国家卫生镇4个、省级卫生村75个，全面推行了食品卫生量化分级管理，不断提高全市食品卫生安全水平，全市连续多年无重大食品安全事故发生。

四是老年服务体系的形成。太仓是老龄化程度较高的地区，在20世纪80年代末，该市已进入老龄化社会，目前老龄化程度达24.37%，远远高于全国平均水平。同时，该市又是全国首个富裕型"长寿之乡"，人均预期寿命达到81.15岁。这就给该市的老年服务体系的形成提出了更高的要求。为此，近年来，他们按照"以老人为中心，以服务为宗旨"的原则，大力扎实地推进养老服务，全面提高老年人服务水平。该市把加强社会化养老机构硬件建设列入了政府实施工程，投资1.5亿元，全面提升养老机构的建设水平，还投入巨资对老年福利院进行升级改造。目前，该市已建立起了以"居家养老为基础、社区养老为依托、机构养老为补充"的具有太仓特色的养老服务体系。全市拥有养老机构九家，床位2471张，千名老人拥有养老床位22.3张，比苏州市平均水平高出2.9个百分点；全市十个镇（区）154个村（居）全部建立了居家养老服务中心（站），目前，享受政府埋单服务的老年人达1200多人次；全市已拥有九家老年护理院和日间照料中心（站），床位250余张；在全市养老机构检查评比中，入住老人满意率达

98%以上。

五是住房支持体系的形成。住房问题是全民的基本生活需求问题，对一个地区的社会建设而言，住房保障工作是民生事业的一个重要支撑点。太仓市政府认识到，加强和改进住房保障工作，提升住房保障水平是政府履行社会管理和公共服务的职责所在。通过多年的探索，该市已形成了"四大体系"为核心内容的住房保障工作模式。（1）加快建设经济适用房。通过建立社区街道、住建局及住房保障领导小组两级公示、三级审核制度，对经济适用房申购和销售做到公开、公平、公正、阳光操作。（2）逐步完善廉租房制度，解决城市低收入家庭住房困难，每年调整保障对象的最低标准，扩大廉租住房的保障范围。（3）有计划地推出政策性住房，政府出资购买住房作为人才公寓，对来太工作的优秀人才给予优惠出租，通过新建、改建、扩建等方法为外来务工人员提供集体宿舍、职工公寓的居住条件。（4）全面实施老小区综合整治，通过环境整治、房屋整治、道路整治、管线整治、安保整治等，有效改善居民住房条件，提高其生活品质。

六是社会保障体系的形成。太仓市在贯彻落实国家和上级有关社会保障政策中，坚持紧贴市情，注重社会保障政策的导向性和激励性相结合、前瞻性和创造性相结合、完整性和互补性相结合、合理性和扶持性相结合的方针，最大限度地实现制度设计的最优化。他们把新老太仓人分成公务员、事业人员、职工等15类人群，研究落实社保制度措施，全市社会养老保险参保率、医疗保险参保率保持在99%以上，城乡老人养老保障享受率达到100%，全市户籍劳动年龄段人员参加农村养老保险的占比不到5%，城乡社保统筹率达到95%以上（见表4-4）。该市对一部分参保困难的实施扶助政策，对残疾人的养老保险费、基本医疗保险费等，除了企业缴费外，市镇分别再给予一定的补贴；对低保人群和低保边缘对象，其缴纳的企业职工基本养老保险费全部或部分由财政补贴；对企事业单位改制人员，其基本养老保险费也给予一定的补贴；对大龄参保人员，实行银行信贷扶持，缴费期间贷款利息由市财政补贴。该市在提高社会保障待遇上也有很多有效的做法。他们推出了"农民补充养老保险办法"，建立被征地农民"土地换保障"制度，实行医保待遇向基层、老人、低收入群体和特殊病人倾斜，实施医疗再保险机制，提高医疗费用高支出人群的医保水平，出台了灵活就业人员工伤保险制度，通过以上途径最大限度地发挥社会保障惠及民生的效应。

表4-4　太仓市社会保障覆盖情况

单位：%

	城镇基本养老保险覆盖面	城镇失业保险覆盖面	城镇基本医疗保险覆盖面	农村劳动力基本养老保险覆盖面
2005	98	98	98	96.6
2006	98	98	98	98
2007	98	98	98	98.5
2008	100	99.58	98.5	99.9
2009	100	99.95	100	99.95
2010	99以上	99以上	99以上	99以上

3. 打造城乡建设现代化新格局

城市建设是为市民提供各种服务的基础性工作，是推进社会建设和提升民众生活质量的重要载体。太仓市的城市建设是一个长期递进完善的过程，作为地处东部沿海发达地区又紧邻上海的太仓市，理应成为城市建设的示范榜样和佼佼者。但由于种种原因，包括思想、理念、视野、思路等各方面的因素制约，长期以来，虽然自己和自己相比，城市建设的步子似乎迈得不小，但和太仓原有和现有的经济、地域、人文地位相比，和周边兄弟县市相比，城市建设一直处于摆脱不了小农经济观念的影响和束缚，城建的步伐迈不大、迈不快。当时来太仓的人一般都认为，不管太仓经济如何发达，但太仓城还是一个"小县城"的格局，没有更多现代化的气息和感觉。这种状况进入21世纪后发生了很大的变化，特别是在2006年以后，太仓的城市建设现代化非常鲜明地被提到了重要的议事日程，现代化建设的步伐大大加快。经过五六年时间的精心打造，目前，该市的城市建设水平已经提升到一个全新的水平，来太仓的外地人和长期居住在市内的本地人，无不对这些年的成效感到惊叹，现在不少人反映，太仓这个市已是一个"令人难以忘怀的城市"。

太仓城市建设的大力推进是全方位、多层次、立体化的，其指导思想、开发布局和运作要求主要表现在以下六个"力求"上。

一是规划力求最优。一座城市的规划是这座城市领导和民众发展眼光的体现、科学决策的见证。城市规划是城市建设的龙头和依据。太仓市认为，打造城市现代化的新格局首先要从城市规划的最优化入手，而城市规划的最优化先要从城市性质的科学确定做起。为此，近年来该市一直把确定城市的性质作为头等大事，反复地进行调查、研究、认证、咨询。根据太仓对接上海的地域优势、经济发达的实力优势、江南水乡的风貌优势、港口发展的开放优势、文化底蕴的资源优势以及人口规模的生态优势，他们对太仓城市做出了明确的目标定位，即：中等城市的规模、现代化的水平、田园山水城的格局。前不久，省政府已正式批准了太仓这个城市的总体规划（2010～2030），这个总规划把太仓城市定位为：经济发达的港口城市、生态优良的宜居城市、协调发展的现代化城市。这个总体定位充分反映了这座城市目前产业发展、资源配置、基础设施和公共服务体系的实际现状，也明确地提出了这座城市的发展方向和风貌特色。这个总规划和总定位具有科学化、现代化、特色化的特征，为太仓市向后的发展提供了战略性的设计。这就是，（1）对接上海的战略。依托上海国际航运中心建设、依托上海产业转移的承接、依托上海人文资源的辐射，可以充分接受上海产业、交通、环境、文化等方面的辐射。（2）港口带动的战略。可以通过码头建设，航线结构优化、实施区港联动，增强港口对苏南区域经济的服务能力，从而带动整体经济实力的提升。（3）交通引导的战略。可以通过构建区域性轨道、快速公交、常规公交为主体的现代化综合交通体系，以形成合理的市域空间结构、高效的产业空间体系。（4）保护生态的战略。通过保护市域内水体、湿地、基本农田等具有重要生态功能和价值的空间，为构建人文宜居城市提供条件。（5）特色取胜的战略。可以通过本地文化资源的基础和载体，将文化特色融入城市产业发展，造就江南水乡风情的现代化城市。

二是布局力求最精。太仓市遵循保护生态空间、保证基本农田、保障城乡发展的原则，引导经济、人口、资源在空间上优化配置，为实现总体规划设计的城市定位，构建了一座"一市、双城、三片"的空间结构。一市，即太仓市；双城，即主城、港城；三片即沙溪、浏河、璜泾。主城，正在成为生态优良的宜居城市；港城，正在成为产业发达的港口城市，双城的优势互补，使太仓真正成为协调发展的现代化城市。三片的布局也很精当，沙溪镇，定位为历史文化名镇、集文化旅游与工业发展于一体的综合型城镇；浏河镇，定位为对接上海、服务港口的滨江生活服务、生态休闲城镇；璜泾镇，定位为港口发展的重要组成部分，临港工业及生活配套完善的综合城镇。

这"双城"加上"三片"，再加上全市160个村庄，通过便捷的交通的相连、生态农业的相嵌，一个城在园中、田在城中的江南水乡现代化城市的框架也就得到了整体的完善。太仓整个城市的市域面积不大，才823平方公里，相当于新加坡一个国家的大小，这样的城市布局有别于其他城市，和美国的洛杉矶的城市布局有些类似，也是属于"同核城镇群"的形态。这样的布局不失为繁华与安静的结合、现代和传统的结合、富庶和多姿的结合，在国内独树一帜，在国际也个性独具。

三是设施力求最好。长期以来，太仓的城市基础设施主要考虑"有没有""建不建"的问题，而如今，该市的城市建筑设施更多的是考虑"建得好""建得优"的问题。太仓从地域面积和人口数量而言虽然属于小市的规模，但它已拉开了中等城市的格局，如今中等城市该有的设施在这里都有了，甚至一些属于大城市所特有的、在国外先进城市才拥有的设施，这里也有不少。人们很难想象，一个47万人口的小城市却有了和大城市媲美的大剧院、博物馆、传媒中心、数字文化影城、创意产业园、广电网络公司、数字城管、全市城乡公交化等。还有一大批旅游休闲设施，还建了金仓湖郊野公园、海运堤风情水街、现代农业园。全市拥有四星级宾馆三家，五星级宾馆两家。市内主要街道和小街巷都进行了提档和改建，实施了居民老小区的整治、美化和改造，市内启动了慢行系统的建设，构筑了遍布全市的风景风光带和小游园，形成了一条条市民低碳出行的绿色长廊。在市内大街上安装了电脑控制信号灯，车辆经过主干道各交叉口时，一个个绿灯就像波浪一样滚滚而来，被人们形象地称为"绿波带"，车辆通行效率大大提高。对农村，投入大量资金进行环境综合整治，促进了农村的净化、绿化、美化和道路硬化。对农村的集中居住点抓好生活污染源处置体系的完善、乱搭乱建整治体系的完善、乱堆乱放整治体系的完善、工业污染源治理体系的完善、农业废弃物整治体系的完善和河道沟塘疏浚整治体系的完善。努力做到：提升农村规划建设水平，提升公建设施配套水平，提升农民集中居住水平，提升交通设施网络水平，提升绿化美化和风貌特色水平，提升环境管理水平。太仓市对城乡基础设施建设"力求更好"的指导思想很明确：要"做"就要做适应现代化需求最好的，要"有"就要有国内乃至国际一流水平的，要"建"就要建三十年、五十年不落后的，要"干"就要干出和上海能接轨、配套、向世界水平学习和接近世界水平的，坚决不搞那种"建了就搞改、改了又想拆、拆了只能再建、三五年旧貌换新颜"粗制滥造的东西。该市认为，建高标准的基础设施，不仅可以避免浪费人力财力，而且也可以使市民们享受到高质量的生活环境，从而对建设现代化城市更加充满自信和决心。

四是功能力求最全。城市功能是城市存在的本质特征，也是城市发展的动力因素。在大力推进城市建设中，太仓市的指导思想是：建设服从功能、功能主导建设。为此，他们遵循城市建设的整体性、结构性、层次性和开放性，着重突出以下五个功能。（1）突出产业转型升级的功能。他们布局和设置了三个产业集聚的"新城"，以便与港口开发深度对接，更好地具备与港口配套、为产业配套、为生活配套、为城乡一体化配套的功能。（2）突出大开放大发展的战略功能。太仓的城市建设为发展战略服务的功能主要反映在跟上海接轨、和上海融合、为上海服务、与上海共赢的设计上。如今，这座城市的建设处处跟着上海的发展理念、运作思路、政策举措跑，不仅在形态上努力建成"小上海""后花园"，更在功能发挥上努力和上海同步构建、配套推进。（3）突出塑造江海时代新格局的功能。太仓地处江海交界的风口浪尖，这座城市的建设最终要和江海时代的到来接轨，与实现国际性开放的前景相吻合。为此，他们不仅把做强做大港口经济作为发展的重中之重，而且为城市建设最终和长三角接轨、接受国际辐射、适应海外环境、迎纳更大开放态势作准备。（4）突出城乡一体化发展的功能。他们的城市建设正在努力搭建城乡经济、社会环境一体化的载体，促进产业空间的集聚，改变发展粗放、布局分散的现状。（5）突出交通发展大动脉的功能。作为规模较小的县级市，太仓正在努力把全市区域的广大乡村和中心城市连接起来，把城市建设的落脚点放在"全市一盘棋、全市一整块"的基点上来打造，像新加坡那样，最终要把城市和乡村融为一体，让农村户籍的人事实上成为城市人、城市的一员。从目前来讲，最为重要的是塑造交通这个大格局，通过高速公路、轨道交通、城乡公交化等方法，把太仓打造成花半个多小时时间就可以把中心城市的人送往该市最边缘角落的便捷城市（见表4－5、图4－1）。

表4－5 太仓市城市交通情况

年份	公路总里程	建成区面积	城镇人均拥有道路面积	年末汽车拥有量	年末私家车
	公里	平方公里	平方米	辆	辆
2005	706	—	25	30420	21920
2006	857	—	41	37872	27844
2007	865	22.64	45	46500	34644
2008	1153	23.24	47	52864	40531
2009	1167	32.00	34.6	64056	49688
2010	1229	41.75	—	81200	64116
年增长率(%)					
2010	5.3	30.5	—	26.8	29.0
2006~2010	11.7	—	—	21.7	23.9

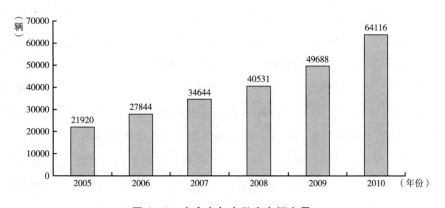

图4－1 太仓市年末私家车拥有量

五是品位力求最高。太仓的城市建设始终在激情地坚持高品位的要求，这个高品位从建设的角度来说是"高起点""大手笔""高标准"，而从品位和品相来说，主要是两点，一是文化，二是生态。一个城市有了这两个特质，该城市的魅力也就容易让人触摸到、体味到。城市的文化实力大小是决定城市有没有品位的关键。该市近年来，在城市建设上始终把保存和发扬传统文化，提升和优化现代文化作为重要的抓手。他们在城市建设的形象设计和内涵挖掘上融入了大量的娄东文化的元素，引进了大量现代文化的成分，还举办了一系列具有全国影响、世界瞩目的文化活动。如郑和下西洋系列活动，各项国际、全国性的体育赛事，大量提高文化知名度的会议、论坛，扶持了有巨大影响力的文化作品等，一张张具有文化品位的"新名片"，让该市的城市建设不断地登上新的台阶。城市建设品位的另一个"品相"是生态建设，该市始终紧抓不放，他们的建设重点放在"水""绿""气"上。如今，该市正在大力打造以节水为重点的节约型城市、以构建江南水乡为特色的滨水景观型城市、以大搞绿化为抓手的绿色生态宜居城市，凡是到太仓去的人都会有一种"天蓝、地绿、水清、气净"的感觉。

六是风情力求最特。城市风情是城市现代化的灵魂，城市的特色风情，更是城市现代化的极品。太仓市在城市建设中的主旨是：不求最大，但求最特；不求最全，但求最精。风情独特的城市是最让人流连忘返的城市，也是最有人文厚度的城市。太仓市的城市建设和建筑风情是什么呢？虽然这里也是高楼林立，也有宽阔马路、繁华商市，但这里却有经济发达城市所没有的特殊风情建筑。主要是，（1）各种建筑有很好的"尺度"，不管是房屋也好、马路也好、绿地也好，其量体都不太大，让人很有温情的感觉。（2）各条巷子都有很传统的特色，也极为干净整洁，让人很有"风情"的感觉。（3）各个现代化建设设施都和"水乡"相吻合。例如，滨江的风景长廊，把江南水乡的生态和欧洲古典风采融合在一起；沙溪镇的老街风情，成了中式古代市井的旅游胜地；散落城市四处的角落里大小几十座街边公园成了"城在林中、路在绿中、房在园中、人在景中"的休闲之地，让人很有"闲情"的感觉。当然，这里更让人留在记忆中的特色是，温馨惬意的江南水乡和欧式风情交相辉映的浓郁氛围，这和高耸入云的高楼林立相比，显得格外楚楚动人。一位省级单位的负责人来太仓后曾说过这样的话：太仓城市环境的优美程度与欧洲相比有过之而无不及。目前，由德国知名建筑事务所精心设计的"德国风情小镇"正在建造中，该小镇占地70公顷，它把中德两国传统文化、诸多元素有机融入到一起。一条条动态的道路、流淌的小河，分隔出居住、办公、商业、购物、旅游、餐饮、娱乐、休闲、学校、教堂等独立小块，其建筑形态风格又各不相同，把该小镇打造得风情独特、风韵别致。

4. 打造文化文明现代化新格局

一座城市的人的文化修养和这座城市的人的文明素质是决定这座城市现代化程度的重要标志。城市是由人集中居住的地方，人是城市的主体，城市人作为一种城市的活化资源，具有建设城市、改造城市、提升城市的重要作用，也是构建和谐城市的根本保证。因此，人的现代化是社会现代化的基石，也是城市现代化的核心。在太仓，推进社会现代化似乎缺的并不是资金，而是生活在这座城市里的人的品德、精神、气魄和责任。这种人的现代化从本质说是人的思维方式、价值观念、生活方式和行为方式从"传统人"向"现代人"的转变，是需要培养、引导、示范和创建的。在人的现代化中，太仓市全力打造文化文明的现代化新格局，主要抓了以下几条。

一是努力构建学习型城市。该市认为，学习型城市建设不仅是领导干部领导水平的提高问题，也是全市市民提高自身综合素质、增强城市核心力的重要支撑。在太仓，领导干部、公务员进党校定期参加培训已成为常规性的制度，从 2007 年至 2010 年，该市党校共举办全市领导干部理论知识讲座 42 期、主体班培训 37 期，培训各级各类各层次人员 24 万人次。在企事业单位，对管理人才的专业培训，包括生产方面、营销方面、财务方面、战略方面、企划方面的内容，该市进行了大量的培训工作，专门成立了"复旦—太仓高级管理人员发展中心"，而对企业员工则不断开展加大上岗培训、专业技术操作培训的活动。在广大民众的层面上，该市把普及科普、法律、健康等知识放在重要的位置上，还组织了专业宣讲队伍深入农村、社区进行各种知识的宣讲，在全民中还大力倡导读好书活动、知识竞赛活动等。对全市广大党员干部，该市采取了分层分类推进学习型党组织建设，采取集中学习、网上自学、菜单式选学等形式，提升全市党员干部的理论素养与学习能力。在广大农村，该市从 2005 年开始就开展了以送戏、送书、送电影、送展览为主要内容的"文化百村行"活动。为了积极推进学习型城市建设，该市加大了全市信息化建设，加快推进数字化、网络化、智能化为主要内容的信息现代化。

二是构建文明型城市。太仓是全国文明城市，为提高社会文明程度、提升市民文明素质，该市持之以恒地组织实施"推进文明素质教育、文明风尚弘扬、城乡一体文明建设、文明环境优化、文明创建示范、未成年人思想道德建设提升"等六大行动。在组织实施中，他们通过搭建市民学习、交流平台，开展各项主题教育活动。发挥先进典型示范引领作用，组织各种志愿者服务队伍、倡导文明行动、文明单位活动等途径，在全市造就了人人讲文明、处处有礼貌的良好社会风尚和优质的人文环境。在太仓，人与人之间很少有争吵、骂街、打架的现象发生，而帮助人、关爱人的好风气正在不断发扬光大。2012年春节期间，该市涌现了像"早餐哥"这样的好人好事，一位点心店业主连续二十多天冒着严寒为春节返家排队买票的农民工送上2000多份热气腾腾的免费早餐，用他的一片感恩之心反哺社会。还有一位荣获国家无偿献血最高荣誉金奖的优秀共产党员闵知行，数十年如一日坚持不懈参与无偿献血，他从1998年开始，已成功献血68次，献血总量达到5.68万cc，他还从2005年开始，每月献一次血小板，献全血10次，达2600cc。在太仓，市民们都懂文明城市是由一个个文明人组成的，个人的文明行为对内关系到整个太仓的凝聚力、向心力；对外关系到城市的综合竞争力和城市形象的魅力。

三是构建健康型城市。太仓市的广大干部群众深刻认识到，健康城市不仅仅是人的生理追求，更是人对社会的文明追求。倡导科学文明的生活方式是打造人的现代化、社会现代化的重要支撑。健康型城市不仅是指人的身体健康、心理健康，还是指社会良好的生态环境和较高的精神素质。在太仓，"黄、赌、毒、黑"等社会的腐败风气是遭人唾骂的，而健康的体育锻炼、文娱活动、卫生习惯、知识更新、礼仪风尚等都是人们热衷和向往的。该市目前建成了国家生态市，整治了河道、美化了市容景观，提升了市民的保健自觉性，形成了大批健康人群，推行了科学、文明、健康的生活观念，培育了大量健康先进单位和欢乐的和谐家庭。总之，构建健康型城市已经成了太仓市民的自觉行动，正在大步迈向社会现代化的太仓市民正在追求"我健康、我富裕"的更高目标。

5. 打造平安建设现代化新格局

在率先构建社会现代化的实践中，太仓市把塑造一个更和谐、更稳定的社会环境放到了重要的议事日程，他们坚持发展与稳定并重、富民与安民共进，努力构筑平安太仓的现代化新格局，取得了显著的成绩，平安太仓已成为一个响亮的品牌。他们的这个新格局主要体现在这样几个方面，一是深化平安建设理念。各镇（区）、各部门普遍树立"发展是第一要务、稳定是第一责任"的理念，自觉地把平安建设纳入经济社会发展规划和科学发展考评体系，做到同规划、同部署、同推进、同落实。二是完善齐创共建的机制。全市上下高度重视平安建设，党委领导、部门负责、社会协同、群众参与的机制已经形成，条块结合、整体联动、纵横交织、全面覆盖的格局已经完成。三是提升化解矛盾和防控犯罪能力。市镇村三级调解组织和劳动争议、医患纠纷等专业调解组织比较健全，人民调解、刑侦调解、司法调解相互得到衔接配合，社会稳定风险评估、"三项排查"等源头防范机制正常运作，矛盾纠纷化解率保持在95%以上。集打防控于一体的社会治安大防控体系逐步健全，"一分钟关门、五分钟处警、十五分钟完成全市布控"的城乡一体治安防控网基本建成。四是夯实基层基础工作。镇（区）综合工作中心规范化建设水平明显提高，村（社区）"五位一体"综治办建设纳入政府实事工程，流动人口和特殊人群服务管理、治安突出问题整治、重点地区安保等基层基础工作不断加强，平安家庭、平安校园等17个系列平安创建活动不断拓展。该市已被省综治委确定为综合和平安基层基础工作示范市。平安建设现代化的新格局使该市人民群众的安全感和满意度不断得到提高，群众安全感达到92%，全市连续八年荣获省"社会治安安全县（市）"称号，连续两届被中央授予综合和平安建设先进集体。太仓的平安与稳定为该市推进社会现代化提供了有力的保障。

（二）打造比较公平、最具活力、规范有序的社会环境，使太仓人更和谐

太仓市在推进社会建设和创新社会管理的实践中，始终把营造一个规范有序的社会环境作为重要的内容加以组织实施。营造规范有序的社会环境最主要的是调解好人与人之间、人与社会之间的行为标准、道德准则和制度规则。而要营造好这样的社会环境除了要强化社会管理职能外，更为重要的是要让各级领导真正做到依法执政、民主执政、科学执政，用法治的意识和法治的能力去构筑一个比较有公平正义的社会秩序和造就一个最具发展活力的社会生态。使太仓在率先基本实现现代化的进程中彰显社会公平正义、实现

公权归位、民权到位，基本实现以"社会秩序良好、社会运转有序、社会活力大增、社会心态健康、社会生活幸福"为宗旨的社会现代化。

1. 大力实施依法治市，提升民主法治建设水平

近年来，太仓市按照法治政府建设工作的要求，围绕发展抓法治、抓好法治促发展，民主法治建设与经济社会发展呈现互为保障、相得益彰的生动局面，该市荣获省级依法行政示范点、省法制系统规范化建设示范单位。他们的主要做法有以下一些。

（1）狠抓决策环节，着力发挥政策保障作用。在项目引进、审批等过程中，坚持依法决策，严格按照相关法律法规办事，把合法性讨论作为项目审查的必经程序。对专业性、技术性较强的重大事项组织专家论证，进行技术咨询和决策评估，他们整合法律专家和法官、检察官及知名律师等法律人才资源，组建了市政府法律事务专家咨询委员会，发挥其在政府重大决策中的作用。凡是涉及民生的市政府实事工程，按照《太仓市政府重大行政决策规则》严格落实，使事关民生的大事进入民主决策运行轨道，实现其决策的价值取向由"合不合算"到"合不合法"的转变，由"领导点不点头"到"群众答不答应"的转变。对加强社会建设、促进基层民主建设，做到"系统性考虑、制度性设计和整体性把握"，出台了有关被征地农民参加住院医疗保险、城镇最低收入家庭廉租房管理、社会医疗救助和重点优抚对象医疗救助、农村生活污水治理设施建设、加快老龄事业发展、发展和规范社会组织、推进殡葬改革、加强农村新型社区建设、加强对村（居）民小组长队伍建设等一系列文件，真正把民主法治建设落到实处。

（2）突出服务发展，营造良好政务环境。全面开展审批提速工程，推动机关效能建设，拓展服务功能，集中受理行政审批服务事项，并积极落实首问负责制、限时办结制、联合审批制、绿色通道办理制、周六现场办理制、预约服务制等多项服务机制，社会服务满意度始终保持在99%以上。该市还率先开展了行政指导工作，将各镇区、部门制定的行政指导政策意见汇编成册，探索并建立了重大指导项目审议制度、行政指导评估制度和行政指导监督制度。他们还借助现代网络技术手段，强化对权力运行的有效监督，做到社保基金网上审计、工程建设网上评标、城市管理网上运作，从而较好地管住了公权力。

（3）做实法治实事，全面推进民生建设。该市从 2007 年开始，在全市所有行政执法部门及乡镇开展"做法治实事、让群众满意"活动，办实事、求实效。全市共列出法治实事项目 104 项，包括将群众普遍关心的食品安全卫生问题作为依法整治的重点，组织卫生、农委、工商等六个行政执法部门开展集中整治，确保食品质量安全；在全省率先出台被征地农民进医保和高危行业工伤保险政策，全市城乡低保实现"应保尽保"，农村医保实现全覆盖；强化和完善社会事业基础性工作，市政府投资 2 亿元，启动农村学校十大重点工程建设，合理配置教育资源，并着力推进城乡公共服务均等化建设等。

（4）强化权力监督，促进民主法治建设。太仓市政府把法治政府建设作为深入推进法治太仓建设的重中之重。做到依法行政与服务发展相结合，被江苏省政府确认为省级依法行政示范点。具体做法是：让领导干部学法用法成为常态，各镇（区）、部门均建立相关法律制度，市委书记、市长亲自对镇区、部门领导干部的学法用法情况进行抽查考核；全市各镇（区）及行政机关与市政府签订为期五年的《依法行政责任书》，各镇（区）政府和各行政机关也与所属机构（部门）层层签订责任制，使依法行政责任落实到每一个单位、每一个科室、每一个岗位；该市还常年围绕社会关注、群众反映的热点难点问题，组织开展行政执法专项监督和群众执法评议活动，在全市开展"真情服务树形象，规范执法促和谐"执法质量提升活动，评选出"行政执法楷模"，树立行政执法人员风清气正的良好形象。与此同时，该市还大力开展"民主法治村（社区）"创建活动，达标率为 98.02%，做到了每年两次镇级政务公开发布会制度、村民主决策日制度、村务公开"三日制度"、村（社区）两委主要干部双月学法日制度等，该市被授予"全国村务公开民主管理示范市""全国和谐社区建设示范（区）市"等称号。

2. 坚持"维护民权、保障民生"，完善和发展企业民主管理机制

太仓市在加强和创新社会管理活动中，充分发挥全市各企业工会组织的作用，促进工会组织在加强民主管理、维护职工权益方面发挥积极的作用。该市按照全国总工会"两个普遍"（普遍建会、普遍协商）的要求，大力加强基层工会组织建设，全市累计工会组建率、职工入会率均超 95%。基层工会在维护民权、保障民生方面取得了明显的成效。

（1）开辟了"三位一体"（职代会、厂务公开、工资平均协商）为主要内容的企业民主管理新路径。首先，他们坚持将推进非公企业建立职代会制度作为职工行使民主权利实现企业和职工"双赢"的核心内容，全市建制率达96%。在企业职代会制度中实行分类推进，对股份制企业主要抓好职工民主管理的继承和进一步创新，对私企普遍建立民主管理小组，实行厂务公开、民主评议企业等，各级工会建立职工代表与经营者定期对话、工会主席与业主对话制度。其次，太仓市对厂务公开制度实施"2＋X"模式，即在坚持建立职代会和集体合同"2"项必备制度的基础上，自行选择"X"种公开形式实施厂务公开。全市50人以上的非公企业建制率93.8%，百人以上企业建制率达100%。通过这样的模式，该市建立"五项制度"，即：领导小组制度、监督小组制度、职代会制度、每年1~2次会议制度、设立公开栏制度。最后，做到集体合同制度以"要约行动"为抓手。近年来，该市各镇、区工会通过各劳动保障所向未建制企业发出要约通知200份，及时督促建立民主管理制度和工资集体协商制度。工会借助劳动部门优势，促进了企业民主管理的制度建设，没有达到要求的企业，每年年审不予通过。建立和健全全市工资协商指导员队伍，不断规范集体合同签订程序，全市签订工资集体协议的企业达96.35%。

（2）创新了"三项联动"的企业民主管理新机制。太仓市将企业民主管理作为创建"劳动关系和谐企业（园区）"活动的内容，大力推进创建活动。全市已有国家级"劳动关系和谐企业"一家，省级两家，苏州市级86家，太仓市级304家，港区已被评为"全国和谐劳动关系工业园区"，全市企业创建活动面达98%以上。该市还组成了由市劳动部门、经贸委、市总工会及市工商联等成员单位组成的三方协商机制领导小组，就企业与职工普遍关心的劳动关系中较突出的重大问题深入研究，开展协商工作。先后就企业改制、劳动合同和集体合同签订、职工养老保险、清理拖欠职工工资和医药费、规范企业劳动用工行为、促进就业和再就业、开展工资集体协商等关系到职工切身利益的问题进行了研究和统一布置，切实帮助解决了实际问题，稳定了行业职工队伍。该市还建立了劳动争议调解预警网络，在市、镇（区）和企业公会中间构建了A、B、C三级预警反应责任机制。全市建立了苏州市级的"劳动关系分类分级预警机制"联系点20家，建立了856个劳动争议调解委员会，占建会企业建制率的 88.3%，全市村级区域性"劳调"组织全部建立，全市职工上访、集访量大量减少。

（3）产生了企业民主管理互利共赢的"三个效应"。该市在探索和创新社会管理、开展企业民主管理上的举措不仅使基层社会管理和服务体系重心下移，使基层的各项服务工作得到了落实，而且也保障了职工群众的各项权益，促进了社会公平正义。具体产生了"三个效应"：一是企业民主管理为企业竞争带来了示范效应，获得"劳动关系和谐企业"的单位在同行业产品销售和服务信誉中都处于优势地位；二是企业民主管理为职工劳动带来了安全效应，职工选择这样的企业多了一份"安全感"和"归属感"；三是企业民主管理为工会干部带来了能力提升效应，工会组织的地位和作用在创建进程中不断显现。

3. 统筹兼顾"四组人群"的利益和权益，建立起社会和谐稳定的良性互动机制

一个地区的社会和谐稳定最重要的是处理好社会不同阶层和不同群体之间的利益和权益上的重大关系问题。国内外的经验教训都表明，社会不同利益主体之间的利益和权益关系处理得好，社会就安定、和谐；反之，就会人心混乱，社会动荡，矛盾丛生。太仓市领导认为，在当前新形势下，有"四组人群"（即：干部和群众、农民和市民、本地人和外地人、普通人群和特殊人群）的关系一定要处理好，而处理好关系的根本焦点在于如何把社会的公共资源分配好，如何在社会成员之间"正义、公平"地统筹兼顾好他们的利益和权益，如何在"核心价值观念"的主导下，使社会成员之间的包容性更强。为此，该市在统筹兼顾"四组人群"的利益和权益的关系中，努力健全和创新每项工作的管理机制，探索和建立不同人群之间的利益协调机制，从而支撑起全市的和谐稳定格局，创造出有利于加快基本实现现代化进程的良好环境。

（1）通过大力建设服务型政府，促进干部和群众关系的和谐融合

干部和群众这一组关系中的主要矛盾在干部，在于干部以什么样的观念去对待群众，以什么样的感情去服务群众，以什么样的姿态去尊重群众。近年来，该市主要采取这样一些事关干部、群众之间融合的关键措施。

一是全面推进依法行政工作，做到既不失职、又不越权，最大限度地保

护公民的合法权益。该市的各级领导近年来对依法行政高度重视，改变了过去"公民义务本位、政府权力本位"的观念，树立了"公民权利本位、政府责任本位"的认识，努力做到制度建设坚持"公平"，权利与责任坚持"一致"和改革创新坚持"规范"。他们的具体做法是：行政决策体现民意，对涉及重大公共利益和群众切身利益的重大行政决策出台均举行论证和听证，并向社会和媒体公示；执法监督顺应民心，开通了政府法制网上监督平台，对全市所有行政执法部门的执法活动进行网上实时、动态检查，在全市开展了"真情服务树形象，规范执法促和谐"执法质量提升活动；行政调解消融民怨，本着"以人为本、着眼预防"的原则，畅通行政复议渠道，注重调解和解，有效化解"官民矛盾"；行政指导化解民困，主动服务基层、服务企业、服务群众，倡导运用柔性管理方式解决轻微违法及违规行为，实现从被动服务向主动服务、刚性管理向刚柔相济、传统管理向服务型管理转变。

二是推进作风效能建设，营造更优发展环境，提升全市综合竞争"软实力"。2006年以来，该市不断深化"高扬主旋律，争创新辉煌"主题教育和"为繁荣太仓港建功立业"的竞赛活动，在领导干部中大兴求真务实、开拓创新、勤政廉政和艰苦奋斗之风，营造作风效能建设的良好氛围。实施行政审批提速、收费处罚规范、重点项目推进、便民服务民心、能力素质提升"五大工程"，健全效能制度、工作创新、效能督察、绩效考评、责任追究"五大体系"，系统化地推进作风效能建设。2010年该市将行政许可项目精简到233项，实行审批提速，309个项目的审批效率提高了28.3%，行政服务实现了应进驻部门进驻率、职能归并率、人员到位率、即办件审批授权率四个100%。该市还将"服务企业、服务基层、服务发展有更大作为"定位为机关效能建设的主要标准，深入开展"千名机关干部下企业"和"百名农技人员进百村"活动。在全市推行"四诊式"（日常受理看"门诊"、重特企业走"急诊"、企业需求去"出诊"、疑难杂症搞"会诊"）服务工作机制，为企业发展提供"零距离"服务。他们还努力加强市便民服务中心建设，打造现场服务、网络服务和电话服务"三位一体"的服务网络，提供便捷高效的服务。他们组织与民生关系密切的职能部门通过电台《政务直通车》栏目与群众直接交流。开展了机关科室（窗口）"作风效能建设示范点"和"机关优质服务品牌"创建活动，举办优化发展"创新奖"评选，进一步提升服务发展的水平。加强作风效能建设明察暗访，对违规行为公开曝光通报。加强对16个扩大内需投资项目、14个对口援建项目以及政府实事工程、重点项目的监督检查，2006年以来共督察政府实事工程和重点项目172个，开展工程建设排查项目473个，发现问题438个，已全部整改到位。

三是探索并建立"政社互动"机制，倒逼政府职能转变。"政社互动"改变了政府对自治组织可以发号施令的传统做法，促进了政府自律、权力"瘦身"、基层减负。该市的"政社互动"推动了政府行政观念的重铸和群众自治理念的再造，明晰了政府和自治组织责权边界，从根本上推动了政府机构改革和加快转变政府职能的步伐。几年来，该市通过"政社互动"收到了明显的成效。首先，政府对自治组织从原来的"领导"变为指导，基层群众自治功能得到了回归，政府不再把村（居）委会作为行政附属发号施令，村（居）委会不再习惯"行政依赖"，切实承担起了自我管理、自我服务、自我教育、自我监督职责。其次，政府和自治组织从原来的"单向"负责变为"互动"协商，自治组织的话语权、监督权得到了保障。再次，政府对自治组织的管理从原来的"无偿"变为"有偿"，政府出钱购买委托服务，自治组织也解决了"有钱办事"的问题。最后，政府对自治组织从原有的"管理"职能变为"服务"职能，"政社互动"斩断了"公权长臂"，政府服务理念得到了强化，村（居）委会干部不再"眼睛向上"，而是"眼睛向下"，基层社会管理水平得到了提升。

四是推进反腐倡廉，坚持从严治政。太仓市在推进政府服务职能转变的同时，把建设一个敬畏法律、敬畏人民的风清气正、勤勉创新的责任政府提到重要议事日程；在不断提高政府成员正确价值观、权力观、事业观、思想道德和职业道德水平的同时，加强监察督察力度、严格考核、严肃问责，促进公务员勤政廉政，全力打造更廉洁的干部队伍。他们的主要做法是，以教育筑牢拒腐防线。通过《领导干部勤廉教育专刊》《勤廉诫勉书》、新任领导干部集体廉政谈话会、勤廉岗位预警座谈会和"勤廉网"、市报"勤廉专版"、电视栏目《勤廉太仓》等载体，对领导干部实施"勤廉"教育活动。以制度防范廉政风险。坚持用制度管权、管事、管人，开展廉政风险排查防控，排出风险点 3715 个，建立控制措施 4326 条，制定工作规程 580 项、规章制度 1009 项。以监督制约权力运行。对轻微的问题，通过提醒诫勉、打招呼教育、发送信访通知书等形式早提醒。在工程建设领域开发远程评标系统，建立社保基金联网审计系统，在医疗机构网上建立集中采购和药品使用监督平台，以惩戒、威慑、警示干部。坚决惩处违纪违法党员干部。以评估促进干部改进工作。开展村级"勤廉指数"测评，测评结果作为干部年度考核、组织监督和改进工作的重要依据。

（2）通过城乡一体化发展，提升农民生活水平和质量，使居民和农民的差别越来越小

如今，在太仓，城镇居民和农村居民的各种待遇和受惠改革发展的程度差异越来越小，除了"户籍制度"以外，市民和农民几乎已达到了不分彼此、没有区别的程度。原来强势和弱势的格局已经被彻底打破，农民和市民享受一样的待遇，过一样的日子，市民和农民"无界限""零差距"的现状，已成为太仓 47 万市民的一个"品牌"特征。这种现状的产生主要得力于该市大力实施的城乡一体化战略方针。近年来，该市加快新型城市化、推进城乡一体化发展步伐，全力打造城乡融合、功能完善的社会现代化，取得了明显的成效。

A. 城乡一体化先从突破"城乡二元结构"、推动城乡制度并轨开始。从 21 世纪开始，该市不断探索消除城乡差别的新路，深深感到城乡差别主要是体制和政策上的差别。为此，该市逐步进入到了谋求"城乡一体化发展"的新阶段，在加强体制创新、推动政策转型上狠下工夫。市委、市政府出台了大量有关缩小城乡差别的政策意见和配套文件，涉及农民增收、农村金融、农业保险、就业、社保、生态、社会管理、现代农业、合作经济等方面的内容，强势推进城乡一体化改革发展。农村集体经济势力越来越强，城乡居民收入差距越来越小，农村社会保障体系越来越全，基本养老、医疗、低保覆盖面越来越大，农村基础设施与公共服务水准越来越高，农村环境整治、基础设施建设的面貌越来越新。总之，新农村建设已逐步成为该市推进社会现代化的一个亮点，已成为最终消除城乡二元结构的一种突破。

B. 加快构建城乡"七个一体化"新格局，把改善农村生态、加快农业发展、提升农民生活质量放在重要位置上。这"七个一体化"是，发展规

划一体化。构建科学合理的城乡空间布局，制定包括"一市双城三片区"大格局的市区和乡村在内的长远总体规划，统筹土地利用和城乡发展，进行科学的区域功能定位，合理安排空间布局，做到城市、乡村发展的相互衔接和相互促进。产业布局一体化。过去，城镇和农村的产业发展同构现象突出，低水平重复建设严重，生产要素得不到合理配置，如今该市已逐步形成了一体化的城乡产业体系，在农村重点发展加工装配、物流配送、仓储运输、农副产品加工等加工服务业，走与城市产业对接发展之路。资源配置一体化。特别是在促进劳动力资源在城乡间自由流动和优化配置上，使该市的城乡劳动者处于比较平等的地位，就业、创业也得到各自的机会和选择。基础设施一体化。城乡基础设施建设和社会事业发展已形成了共建共享公用的格局，市加大了财政支农力度，落实强农惠农政策，进一步推动了"三集中"体制，工业企业向园区集中、农业用地向规模经营集中、农民居住向新型社区集中。推动了镇区和村庄的各项建设，包括农业发展、乡村旅游、水系改善等方面的建设有了较快的进展。公共服务一体化。该市大力实施"五大工程"：安居工程、捷达工程、甘泉工程、美家工程和无忧工程，实现了公共服务的均等化，提升了城乡居民的生活质量。就业社保一体化。做到就业有扶持政策，社保达到广覆盖、高标准水平。社会管理一体化。该市坚持"一村一中心一居一站"的管理模式，以"精致社区、细致服务"为重点，拓展和完善服务功能，并向农村延伸。

　　C. 以富民惠民利民为宗旨，努力做到发展人人共创、成果人人共享、和谐人人共建。该市在富民惠民利民的工作实践中，着重抓好六大举措。①明确一个方向，促进城乡经济社会协调发展。努力把太仓农村建设成基础设施配套、功能区域分明、产业特色鲜明、生态环境优美、经济持续发展、农民生活富裕、农村社会文明、组织坚强有力、镇村管理民主的社会主义新农村。②抓好"二轮"驱动，协调推动城镇化、新农村建设。一"轮"是积极推进城镇化，以产业集中带动人口集聚，探索农民向城镇转移的办法和途径，推进居民进城（镇、区）集中居住，引导农民向非农产业转移，促进农村居民变为城镇居民。另一"轮"是扎实推进新农村建设，按照城乡一体化的发展要求，着力抓好65个示范村新农村建设，给每村下拨"以奖代补"资金200万元，实施以"实事工程"为抓手、以项目建设为重点，在发展村级集体经济、推进农民向新型社区集中、加快农村社区服务中心建设、加强农村基础设施和生态环境建设等方面发挥典型示范效应。③推进"三个集中"，优化城乡公共资源配置。一是农民居住向新型社区集中，2011年全市农民集中居住率达49.8%，全市规划农民公寓房安置点42个。农民集中居住主要通过"三置换"政策，即农民将农村集体土地承包经营权置换社会保障，将农村宅基地使用权和住房及附属物所有权置换城镇住房，将农村集体资产所有权置换社区股份合作社股权，按合作社章程享有股份和收益分配的权利。二是农村土地向适度规模经营集中，促进农村土地承包经营权向种养能手、各类生产基地、农业园区、农业龙头企业、合作经济组织有序流转，全市流转面积占比达80%，农业规模比重达79%。三是引导工业企业向规划区集中，优化城乡资源配置，拓展城乡发展空间。④创新思想举措，实施富民强村。一是通过八条路径促进农民增收。即：发展农村新型合作经济、促进农村劳动力充分就业、鼓励农民自主创业、挖掘农业内部潜力、完善农村社保体系、落实支农惠农各项政策、加强农民技能培训、培育新兴职业农民。二是发展壮大集体经济。实施"六条措施、七条政策"，即联合发展集体物业经济、努力盘活存量资产、积极发展现代高效农业、做大做强劳务合作社、搞好服务型经济、提升集体资产经营管理水平和加大土地政策支持力度、加大资金扶持力度、加大村级物业经济支持力度、实行税收返还政策、加大金融支持力度、增强村级发展的主体活力、进一步减轻村级负担等。全市104个村（含涉农社区）可支配收入总额达5.3亿元，村均可支配收入508万元。三是加大激励力度、调动集体经济发展主体的主观能动性。包括提高村干部待遇水平，建立村干部提拔任用机制等。四是加强农村经营管理。提升农村集体"三资"（经营性资产、非经营性资产、资源性资产）管理水平，建立健全集体资产管理体制和运行机制。⑤发展"五大合作"，不断创新农村经营机制体制。该市农村"五大合作"经济组织（社区股份合作社、土地股份合作社、农民专业合作社、投资性富民合作社、农村劳务合作社）已达662个，全市加入农村"五大合作"的农户达9.93万户。⑥突出"六个统筹"，实现城乡全方位接轨。"六个统筹"是指，统筹城乡规划布局、统筹城乡产业发展、统筹城乡改革、统筹城乡基础设施、统筹城乡就业社保、统筹城乡公共服务。通过"六个统筹"

加快了农村布局规划、生活环境、公共服务、基础设施、就业保障和社会管理等方面逐步与城市接轨。

（3）坚持服务管理并重的理念，努力实现新老太仓人的融合

太仓市和苏南其他县市一样，近年来，随着经济的快速发展，外来流动人口大量聚集该市。现在，该市户籍人口 47 万人，而外来就业定居人员却超过了 47 万，新老太仓人的比例约为一半对一半。新老太仓人的融合问题已上升为社会建设中的最为突出的问题，它不仅关系到经济发展、经济转型的成败，同时也是实现社会安定团结、和谐幸福的关键。

随着社会转型的加速，当前新生代农民工和 20 世纪老一代农民工相比，又有所不同，新一代农民工对于被城市接纳、安置，在城市中就业和融合有更高的要求。新一代的农民工的新需求表现在生存需求、发展需求、权利需求、安全需求等各种需求的多样化、差别化和高要求上。新一代农民工的社会心态也有了很大的变化，特别是期待改革、缩小贫富差距的心态更为迫切。这些新变化造成了在新的历史时期，东部经济发达地区经济发展与社会发展新一轮的不平衡、不协调，也对如何加强社会管理、融合新老市民关系提出了新的挑战。

太仓市领导认为，要真正实现新老太仓人的融合要解决好四个问题，即物质层面的平等、精神层面的尊重、管理层面的关怀和服务层面的包容。这四个问题解决好了，外来农民工就会有相当一部分人，特别是新生代农民工会把太仓看成是适合自己就业定居的"第二故乡"，就会考虑在这里长期生活、租房买房、成家立业、育儿续代，就会事实上和老太仓人融为一体，做一个名副其实的新太仓人。当然，解决好这四个问题，比单从"户籍制度"上去搞所谓的"突破""改革"要实际得多、有效得多，当然也难得多。

新老太仓人存在的这四个层面上的问题，属于"城市内二元结构"问题，"城市内二元结构"当然也是"城乡二元结构"的产物，但是这两个"二元结构"还是有所不同的。解决"城乡二元结构"是解决农民进不进城、变不变市民的问题，而解决"城市内二元结构"是要解决进了城就业的农民工和城市居民如何融合的问题、新农民工在城里不被边缘化的问题。这个边缘化包括产业边缘化、城乡边缘化、体制边缘化等，这些问题如果得不到解决，不仅对太仓社会现代化的实现会带来重重阻力，而且也有可能危及社会的安全、破坏社会的和谐。这不是危言耸听，在太仓就已经出现过外

来农民工形成的"同乡派系"性的利益集团组织。这些组织的形成就清楚地表明：我们融入不了你太仓，那么我们同乡来的人要联合起来对付一下太仓人才行。

太仓市领导认为，新老太仓人的融合，关键在"老太仓人"一方。新太仓人相对来说处于城市的底层，他们干的是老太仓人不愿干的最苦最累最脏最险的工作，工作时间最长，获得报酬最低，得到的权益最少，社会对他们还有歧视。因此，新老太仓人融合，不仅要依靠政府的力量，更要依赖于全社会对他们有深厚的感情和理性的尊重，老太仓人不仅要深深关注他们，而且要为他们付出更多，让新太仓人真正体会到在这座城市里有自己的"兄弟姐妹、父老乡亲"。

从一定意义上说，新老太仓人的融合就是推进社会现代化的一个重要组成部分，太仓社会现代化一定要使新老太仓人实现现代化的融合。为此，他们主要从以下四个方面努力解决新老太仓人融合的问题。

一是努力让新太仓人感觉到在物质待遇上太仓是"一视同仁"的。在进入太仓市的 47 万外来农民工中，相当一部分人已经在太仓打拼了 10 多年，有的实际上已经不是农民"工"了，而已成了农民"白领"，在企业内成为中层干部，这部分人的物质待遇基本上和本地居民没有多大差别。关键是占绝大多数的仍然以"打工"为主的农民工，特别是新生代农民工的物质待遇和本地人的差别还是存在的，主要表现在"就业、收入、子女上学、社会保障、住房"五个方面。近年来，该市十分注重对新太仓人福利待遇上的"一视同仁"，该市主要通过公共服务"一体化"（就业、培训、劳保、社保、教育、医疗卫生等），管理服务"三集中"（集中住宿、集中管理、集中服务），法律服务"维权制"（劳动权益保护、人身财产保护、工资发放保护等），组织服务"协商化"（依靠企业工会组织协商工资标准制度、发放保障制度、合理增长制度等）这些综合措施，使他们逐步感到，在太仓，物质待遇基本上是公平合法的，自己的劳动成果是受到尊重的，随着经济的不断发展，物质待遇的水平也是在逐步提高的。因此，太仓很少出现农民工因物质待遇上的不公而引发劳资纠纷的现象。

二是努力让新太仓人感到在精神层面上太仓人是"可亲可尊"的。在太仓，流传着这样两句出自新太仓人之口的话："锦绣江南金太仓，是他们创造的，也是我们创造的！""金太仓好，他们很自信，我们也自豪。"这里的"他们"和"我们"是指"老太仓人"和"新太仓人"。在太仓，外来人员享受的"家"的感觉越来越具体、越来越深入，他们住的是"集体公寓"，子女读书的学校是宽敞明亮的教室，社会地位也越来越高，享受到的各种服务越来越多，维护自身权益的各种帮助也越来越直接。这些生活条件和生活质量的提高，使越来越多的新太仓人感到这里的组织和干部群众对自己是亲切的、尊重的，老太仓人并没有对自己有什么偏见和歧视，相反的是引导自己要融入太仓，要有归属感，成为太仓的主人。一些媒体也经常对新太仓人加强正面宣传，客观地反映新太仓人的现实需求，关注他们的精神生活，创造新老太仓人融合的社会氛围。不少外来人员纷纷表示，太仓是一座新老太仓人可以同心同德、共生共荣的城市；太仓人固有的那种善良、温和、朴实的性格深深地打动了我们，我们生活和工作在这样的环境里是幸运的。

三是努力让新太仓人感到在管理层面上太仓是"以人为本"的。近年来，太仓市对新太仓人的管理理念有了根本性的转变。①从原来的"劳动力管理模式"向"居民管理模式"转换，使他们真正成为城市的一个有机组成部分。在流动人口聚居相对集中的社区和企业，积极推动其加入工会、党团、协会等组织和自治组织，通过这些平台将管理寓于服务之中。②从原来的"公安部门管理"向"党政统一领导管理"模式转变。全市建立健全了市、镇（区）、村（社区）三级管理网络，各部门、各单位、各企业也都合力同心地参与管理，帮助他们提供法律援助，维护合法权益，畅通诉求渠道，化解各种矛盾等。③从原来的"防范、限制性管理"向"服务性管理"转变。公安、劳动、司法、教育、农业、民政等部门参加的"出门"管理、驻地管理、用人单位管理、社区管理等多渠道、多形式的社会化、人性化管理教育，把新太仓人逐步纳入城市化管理的大格局之中。

四是努力让新太仓人感到在服务层面上太仓是"情同手足"的。太仓市的各级领导和干部群众对新太仓人帮助太仓建功立业有一种强烈的感恩之心和关怀之爱。他们认为，太仓要率先基本实现现代化，没有新太仓人的参与和贡献是不可能的，我们对他们不仅要当做珍贵的"客人"迎进来，而且要当成新"主人"为他们服务好。为此，近年来，该市大力实施"新太仓人融合工程"，其中包括，①党建工程。坚持开展流动党员登记工作，按照"支部找党员、党员找积极分子、积极分子找老乡"的思路，加强对流动人口的教育引导，使流动党员找到党组织这个"娘家"，发挥"老乡爱老乡、老乡带老乡"的作用。②主人翁工程。基层公安机关在流动人口中聘请警风警纪监督员，使他们从被管理者转变为社会管理者的角色，增强其认同感和"主人翁"意识。③法制工程。编印并免费发放各类法治读物，为他们提供法律知识、劳动保护、创业咨询等服务。④文化工程。在全市大型集宿区建立文化站，组织他们开展各种文体活动，丰富他们的业余生活。⑤激励工程。不断激发他们奋进向上、创业立业的热情，组织开展各种评先表彰活动，大力表彰"十佳创业者""十佳技能能手"，使他们感到在太仓工作和生活是可信赖的、有奔头的。

（4）坚持"平等、参与、共享"社会文明成果原则，努力实现特殊群体更好地融入主流群体

每一座城市都有弱势群体，其"弱势"分为生理弱势（年龄、疾病等）和社会弱势（下岗、失业、低收入者等）。弱势群体和主流群体相比，不仅经济地位低下、社会地位有差异，而且在弱势群体的心理上有被"剥夺"的压抑，这与构建和谐城市无疑是不协调的。太仓市没有忘记和忽视这些群体，而是满腔热忱地引导全社会关心、支持、帮助他们改变其弱势地位并提供政策、制度型的保障，尽可能满足他们的客观需要，努力使他们树立正确的价值观，以自尊、自信、自强的精神融入到全社会的主流群体中去。

弱势群体的构成成分比较多，包括儿童、老年人、残疾人、精神病患者、失业者、贫困者、下岗职工、灾难中的求助者、农民工、非正规就业者以及在劳动关系中处于弱势地位的人。太仓市对这些弱势群体的扶助和支持主要遵循"平等、参与、共享"社会文明成果的原则，因人而异地采取各种支持途径加以扶持，尤其对以下三类相对比较庞大的弱势群体给予全面完整、城乡一体、可持续的支持和服务。

一是在养老服务上建立低成本、高效率的服务体系。经过多年尝试和探索，该市已形成了以生活保障为基础的保障体系，以养老敬老为主题的优待体系，以居家养老为重点的养老服务体系，以丰富多彩为特点的老年精神文化生活体系的新格局。城乡老年居民医疗保障参保率达100%，该市是全省

首个实现城乡居民低保、医保、养老保险"三大并轨"的县级市，"退休"农民可以拿到每月 500 多元与城镇居民养老金水平基本持平的养老金。将全市 1124 名特困老人全部纳入最低生活保障；对全市 60 岁以上参加医疗保险的老人开展免费健康体检；对高龄老人发放尊老金，受益人数占老年人总数的 16.7%；对 60 岁以上老年人免费开放各种文化娱乐体育场所，70 岁以上老年人免费乘公交车。全市六镇三区、154 个村（居）全部成立居家养老服务中心，政府补贴居家养老每人介护费 600 元，全市拥有养老机构九家，床位 2471 张，千名老人拥有养老床位 21.7 张。定期为老人组织健康有益的文体活动，把建设老年大学列入政府实事工程，开办九个学习班，2 万多人次参加老年学校。

二是以"三个提升"为抓手，形成一套比较完善的残疾人福利保障制度。"三个提升"是：提升残疾人的生活水平，提升为残疾人服务的能力，提升全社会扶残助残的良好氛围。在提升残疾人生活水平方面，该市坚持把解决残疾人就业放在重要位置上。他们通过开设残疾人就业援助绿色通道、组织残疾人专场招聘、开展残疾人职业技能培训等举措，使全市残疾人的就业率达到了 95% 以上，并对每个自主创业的残疾人发放了 3000~5000 元的创业补贴。对在劳动年龄段内的城镇重残无业人员及农村重残人员、低保残疾人落实参加养老保险财政补贴 50% 的优惠政策，参保率达 99% 以上。对贫困残疾人家庭在春节、助残日发放慰问金，积极帮助残疾人解决子女读书和危房、旧房翻建问题。在提升为残疾人服务能力方面，该市初步建立起了包括康复、托养、教育、维权为主要内容的服务体系，建成了设施一流的"残疾人之家"，形成了以市残联康复中心为龙头、以专业康复医院为骨干、以社区康复为基础的"三位一体"康复服务格局。对精神残疾、智力残疾、重度脑瘫及其他重度残疾人员实施托养服务，建立和健全了残疾人法律服务机制和工作制度，通过举办特教班和随班就读确保绝大部分残疾儿童少年都能接受义务教育，形成了覆盖全市主要道路和公共场所的现代化的无障碍环境。在提升扶残助残良好氛围方面，该市加大对残疾人事业的宣传力度，注重社会各方面的广泛参与，多层次、多形式推动残疾人的社会参与，最大限度地把残疾人融入到社会生活中去。

三是努力走出具有太仓特色的社会救助和社会福利新路。这条新路包括坚持"三项探索"（探索建立制度化社会救助保障模式、探索建立多元化社会福利服务模式、探索建立社会化扶贫帮困发展模式），建立"四项机制"（即时医疗救助工作机制、灾害民生综合保险工作机制、社会救助监督工作机制、低保定时会审工作机制），完善"五项制度"（临时救助制度、专项医疗救助制度、慈善救助制度、流浪乞讨救助制度、住房救助制度）。太仓市的社会救助和社会福利新路的形成使该市的资源配置得到了优化调整，实现了社会公平，对构建和谐社会、推进社会现代化带来了重要的促进作用。

（三）打造具有江南水乡特色的现代田园城市，使太仓人更眷恋

对一首交响乐而言，不管章节简繁，不管音调抑扬顿挫，音色舒缓急越，它总有一个"主旋律"贯穿其中、统揽全局。一座城市的建设也是这样，不管你原有的基础如何，繁华都市也好、江南水乡也好、风景名城也好，城市总要选择一种"风格"作为自己发展的主基调。地处苏南最前哨、依江傍海的太仓市的城市风格是什么？和苏南其他同级县级市不一样，她的风格定位最近已经形成，即：田园城市、现代田园城市、具有江南水乡特色的现代田园城市！

这一城市主旨的选择、城市形象的提出和城市风格的形成，大大丰富了苏南地区推进社会现代化的内涵。这是一条具有广度、深度、厚度的特色之路，也是一条社会现代化进程中最具竞争力、想象力、吸引力的优质之路！因为，一座城市能成为人与自然和谐相处的生态家园，这是社会现代化的最高境界所在。尤其是在当今经济高度发达的东部地区，要使自己的城市达到这个最高境界是相当不容易的，太仓现代化的田园城市的定位无疑是对自身的一种挑战！

1. 率先建设现代田园城市的美好梦想，从客观条件和现实基础而言，太仓是最理想之地

长达二十多年对太仓做社会调查的中国社会科学院著名教授陆学艺和社会学所研究员王春光，在和太仓领导讨论太仓的社会现代化目标定位问题时，他们提出了"太仓建设现代田园城市"的设想和理论。他们认为，一个城市要成为现代田园城市，无论从客观条件、现实基础和长远发展要求来说，"非太仓莫属"，太仓有条件、有资格实现这个目标，这是适得其所、

顺理成章的事！

现代田园城市最早是在19世纪末由英国社会活动家霍华德在他的著作《明日，一条通向真正改革的和平道路》（1902年再版时，书名改为《明日的田园城市》）中提出的。他称之为的"田园城市"是指城和乡的结合体，后来他又明确了田园城市的含义，即是为健康、生活以及产业而设计的城市，它兼有城、乡的有利条件而没有两者的不利条件。

霍华德设想的田园城市是：城市四周为农业用地所围绕，城市居民经常就近得到新鲜农产品的供应，农产品有最近的市场，田园城市的居民生活于此、工作于此，城市的规模必须加以限制，使每户居民都能极为方便地接近乡村自然空间，等等。霍华德还设想，若干个田园城市围绕中心城市，构成城市组群，中心城市的规模略大些，城市之间用铁路联系。

霍华德针对现代社会出现的城市问题，提出带有先驱性的规划思想，是一个比较完整的城市规划思想体系。但是，建设现代田园城市，在当今，在中国，不是一件容易的事，特别是在经济发达的东部地区，在生态环境的基础上、人口密度和城市规模的调控上、土地资源拥有的数量上、自然风光的回归上、城市布局结构的优化上等都有许多不可克服的制约因素。人与自然的不和谐、不协调，不仅已成为经济发展的瓶颈，也成为社会发展的一道难题。当人们走进东部地区的城市，迎面扑来的是密密麻麻的人群、拥挤不堪的车流、钢筋水泥的邻里和生态环境的嘈杂，很难感受到"田园城市"所需要的那种开阔、静谧、舒适、洁净、安逸的活动空间。总之，如今东部经济发达地区要建成"现代田园城市"，确实是一个奢侈的梦想，不要说这里的天然资源禀赋不够，就是这里的民众的"田园"心境也很难在生活匆忙奔波、工作激烈竞争中得以平静。

然而，相比之下，太仓市却具有构建现代田园城市独特的优势和现实的基础。太仓市的各级领导开始时对太仓确立"现代田园城市"的目标并不理解，主要是缺乏足够的思想准备。一方面他们似乎觉得"现代田园城市"是高不可攀的，和目标的距离相差还远；另一方面，顾忌如果明确提建"现代田园城市"会不会减弱干部群众对发扬拼搏精神、提升工作效率的热情和作为，从而影响经济社会高速发展的势头。

但通过一段时间的酝酿和深思以后，该市各级领导逐步转变了认识。他们回顾了进入 21 世纪以来的十多年时间里，太仓对城市形象和风格的定位的过程。

第一步，早在 20 世纪 90 年代，该市在提出"接轨上海"的战略发展方针时，就对太仓市作出了"上海后花园"的定位。利用太仓市和上海紧邻和交通方便的优势，把太仓建成吸引上海人搞休闲、度假、开会、展览的一个场所。这个目标的提出实际上已经开始了对高度工业化的转型，服务业和现代农业的开发与拓展开始进入太仓发展的序列。

第二步，随着太仓吸引欧洲企业、特别是逐步建成了全国闻名的"德资之乡"后，太仓市的领导和干部去欧洲、德国等地考察、交流的机会增多，亲身感受到德国小城市的浓郁风情，深深感到太仓在许多方面（如人口不多、农田颇丰、城市清静、江南水乡、民众小康等）都和欧洲有相像之处，很有条件逐步建立起具有浓郁"德国风情"＋"江南水乡"特色的城市，使太仓在苏南各大中城市板块中独具一格，别样风情。因此，该市提出了把太仓打造成"欧式江南水乡"，建成"田中园、园中城、城中田"的风光之城。在实践中，他们把太仓的城市定格为"一市双城三片区"的格局，在城市中大搞绿化地、绿化带，增设了几十座小花园和街边花园，逐步做到了"百步见景、千步见园、满城皆绿"，还大搞"蓝天工程""碧水工程"等，把太仓城市的河流打理一番，让洁净的空气吹遍太仓城内城外，这些举措都为进一步定位"现代田园城市"打下了很好的基础。

第三步，从去年开始，在中国社会科学院社会学所的提议和支持下，该市的领导、干部和群众开始真正接受打造太仓"现代田园城市"的建议，做出了相应的决策。他们在市委十二届三次全会上提出了这个目标："立足我市城市资源条件，瞄准现代田园城市建设目标，努力使太仓既有现代的城市功能、发达的工商业，又有优美的田园风光，并体现丰富的历史文化内涵，加快形成城乡一体、产城融合、城在田中、园在城中的美好景象。"这一目标的提出虽然是在 2011 年，但是十多年来太仓人对这一目标的曲折探索过程充分说明，这一目标的提出是"众望所归""瓜熟蒂落"的，是太仓实现社会现代化最宝贵的基础、最现实的优势、最根本的举措。

什么是现代田园城市？根据太仓的设想，从外部形态上简单概括，田园（村镇）现代化、城市园林化、交通网络化、城乡一体化；从内涵上概括，生态的、和谐的、文明的、智慧的城市。

太仓建设"现代田园城市"有没有先例和模式可模仿或借鉴？像太仓这样行政级别的城市，目前国内似乎还没有，但国外发达国家中的大城市有，可以作相应比照，例如堪培拉、洛杉矶、伦敦……这些可以比照的城市的基本特征是，传统的田园气息、现代高端的服务业、发达的高科技产业、中心城和卫星城的扩建、绿化带的密集、洋溢着强烈的人文景观和传统人文气息等。太仓目前这些东西有的开始有了，有的还不多，有的还没有。但根据太仓的各种条件和现实基础，这些东西早晚是会有的，而且可能会很快达到优质水平。

想拥有"现代田园城市"需要有这样一些方面的条件。

一是面对当今社会现实，要具备构建"现代田园城市"的底气，这里一定是经济发展比较快速、高效的城市，社会和民众一定是相对富裕的地区：太仓基本上就是这个水平。

构建"现代田园城市"不同于传统的自然生态没有被破坏时的那种陶渊明描述的田园式生活，这类城市现在已可能不再会有了，就是在改革开放三十年以前也是没有的。不错，那时的经济相对比较富裕的地区（如太仓），可能有些农村还保留着一些自然的风光和寂静的环境，但那不是"城市"，不是"田园城市"，更不是"现代田园城市"。"现代"＋"田园"＋"城市"三者形态同时拥有是需要花很多钱加以整治、铺排、修缮、兴建和创办的。当一座城市的自然资源已在工业化的大潮中被破坏了，要再恢复需要花太大的力气、加倍的决心和大量的钱财，就是这样也不一定能恢复、延续到最佳程度。在一些经济相对落后、民众相对贫穷的地区根本是办不到的，就是经济发达、人民富裕的地区在重塑田园境界时，有些资源也只是可以恢复，而有些则是不可逆转的。太仓市虽然经济始终呈现高速发展，城乡居民收入连年递增，财政收入也日益充裕，但相比其他地区，这里的自然生态资源并没有遭到毁灭性的破坏。在老城区如今还依然比较好地保存着江南水乡的景观和浓郁的人文气息，就是多年来盖起的座座钢筋水泥的"城堡"，也比较好地亲近着绿色和生命；在城市新区，通过开发、拓展经济技术开发区、科教新城以及风情小区时，该市就把"田园化""绿色化""现代化"和"人文化"的设计要素放在重要位置，努力塑造亲绿、亲水、亲景的怡然田园的风情。太仓的几十年城市建设，虽然也同样碰到过市场发展压力、市场竞争强度和人文资源减少、丧失的矛盾，但总体上还没有发展到不可调和的尖锐程度。其原因是，一方面，该市建城的理念比较明确，加上自然资源禀赋相对宽裕，可以做到在工业化中加入"田园化"；另一方面该市也确实走出了一条"经济富裕后回归自然重塑田园心灵"的兼顾、再造之路。他们凭借其丰裕财力和经济实力努力去实现"城市"和"田园"的双轮并进，可以说，太仓的田园城市是建立在"城市"生产力高度发展的基础之上的。很难设想，如果太仓的经济发展规模没有今天的水平，社会的富裕没有今天的可观程度，或者还是一个相对落后的县级市，如何有底气投注这么多的物质条件、资源条件去实现城市田园化的正向循环。更何况，今天我们所说的现代田园城市不仅是一种自然的意象，更多的是幸福意象、和谐意象、创新意象，是自然文明和现代文明的优化组合，是民众生活形态转型和生存方式选择的完美结合。因此，要达到这个水平，必须有高度的经济实力支撑、丰裕的民众生活质量和社会和谐幸福程度的提升，这才是实现"现代田园城市"的基础和前提。

二是根据实际的需求，要具备构建"现代田园城市"的独特优势，这里必须是人口资源、土地资源、生态资源、文化资源等各种资源具有天赋优越条件的地方：太仓在这方面的优势是十分明显的。

设想一下，一个城市如果人口密集达到超负荷的程度，人均占地面积很小很小，各种生态环境已破坏殆尽了，要提出确立构建"现代田园城市"的目标，明显是不现实的。而对太仓市来说，提出这样的目标，既是可行的，又是适时的，更是具有良好前景的。①太仓的人口数量适度，整个城市分布均衡，作为经济高度发达的地区，全市 823 平方公里的土地上只有 47 万人口居住，这在东部发达地区是很少见的，该市工业化之路虽然已走过了三十年的历程，而人均耕地仍能达到 1 亩左右，这同样是难能可贵的。这样的城市规模和人口密度是比较适宜于人与环境的协调发展和谐共处的，建设"现代田园城市"的优势也是十分明显的。②太仓投资环境优秀，宜业宜居的吸引力强。太仓地处开放条件最好的江海之交最前哨，与国际大都市上海紧邻，腹背有实力雄厚的苏南地区几个大中城市作依托，在全球、全国经济一体化的时代背景下，这里的投资环境是相当优越的。创建一个具有高度竞争力和吸引力的世界级、国家级"现代田园城市"是对太仓未来的最佳设计，凭借地理优势构建"现代田园城市"，太仓更有自信力和预期感。③太仓的传统文化底蕴好、文化氛围浓，这对构建"现代田园城市"是极为必要的，也是极为珍贵的。现代田园城市，不仅是生态城市、物质城市，而且也是和谐城市、文化城市、智能城市。一座城市，物质条件缺乏些，总有一天能得到补足；但如果没有传统文化底蕴、现代文化氛围，那么这样的城市是"平面的""单薄的""呆板的"。"现代田园城市"需要有物质的基础、精神的导向、文化的灵魂，因此，它首先应该是"现代江南文化名城"。而文化则是太仓的宝贵财富，太仓不仅是传统的娄东文化、江海文化、郑和文化等的发源地，而且近三十多年来，随着现代文化的介入，太仓已经形成了以传统文化和现代文化交相辉映的文化新体系、新精神、新机制、新环境。不管是目前太仓城市里保存完好的张溥故居、王锡爵故居、宋文治艺术馆、江南丝竹馆等历史文化设施，还是近年来兴建的具有现代化水平的文化馆、图书馆、博物馆、大剧院以及各种公共文化服务设施，都彰显了这是一座文化全面繁荣的城市。在太仓，不仅有农田、河流、小桥、绿地等自然建筑物，而且还有反映旅游文化、时尚文化、娱乐文化、创意文化等的新一代文化设施，这些新生的都市式现代文化为太仓传统的"清明上河图"增添了现代的元素和蓬勃向上的生机。④太仓近年来兴办的各港区、园区、开发区、新城、特色小区等的精心布局、合理开发、功能建设等方面都为"生态之城""田园之城""文明之城"增添了浓重的笔触。这些新版的各种园区，不仅用好了城市的存量空间，减少了盲目扩张，注重了低碳能耗建设，而且和城市相对集中、密集组团，注重乡镇村的开发利用，为太仓整个城市的田园化、现代化打好了坚实的基础，形成了控制城市扩张、保护生态环境、连接城乡一体、提升民众生活质量的新格局。

　　三是从基础条件来看，要具备构建"现代田园城市"的现实可能性，也就是说，这里必须是较早推进社会现代化、已拉开了框架的地方：太仓有这样的基础和成效。

　　拉开社会现代化的框架，现代田园城市的构建和推进才能迈开步、顺势上，如果整座城市已经形成了逆"田园城市"的格局，想推倒重来或"重起炉灶重发酵"是很难办得到的。太仓在很长的一段时间里尽管没有明确提出"现代田园城市"这个目标，但"田园城市"的情结一直是存在的，"田园城市"的梦想是始终在追寻的，因此在推进社会建设和社会管理的进程中，他们有意无意地把规划和设计往这方面靠。到目前为止，"现代田园城市"的格局虽然还未全部形成，但其框架和结构已经拉开了，突出地表现在这样一些方面。①空间布局的田园化格局已经形成。"一市双城三片区"的城市格局大大丰富了建设现代田园城市的发展空间，这个"中心城区—镇—村庄"的城乡体系和"双城三片"的市域空间结构，是该市向田园城市目标推进最为关键和重要的一笔，这是具有战略性的选择。"双城"指"中心城区和新港城"，中心城区尽显现代的韵味，特别是新区、科教新城的新建和完善，大大拉开了城区的框架，城市风貌得到了新的提升；新港城已初现都市风貌，沿江地区和新港城的开发建设，使新港城成为一座既独立又与中心城区互相呼应的城市集中点。"双城"的空间扩大为该市打造田园城市奠定了不可多得、不可更改、永续发展的城市空间。②综合交通田园化的骨架已经形成。像美国的洛杉矶那样数十个集镇组成一个庞大的田园式城市，最主要的是靠四通八达便捷的交通网络。一个城市没有足够支撑的交通网络体系也就形成不了田园城市。建设田园城市的初衷是要使老百姓生活便利、生活幸福，既亲近城市、又亲近田园，在工作和生活中能不断增强城市与乡村的亲和力，这得靠发达的交通，给予"网络城市"和"田园风光"有机的融合。太仓市近年来发展综合交通的成效是明显的，一个以公共交通为主导，多方式协调发展、多层次便捷衔接的交通系统已经初步形成，不仅市内的公共交通已经形成为城乡一体化的公共交通网，而且市内的公共交通系统正在跟市外的铁路、轨交、干线公路等对接。可以说，该市的交通正在起着连接"域外"、连接"城乡"、连接"镇村"、连接"千家万户"的穿针引线作用，依靠交通网络，田园也好、城市也好、商业网点也好、产业集聚点也好，都变成了一座整体城市中的"星星点点"。太仓市就是把全市823平方公里当做一座完整的"城市"加以布局、经营、铺展的。这一点跟新加坡全国一盘棋、一个市的格局相似。新加坡就是以国土面积712平方公里，108平方公里主城，其余各城镇均靠交通为枢纽作联结的。③以田园化城市为主导的各项城市基础设施已得到了统筹的发展。例如该市长期以来持续实施的"蓝天工程""家园工程""清水工程""绿色工程"四大工程就是构建田园城市必不可少的基础。其中，"蓝天工程"主要是改善市域空气质量环境；"清水工程"主要指提高全市水环境的质量；"家园工程"则是营造生态文明建设的良好氛围；"绿色工程"主要是为城市生态循环增添"绿核"，为市民创造"田园式"的人居环境。总之，这些与园林城市密切相关的城市基础设施已和太仓城市建设的园林化挂了钩、培了土、夯了基。④城乡一体化已取得了重大的突破。现代田园城市对一个县级市来说，说到底首要的就是"城乡一体化"，也就是说要把"田园"和"城市"整体化起来，"城在田中、田在园中、园在城中"。通过城乡一体，提升城市业态，增添发展空间；提升农村功能，实现均衡增长，从而使田园城市的建设成为最终实现城乡一体化高级目标的重要舞台。太仓市的城乡一体化之路已经有了四五年的实践和经验，在某些方面已有了突破。

从以上三个方面的分析来看，太仓在自然优势上、人文优势上、基础优势上都有构建"现代田园城市"得天独厚的条件。实践证明，太仓定位"现代田园城市"，不仅是具有丰富想象力的最优选择，也是提升该市社会现代化的必然途径。可以认为，在东部经济发达地区，能率先建成"现代田园城市"的"非太仓莫属"，太仓建这样的城市要比其他县级市的难度小一些，现实可能性要大一些，推进速度要快一些，建设效果也会更好一些。

2. 太仓建设现代田园城市这一重大决策的提出，标志着该市的社会现代化已进入到了一个新的发展阶段

对发展中的太仓来说，城市形象怎么塑，城市风格如何定？在长达一二十年的时间里一直是个举棋不定、犹豫不决的事。太仓市的领导和干部群众都知道，一座城市的形象和风格决定了这座城市有多大的吸引力、竞争力和自信力。太仓作为苏南板块的一员，在经济发展、社会发展等各个方面都离不开苏南总体的推进模式，其发展形态、速度、成效大体是一致的、共性的，没有什么特别的地方；而唯有城市形象和城市风格的塑造和定位却受到各地各自的基础特色和在位的各任领导的理念不同而会各有特色。例如，苏州的"人间新天堂"、常熟的"福地常熟"、吴江的"乐居吴江"等塑造都有不同的内涵和走向。那么太仓该走什么样的城市发展路径？在这一二十年的实践中，该市经历了一个想象、探索、思考、比照、权衡、犹豫、抉择的过程，从"摸着石头过河"到最终把塑造现代田园城市作为该市形象和风格的"顶层设计"加以确立和提出。这一定位看来好像是"现代田园城市"六个字的敲定，其实对太仓来说无疑是又一次真正意义上的改革开放，这六个字里面蕴涵的压力和动力是十分巨大的，这是太仓干部群众发展理念上的一次深刻的变革。

对于现代田园城市的形象定位，太仓为什么到今天才敢于斩钉截铁地叫将开来？归根结底是太仓干部群众对实现社会现代化这个大目标的真正理解不断加深的结果。要不是心中确立了实现"社会现代化"这个雄心壮志，很难想象太仓会有如此大的勇气向世人宣告，要把自己的城市建成"现代田园城市"这个在国内甚至在全球也属于高端目标的口号。确实，人们对"现代田园城市"的期望值太高了，要实现这一目标的难度太大了，大多数城市的自身条件和现有基础离这个设计的要求太远了。

（1）太仓设计和构建"现代田园城市"的目标，既是对城市外部形象的揭示和表达，也是对城市内在气质的积聚和提升。

太仓在创建现代田园城市的工作中，十分重视"外与内""硬与软""量与质""冷与热""全与特"的诸多关系，从而使现代田园城市看上去赏心悦目，住下来怡情养性。在这个浮华喧嚣的年代里享受到一份特有的清静，在这个充满你争我夺的环境中能保持住一份难得的淡定，在这个充斥光怪陆离的氛围中能寻找到一份少有的优雅，在这个嘈杂纷乱的日子里能感受到一份珍贵的人与自然的和谐。所谓"外与内"，是指外部的城市环境建设是为城市内在文化底蕴的释放服务，而内在的城市文化底蕴优势通过外部的各项建设来加以表达。所谓"硬与软"，是指太仓的田园城市建设既是文化软实力的反映，也是经济硬实力的成果。所谓"量与质"，是指田园城市的建设既是量的积聚，更是质的提升，只有足够的"量"才能实现高标准的"质"。所谓"冷与热"，是指现代田园城市的设计和安排是保持舒缓"冷"环境和构筑人气"热"环境的结合。所谓"全与特"，是指现代田园城市的各项常规的、该有的设施都要有，但要有一些充分体现"现代""田园""城市"特色的建筑和设施加以"浓妆素抹"突出出来，从而让人很快感受到这里的独特风貌。那么，太仓的现代田园城市究竟是什么样的呢？太仓的做法是：注重凸显"江南水乡"的田园特色，注重聚合"现代城市"的各种元素。

①把太仓建成一个产业空间布局优化发展的"产"城。他们认为，地处苏南的太仓，建田园城市，首先要建"产业城市"，而且要建"产业空间优化的城市"。21世纪的今天，"田园城市"的概念绝不是古代陶渊明梦幻的"世外桃源"，而是产业体系比较高端、空间布局相对优化的现代产业之城。不管建什么形态的城市，产业的高度发展是必然的，建"现代田园城市"，那更应该有优化的产业发展空间，更应该有城市的密度。"现代田园城市"应该是鲜活繁荣、活力四射的城市，绝不是苍白凄凉的"空城"、没有人气的"睡城"和产业败落的"冷城"。总之，田园城市，关键在成市、兴市。

产城融合的基础在于"产"。太仓的城市户籍人口加上外来常住人口也就九十多万，虽然人已多了，但还要使这些人在这里更好地工作和生活，不管什么形态的城市无一例外地都要解决好这里的产业的相对完整性和独立性的问题，在这个大前提下再兼顾"田园风光"的塑造才是顺理成章的。太仓市认为把太仓建设成一座兼具"田园"和"产业"优点的城市必须解决好三大问题。

一是空间布局上的集约化。也就是说，要让生活在这座城市里的人和自己的工作单位相距不太远，要让全市的产业结构更加集约化、科学化，他们对产业的定位是优化产业布局，形成产业隆起带。为此，他们通过多年的努力，已构筑起"一市双城三片区"的城市空间发展新格局。这个"双城"是指以新区、科教新城、老城区为三核心的"中心主城区"；以扩建大港口、大产业、大物流为核心的"产业港口新城区"。这个"三片区"是指集文化旅游与工业发展于一体的沙溪镇片区；对接上海、服务港口为目标的滨江生活服务、生态休闲的浏河镇片区；为临港工业及生活配套提供完善服务的璜泾镇片区。这"双城三片区"五个产业中心的开发，使太仓产业布局的优化得到了落实。

二是产业结构上的高端化。现代田园城市迫切要求产业要有尽可能的高端水平，走高端产业发展之路。例如，该市的港城中如今已建成七个具有新兴产业特色的园区，包括新能源产业园、高端装备制造业产业园、新材料产业园、精密机械产业园、生物医药产业园、高新基础产业园、璜泾化纤产业园等。又如，在该市的科教新城中，正在全力打造现代服务业集聚的先行区，着力引进产业核心项目，努力形成具有文化创意、数字媒体的产业集聚区，并正在新建科技信息产业园等。通过产业的高端定位，高端化推动城市建设的高品位，把城市真正做精、做优、做特、做强，全力打造现代田园城市的精细格局。

三是交通网络的现代化。现代田园城市产业的相对集中，各类开发区组成的网络性框架的形成以及市民对繁荣商业环境的需求，决定了城市交通必须四通八达高度现代化。太仓市在这些年中，对交通现代化做了大量的投入，一个以公共交通为导向，多方式协调发展、多层次便捷衔接的城市综合交通系统已经形成，并正在进一步对铁路、轨交、干线公路等做更高层次和更高级别的科学部署，使发达的交通网络真正成为支撑全市产业大格局和推进田园城市发展愿景的"骨架"和"命脉"。

②把太仓建成一个科学化治水、现代化建水的"水"城。水，对江南水乡的太仓来说，始终是体现太仓城市化的重要特色，人们喜欢"现代田园城市"，在很大程度上是喜欢这里的一汪清水，包括小桥、流水、舟船等。太仓市的各级领导意识到：太仓离开了"清水"，要建成现代化田园城市是不可能的，太仓式的田园城市，就是水乡式的田园城市，因此，该市近年来对治水一事是常抓不懈并卓有成效的。

太仓和苏州一样，过去也是具备江南水乡特色各种要素的一座城市。长期以来，虽然旧时的风光慢慢消逝，乃至荡然无存，例如粉墙、黛瓦、城墙、石桥、私家花园等，但太仓城域内的水却始终依旧，保持了原有的风貌，几乎没有太多的增减。太仓的水系包括三个层次，一是长江水（太仓沿江有 38.38 公里水域）；二是三大主干河（杨林塘、戚浦塘、浏河塘）；三是城乡的 2886 条中小河流和湖泊。这三个层次组成了太仓的水乡特色、水网体系，成为太仓现有的宝贵的资源优势和当今社会稀缺的生态财富。在构建现代田园城市中如何治理开发好水系，坚持"江南水乡"的底线，真正把这一生态优势做优，是放在太仓干部群众面前的一项重要任务。近年来，太仓把水利工作放到了重要的议事日程，将水利地位提升到了前所未有的高度。在市委、市政府的正确领导下，以率先实现水利现代化为目标，以规划编制为引导，以工程建设为抓手，不断深化水利在推进经济社会现代化中的支撑和保障作用，构建起了"水安全、水资源、水环境、水文化"四位一体的新格局。全面开启了"防洪减灾体系、水资源保障体系、水生态保护体系、供排水服务体系、农村水利工程体系、水行政服务体系"的"六大"综合保障体系建设，走出一条科学化治水、现代化建水的惠民之道。

太仓市治水、建水的主要举措是，第一，以科学规划引领水建设。通过出台推进水利现代化建设的政策意见、编制水利水务发展十二五规划、相继编制一系列有关大城区、农村、防洪、水资源综合发展规划来把科学化治水、现代化建水落到工作实处。第二，把水利工作作为政府实事工程、重点工程来办。通过政府财政的高额投入，对全市几大区域的水系进行整治，从而提高了水系的畅通、排涝和循环能力。例如，该市的浏河水源地的建设是一项全市中远期供水需求的工程，该市投资12.83亿元，完成了江岸围堤、库区及取水管道等工程，大大造福于全市工业和生活用水。第三，把农田水利建设作为新农村建设的重要环节抓紧抓好。全市共完成项目总投资1.16亿元、整合资金1.5亿元，通过项目的实施建成了标准水利设施农田4.4万亩、高效节水农田1507亩，推进了农业的产业化经营。第四，推进城乡一体式的水利发展模式。该市不仅完成了城乡污水治理厂的扩建工程，使农村的污水处理率大大提升，同时，在全市逐步贯彻"九横九纵骨干水系"，盘活了全市水系网络。第五，紧扣人文宜居名城建设，大力加快生态水利建设。以河道疏浚、河岸绿化、农桥改造为抓手，水生态保护功能得到完善，取得了"清水畅流"（河道疏浚）、"绿色水廊"（河岸绿化）、"乡间彩虹"（农桥改造）的成效。同时，大力打造亲水空间平台，形成水绕城、水穿城、水伴城的景观特色。

③把太仓建成一个宜业宜居、生态文明的"绿"城。太仓市构建现代田园城市的总体设想是：既有现代城市功能，又有优美田园风光，还有历史文化内涵，城乡一体、产城融合、城在田中、园在城中的城市。这一设想体现了人和自然高度和谐、融汇、共处的现代文明，这是太仓市的一个高端化、理想化的目标，也是引领该市大力推进社会现代化建设实践走向的巨大动力所在。

太仓市认为，在这个目标的主导下，该市的城市建设和管理，其主色调应该大力突出一个"绿"字，把太仓建设成生态型、文明型、和谐型的绿色城市。绿色，是自然界美好的象征，是田园风光的底色。为此，要大力克服工业文明带来的弊端，在一系列的整治和管理中逐步为城市披上亮丽的绿色，实现集城市生活优点和美好乡村环境于一体的现代田园城市。他们的主要做法有以下几方面。

第一，坚持"城区再治"。从20世纪末开始，太仓市就开始对城镇进行治污工作，实施以生态文明建设为引领的"绿色港城"工程，曾对20多家有污染的工业企业实施关停搬迁，建立起8座污水处理厂，日处理污水能力达11.5万吨，完成了污水管网建设242公里，污水主管网建设在每个主城镇区域内基本达到了全覆盖。近年来，随着构建现代田园城市的要求，该市对城区进行再治理，投入7.2亿元资金，进行污水处理体系建设，努力使全市城区污水处理率达到99.5%以上，乡镇85%以上的污水实现集中处理，目前正在新建37.3公里的污水管网。

第二，实施"乡村再造"。按理说，打造"绿城"，乡村是"天然的绿色屏障""广阔的绿色大地"，似乎乡村的绿化不是什么问题。但实际上并不是这样，如今苏南发达地区相对完好的乡村生态环境已经很少，更多的乡村是"脏乱差"的现状，而且要改变这种现状比城市更难一些。为此，太仓市对乡村的生态文明实施"再造"计划，大规模地掀起了"村庄环境综合整治"的热潮，为加快打造城乡交融的现代田园城市打下坚实的基础。该市的乡村"环境再造"工程涵盖所有城镇规划未建成区和农村村庄及社区，该工程大力推进农村净化、绿化、美化和道路绿化，重点解决生活垃圾和污水、乱搭乱建、乱堆乱放、工业污染源、农村废弃物、河道水系整治的问题，有效提升规划建设、公建设施配套、农村集中居住、交通设施网络化、绿化美化的风貌特色。达到村容村貌更加整洁、居住区环境更加宜居、交通网络更加健全、生态绿化更加优美、乡村特色更加鲜明、公共服务更加配套，从而实现田园的优态化。

第三，实现"绿地再绿"。太仓市曾荣获"国家园林城市、国家生态市"的称号，重点推进了大型片林工程、集镇绿化工程、道路绿化工程、河道绿化工程、村庄绿化工程和绿色产业工程，全市人均公共绿地面积为12.7平方米，林网化率达75.32%，森林覆盖率达20.23%，形成了"城乡生态绿网"。但现代田园城市对绿化的要求是无止境的，也是与时俱进的，市民们的期望值是永不停顿的。为此，该市近年来提出了"绿化再绿"的要求，在全市范围内全方位、全时空、全过程地提升绿化的广度和深度、数量和质量。近年来，他们重点向三个领域找优势，一是新增更多绿色的"园林"景点，在原有传统园林的基础上，积极打造一批具有各种特色的公园、游园，如在科教新城建设天镜湖、在城厢镇建设金仓湖、在浏河打造长江口旅游生态自然风光区，还新建了园花园山庄、浏河风光带等。二是挖掘潜力，见缝插针，在城市增添更多的以绿道、慢行步道、特色街道为内容的绿化开放空间，形成"内涵丰富、开放多元、特色鲜明、尺度宜人"和"城在绿中、人在景中"的城市公共空间体系。同时，结合对城市原有老小区的改造，利用一切空地、隙地大搞绿化，在每个小区形成大中小结合的绿化地带；在农村也充分利用村旁、宅旁、水旁、路旁及村口、庭院、公共活动空间等进行绿化、美化。三是加速农业园区化、现代化建设，开展农田整治、农田开发和农田标准化建设，不仅使农田连片成方，而且在农村生态环境建设上加快推进"绿色太仓"建设，提高农田林网化水平，在农田周边加大绿化面积，提高绿化品位。到目前为止，该市已建成高效农牧业面积达26万亩，占耕地面积的67.6%，几十万亩农田将逐步扩展为江南水乡特色的现代森林生态系统，成为田园城市的绿色"地毯"，使现代化的田园风光味道更浓。太仓是上海近邻，上海人来太仓从业的、居住的和旅游的，不少人对太仓的风光十分欣赏，他们的评价是，春天的太仓街上樱花开、郊外菜花香，睁眼满地花、闭眼依然绿，是闹中取静、美丽舒适的"世外桃源"。对太仓的滨河公园，他们也情不自禁地惊叹："就是在上海，也找不到这么漂亮的地方哇！"

④把太仓建设成一个不断改变生活方式、陶冶人文性情的"文"城。太仓市认为，现代田园城市是人生活的城市，人是建设和享受现代田园城市的主力，现代田园城市一定要让人的"精气神"不断得到提振。为此，该市采取一系列的措施，努力把自己生活的这座城市打造成奋发有为、生机勃勃的高度文明的城市。

一是该市把握、宣传文化战线"主旋律、主阵地、主力军"的新定位，唱响提振"精气神"的主旋律。该市通过创建全国文明城市，着力提升城市整体形象、窗口服务水平、城市日常管理、城乡文明程度。以选树文明典型为引领，组织办好"文明太仓365""身边的感动"等活动，大力宣传精神文明建设的各类先进典型、好人好事；以开展各项主题实践活动为抓手，努力提高市民公共道德建设；以深入开展"做一个有道德的人""七彩的假日"等活动，开展对未成年人的思想道德教育，为他们营造更多有利于健康成长的环境。

二是把文化作为提升城市形象核心的软实力，把提升人的文化素质作为增强软实力的落脚点。在实践中，该市把人的文化素质的提升放到了提高城市凝聚力、吸引力和竞争力的重要位置上，使现代田园城市不仅有太仓特色的田园式生活和生存质量的"硬件"，而且有现代文化素质和文明道德水平的太仓人的"软件"。他们努力使文化服务体系逐步趋于完善，启动国家公共文化服务体系示范区建设，兴建了总建筑面积达6.3万平方米的现代文化设施，开展了送书下乡、"文化百村行""业余文艺百团大展演""欢乐百村（社区）行活动"。他们利用广播、电视、报纸、网络的互联、互动，开展各种争先创优活动的宣传，开展"太仓骄傲"十大新闻人物和"身边的感动"典型人物的评选活动。他们还开展领导干部"菜单式"培训选学、对农村党员冬训，开展微型党课评比等活动，把党员、干部的思想理论建设落实到每一个基层单位和每一个党员干部身上。他们建立道德标兵信息库，开展评选"太仓好人"和"文明户"活动，及时传颂身边发生的好人好事，促进良好道德风尚的广泛形成，如今在太仓已形成一批属于国家级的"中国好人"。

三是努力培育和造就良好的、健康的社会生态，不断增强市民在这座城市里工作和生活的幸福感。在塑造良好的社会生态的实践中，他们一方面给更多的人提供就业、生存的机会，创造条件使生活在太仓或外地来太仓的人能够尽快找到足以体现自身价值的工作机会和生活土壤，使太仓成为一块立业、创业的福地和宝地。另一方面，该市通过建立良好的规划和机制、造就行为规范和习惯、崇尚敬畏道德法则、维护社会生活秩序等途径，弘扬"精致、和谐、务实、创新"的太仓城市精神，优化社会文明环境，深入推进社会公德、职业道德、家庭美德、个人品德建设，引导人们自觉履行法定义务、社会责任和家庭责任，把太仓建设成为一个有规有矩、有情有义、有章有序、有张有弛的具有文明生态的城市，从而使现代田园城市具备更多精神生活上的安定感和社会心理上的和谐感。

⑤把太仓建设成一个具备数字化、网络化、智能化特征的"智"城。现代田园城市，着力点在"田园"，切入点却在"现代"。只有城市现代化了，才能使"田园城市"真正造福于广大市民，而不是少数人的清闲享福之地。城市的现代化一定是全体市民的福音，为此，太仓在构建现代田园城市中十分重视"科学素质"的提高、"智慧充盈"的普及，让当今的信息技术进入到城市生活的每一个行业、每一个阶层和每一个角落，把太仓建成一座充满智慧的城市，从而提升"现代"田园城市的含金量。

构建智慧城市，不仅要有配套的信息网络基础设施，而且还要有智慧化管理、智慧化服务和智慧化生活的运作路线图。太仓市的做法有以下几方面。

第一，实现社会信息化。对广播电视网、电信网、互联网进行三网融合技术改造，充分利用现有信息基础设施，实现网络统筹规划和共建共享，尽快实现城市光网、无线城市、物联网等基础设施覆盖中心城区。目前，该市的光电网络公司已通过大规模的设备和技术改造，具备了除语音业务外的电信运营商所有功能，成为全市推动三网融合的重要载体。

第二，实现政务信息化。目前已着手统筹建设综合治税系统，深化数字城管建设，实行交通、卫生等领域的信息化惠民服务，并建设行政权力网上的公开信息系统和信息安全系统，全面启动企业与政府协作服务平台的信息化服务，在全市初步形成了智能交通、智能城管、智能治安、智能应急指挥和智能行政服务的格局。

第三，实现企业信息化。结合走新型工业化道路，企业把信息化作为支撑核心和可持续发展的基础。近年来，该市的企业家们在推动企业设计数字化、装备智能化、生产自动化、管理网格化、商务电子化等领域进行信息化实践工作，全市有18家中外资企业成了信息化示范企业。

第四，实现生活信息化。该市积极推进智能人文、智能校园、智能商场、智能酒店、智能医院、智能社区和智能家居建设活动，逐步扩大信息化和网络化的社会生活覆盖面。如今，该市的固话达到20万台，移动电话7.65万台，有线电视用户14.24万户，互联网用户11.45万户，3G业务总数3.68万个，基站总数429个，光纤总长度15.38万公里，交换机总门数127.8万门，互联网总带宽101G。

（2）太仓设计和构建"现代田园城市"的目标，既是推进社会现代化的必然过程，也是对实现社会现代化最终目标的最佳选择。

实现社会现代化，对一座城市来说，既有内涵目标，也有形态目标。太仓的现代田园城市的形象塑造，是推动该市社会现代化最具特征特色的一个过程。对太仓来说，提出构建"现代田园城市"会大大加快全市社会现代化的进程，他们也特别注重在设计构建现代田园城市中的一些有利于实现社会现代化的要素和元素的落实。主要突出表现在以下几个方面。

①在构建现代田园城市中致力于各类经济开发区和中心镇经济的精明增长。所谓精明增长，就是要使每一个经济开发区和中心镇经济聚集区有一个良好的产业结构和产业形态，要用足城市的存量空间，减少盲目扩张；搞好产业转型，注重技术含量；实施社区重建，降低公共服务成本；搞好"三集中"（工业向发展区集中、农民向城镇集中、土地向规模经营集中），密集组团单元；美化社会环境，保护生态环境；促进城乡一体，提高市民生活品质等。通过"精明增长"，使全市呈现"特色化、现代化、网络化、田园化、生态化"的城市风貌，把加快经济发展与实现社会现代化紧密地结合起来。

②在构建现代田园城市中致力于让中低收入者有更多的幸福。太仓的城乡居民的平均收入相对比较高。但这是平均水平，从全市各个阶层结构而言，中低收入的阶层还是占绝大多数，这对实现经济现代化和社会现代化都是不利因素。因此，提高中低收入者的收入水平，让这些占大多数的阶层生活水平高些、心里感觉更幸福些，这是该市在构建现代田园城市中的一个重要指导思想。在设计和构建现代田园太仓中，他们注重统筹城乡发展，创造更多条件，让农村的社会发展比城市更快一点，从而大体达到城乡生活条件的一致。通过多年来的努力，一批又一批富裕村、特色社区脱颖而出，这些地方的农民实际的生活水平几乎跟城市一样，甚至更高、更好一点，农民的衣、食、住、行、用、娱、文、体等设施都和城市没有两样。该市的城乡一体化，在于城乡生活的一体化，使居住在农村的农民可以享受到城市的福利，而居住在城市的居民同样也可领略到乡村优美的田园风光。尽管目前城市居民和农村居民在享受某些公共服务和基础设施上还没有完全做到一致，但随着现代田园太仓的逐步实现，全市民众都会获得相对均衡的物质、精神待遇，居民和农民的事实上的界限将会越来越淡化。

③在构建现代田园城市中致力于人和自然的更为平衡和协调地发展。太仓市在确立构建现代田园城市中，努力做到既能使全市市民享受到文明的成果，又能保护好原有的自然风光和恢复已被破坏了的自然生态，实现人和自然的和谐相处。为此，他们提倡市民生活方式和生存方式的转变。例如，他们实施"蓝天工程"，结合"西气东输"工程和集中供热网，先后形成了市区、港区、沙溪三个集中供热区域，集中供热面积扩展至150平方公里。他们先后投资5亿多元实施长江引水工程以及"镇镇通""村村通"工程，在此基础之上，还启动了12亿元建成日供水30万吨的第二水厂和库容为450多万立方米的"蓄淡避咸"水库。他们投资建成垃圾焚烧发电厂，实现对全市生活垃圾"组保洁、村收集、镇转运、市处理"的无害化处理格局，生活垃圾无害化处置率达100％。他们加大推进大型片林工程、城乡绿化工程、道路河道绿化工程和绿色产业工程，全市人均公共绿地面积12.7平方米，林网化率达到75.32％，森林覆盖率达到20.23％，形成了"城乡生态绿网"。他们成立了由市政府主要领导为组长，35个职能部门一把手为成员单位的环境保护委员会，聘任了158名村（社区）环保员和161名企业环保园，实现村、企环保重点监管专职人员全覆盖。他们顺应地形和地势对农村绿化、美化多种乔木，少用草坪，形成四季有绿、季相分明、层次丰富的绿化景观和开放型公共绿地空间。他们为了减轻环境资源的压力，营造人性化空间，让市民更好地享受绿色生态环境，在城市里依托沿城、镇外围的自然河流、小溪及景区，依托现有道路中的慢行路、人文景区和公园广场分别设立城市、农村的慢行系统，不仅使城市的人行道慢车道变得更畅通，而且也可使市民在漫步中享受生态之美，成为市民缓解出行压力，吸引市民低碳出行的绿色长廊。总之，太仓市认为，构建"现代田园城市"就是要加强生态文明建设，按照自然的规律去做，并充分利用自然的力量、巧借天工的力量，在创造文明的同时尽量减少对自然的破坏。

从太仓的实践可以看出，一座城市里的人对自身所处的城市的形象的构建、形态的定位和发展目标的确立，是和该市的社会建设和社会管理的推进进程相关和相一致的。近年来，该市推进经济现代化和社会现代化无疑进入了一个新的层次，即通过对城市的定位和高端目标的确立来决定城市发展的方向和水平。这是一个通过树立"顶层设计"的目标来引领全市社会现代化更快发展的新时期，其意义十分重大。它表明，该市对社会现代化的推进已经有了更强的方向感和更实的操作感了。可以认为，这个"现代田园城市"目标的提出是该市在推进社会现代化进程中的一个特色性的战略选择和里程碑式的战略决策。

3. 太仓建设"现代田园城市"当前采取的四项举措

太仓市各级领导都知道，建设"现代田园城市"是一个终极目标、高端目标、长远目标，需要走很长的一段路，甚至是比较曲折的路。例如，如何处理好经济高速发展、产业转型升级和田园城市必须降低自然资源开发的强度，要注重更高市场效率之间的矛盾；如何处理好快速发展的经济带来更多外来人口的涌入和保持田园城市清静、优雅的自然风光之间的矛盾；如何处理好因商业竞争日趋激烈带来的人际关系的紧张、人们心态的焦虑和打造适度闲适、生态文明的田园式城市之间的矛盾等，这些矛盾和冲突对现代田园城市的构建所起到的制约作用不可小视。因此，要解决这些矛盾需要长期的探索、研究和实践。该市粗略估计，太仓要建设"现代田园城市"需要加倍努力，可能要花 10～15 年的时间实践，而要建成人们认可的"世界级"现代田园城市则需要更长的实践。当然，现代田园城市不可能设定具体的指标进行量化，主要是靠形态的评估比较，靠内外人士的共同认可和人们对这座城市的鲜明而突出的感觉度和记忆度，如美国的洛杉矶、澳大利亚的堪培拉等，说这些城市是现代"田园"式的城市已经是毫无疑义了。

太仓的现代田园城市就是要打造一个在苏南最能区别于其他同类中等城市的那种特色形象、特色风格、特色品质。太仓要在全国、全省和全地区中成为最不同一般、最有个性、让人最为耳目一新和流连忘返的"现代生活"和"自然风光"融汇一体的魅力城市。

尽管建设"现代田园城市"是一项长期的战略行为，但并不是说可以慢慢来，或可以任其自然地让它成长。太仓市各级领导认为，"万里长征"总要"先跨好第一步"，长远的目标既然定了下来，放在我们面前的任务就是要从现在做起，趁早做起。

（1）坚持规划引领

建设现代田园城市要从抓好规划开始。在规划思路上，他们努力抓好功能定位。按照产业发展的方向、人口不断增加的预期以及承载城市文明与经济发展的历史责任，根据实现社会现代化的要求，他们对太仓城市功能的定位是，总体上把太仓建设成为"人文宜居名城"，而它的特色是建设"现代田园城市"这个高端目标。太仓的发展是与上海紧密相连、息息相关的，这个格局与香港和澳门之间的关系有某些相像之处。香港是一座国际化大都市，而澳门则是一个只有四五十万人口的小城市，但澳门和香港很近，这两个城市之间的格局很像上海与太仓的现有格局。太仓的城市功能定在那里，城市形象塑造成什么样，都不能不考虑紧邻的上海。澳门的建设和发展长期以来也是和香港呈错位发展的状态，地处香港之翼的澳门坚持不懈地把自己建设成一座安静的有历史特色和文化风情的小城，成了香港都市人的消遣、娱乐之地。正因为澳门的功能定位正确，和香港一样，她赢得了国际人士的青睐，具备了一个国际性小城市最难得的声誉和优势，吸引了全球的目光，在城市特色竞争中充分展现了自身。

太仓"现代田园城市"的定位和澳门"安静、休闲、文化小城"的定位一样，城不在大小，而在于特色、在于优势、在于功能。澳门能依托香港把自己的特色做到极致，太仓同样也需要依托上海把自己的特色做得非同一般。城市形象决定城市的前途，太仓"现代田园城市"的规模和内涵基本成型之时就是太仓城市社会现代化目标实现之时。因此，太仓这一功能定位的确立对太仓的未来地位的提升具有非凡的作用。

太仓现代田园城市的功能建设主要表现在这样"四个摒弃、四个注重"上。一是摒弃单纯靠"水泥森林"式的高楼大厦成群的风貌发展城市的做法，注重田园风光的环境塑造，走"水、田、林、路"为一体、"水中城、城中园、田中城"格局的田园化城市的道路。二是摒弃"城市繁华、镇村衰败"的单向城市化的做法，注重实现布局组团化，构建全市一盘棋式的多中心、网络状城市空间布局，实现市、镇、村、区、宅、户多层次的综合利用、集成发展。三是摒弃早先确立的"建成上海后花园"之类的功能褊狭、单一为上海配套服务的做法，注重既有现代城市功能、发达工商业，又有优美的田园风光、有丰富文化内涵，为太仓市民营造幸福家园的现代田园城市之路。四是摒弃只注重"硬件"建设、忽略"软件"提升的形式大于内涵的做法，注重"以人为本""人文关怀"为理念的、充满文化气质和品位的"现代田园城市"建设。以上"四个摒弃、四个注重"是该市在确立现代田园城市功能建设上的"大破大立"的成果。太仓目前正以省政府批准的《太仓市城市总体规划》为指导，深化构建"现代田园城市"的目标定位，从而充分发挥规划对城乡经济社会发展现代化的引导和调控作用。

（2）加速城乡一体

现代田园城市不是单向度的城市化，而是城乡一体化的城市化。现代田园城市不仅不应该抛弃农村，而是更应该充分利用乡村、田园、大自然的优势，把城市发展和田园打理融汇一体，从而使城市中有"优美的田园风光"，在田园里有"优质的城市风情"。在一定程度上，田园和城市随着"现代化"的注入，将不会有太多的城乡差距和市貌的代沟，从而让更多的市民和农民可以分别选择更适合自己的生活方式、兴趣爱好、家庭关系等各种因素的居住和从业"空间"。太仓市领导深刻认识到，建设现代田园城市，必须要以"城乡一体"为基础，如何能够做到城市和田园高度融合，这是建设现代田园城市所面临的必须做出抉择的重大命题。太仓市近年来致力于城乡一体化发展，努力做好如下几个方面的工作。

①城市（镇）化发展和新农村建设同向推进。太仓市认为，太仓目前生活在农村、从事农业劳动的人数虽然已经很少了，但这一状况是暂时的现象，是对如今客观存在的城市和乡村在基础设施、公共服务等方面还存在差距的一种反映。随着城乡一体的推进，最终会使一些已经在城市工作、甚至居住的原有农民回到自己的"宅基"上，一些城市居民也会因农村的大发展、面貌的大改变而放弃一部分城市生活，两栖或全部投身到"田园"生活中去，这两种可能都是存在的。因此，从长远的角度考量，不能因为目前在农村生活的人大大减少而不去注重建设新农村；相反地，应该更快地推进新农村建设的步伐，为加快全市实现"现代田园城市"目标作双向铺垫。

这几年，太仓市在城镇化和新农村建设协调推进上取得了很快的发展，主要表现在，第一，农村城镇化的水平大大提高。一批实施"八大工程"为抓手（发展村级经济、推进农民向新型社区集中、加快农村社区服务中心建设、加强农村基础设施建设等），显现经济发展、生活富裕、环境优美、文明和谐新风貌的示范村已经形成，正在发挥其典型引导作用。第二，实现城乡公共资源优化配置取得实效。该市通过"三集中"，使城乡的资源配置进一步优化，城乡发展的空间进一步拓展。第三，富民强村的机制已经形成。努力创造条件加快促进农民增收已经有了长效的机制，在村干部的任用上、在农村经营管理水平的提升上、在推进农村经济转型升级上都有了明确的政策，形成了比较成熟的实践保证机制。第四，大力发展多种形式的农民新型合作组织已取得了积极成效。如今，该市的"五大合作"经济组织已发展到586个，这些组织不仅有较大的规模，而且商品化、专业化、社会化程度也有较快的提高，这些合作组织早晚会有一部分发展成理想的集体农庄。第五，在农村布局规划、生活环境、公共服务、基础设施、就业保障和社会管理等方面已逐步与城市接轨，使城乡的社会建设和社会管理基本实现一体化发展、一盘棋发展，到2015年该市的农用地集中规模经营面积将达到90％，镇村企业集中度将达到90％，农民集中居住率将达到80％左右。

②坚定不移地推进"三集中"。要素的优化配置不仅是经济增长的动力，而且也拉开了社会现代化的发展空间。工业企业的集中，使该市跳出了原有乡镇企业"村村点火、处处冒烟"的粗放发展状态，彻底改变了小而散、环境污染、企业面貌差等形象，使经济发展的环境日趋优化。农村土地的集中，不仅提高了农业生产力的水平，而且也改善了农村的生态状况、促进了农场化、园区化、合作化的现代农业发展。农民集中居住，不仅大大改善了农民生活条件，提高了现代化生活质量，而且有力地推进了乡村的城市化。这个"三集中"，直接带来了"三改善"，改善了农村的环境、改善了农村的生产发展水平、改善了农民的生活，使全市的农业现代化、农村城市化的水平大大得到提升。

③让城市的基础设施、社会事业和现代文明更多地向农村延伸。太仓市认为城乡一体化，不是城市农村一个样，而是"城市有田园风光、农村有城市文明，农村和城市组合成一体的、优美的、和谐的田园式城市"的格局。在打造这个新格局中，当前特别重要的是，农村要和城市一样，加快享受均等的公共服务。因此，加大城市的基础设施、社会事业和现代文明更快地向农村延伸的力度才是当务之急，努力让农村、农民共享改革发展的成果。为此，该市全面提升社会保障水平，扎实推进城乡养老保险和城乡居民医疗保险并轨。加大就业扶持力度，提高就业质量，使市民体面就业，特别是在扶持大学生就业、创业方面出台了扶持政策。随着城乡一体化发展，很

多农村妇女失去了土地，又没有一技之长，市妇联对这些农村妇女开展家政、月嫂等方面的专业培训，促进她们就业、增加收入、改善生活。在教育、文化、体育、卫生、计生等领域内，该市也十分注重将这些领域的基础设施、公共服务等城乡一体化地加以推进和发展，把工作重点落实到农村的每一领域、每一家庭。在发展现代高效农业上，该市通过信息化改造传统农业、装备传统农业，在信息服务中实现小农户生产与大市场的对接，通过提高信息化水平缩小城乡差距，进一步促进城乡生产、生活的发展达到一体化的要求。

④积极打造城乡"宜居"一体化的特色。太仓人的人均住房面积历来是高的，特别是农村人口的住房面积，早在改革开放以前就已达到人均六七十平方米的水平。在构建现代田园城市中，该市把塑造"宜居"城市作为一项重要的民生事业加以推进。但是他们不再注重"人均面积的大小"，而是注重"居住的质量和水平"，这个质量和水平主要是指生态环境和人文和谐。在太仓城中，虽然近年来出现了一批又一批高楼大厦，但整个城市依然有大片大片的生态林、数不清的绿地和湿地，散落四处的几十座街头小花园，还有整齐的河网、新建的湖泊等，整个城市风貌清新，加上平坦宽阔的街道，不管是"驾车"还是"人行"，都使人有一种舒适愉悦的感觉。在苏南这样经济发达、人口密集的城市中，像太仓这样马路上基本没有堵车的城市已经是很鲜见了。在太仓的农村中，农民的高质量和高水平的居住环境也让外来太仓的人啧啧称道。一些在新农村建设中涌现出来的先进示范村，其农民的居住设施和周边生态环境，其质量已达到城里人望尘莫及的现代化水平。

（3）创造城市内涵

现代田园城市之所以会让人有梦幻般的感觉，不仅在于她的外表，而是得力于她的内涵，一座现代化的田园城市必定会通过大量丰富的、内在的东西去冲击人们的心灵，人们对这些城市也一定是心悦诚服地予以大加赞许的。

太仓十分注重对城市内涵的创新和塑造。太仓的田园城市的内涵是哪些呢？该市通过对自身优势的审视、对传统特色的分析、对"后小康社会"的理性探求，以及对世界现代田园城市示范效应的感知，逐步描绘出了太仓特色的现代田园城市的内涵为，"品位、特色、精致、灵动"这八个字。

①围绕民生需求，提升城市"品位"。现代田园城市，既然是"现代"的，那就不是传统的田园小镇式的格局，而是主旋律鲜明、尽现大气的现代化、田园式、前卫性、繁华型的城市。为此，太仓市在城市建设中，一是特别注重城市设施的多功能性。以国际化的理念改造旧城区、建设新城区，把城市综合功能尽可能表达出来，包括城市商业的片区、风光迷人的休闲景观片区、各种档次和各具特色的餐饮片区等，使更多的设施成为便民服务的载体，更多的城市功能跟大上海接轨。二是特别注重城市内核的包容性。努力使城市建设能容纳进和传递出更多的"语言"，发达的经济力度、富裕的生活厚度、开放的胸怀量度、好客的礼仪风度、价值取向和智慧渗透的深度等，使整座城市包含的内在气质和潜力能让人触摸到、感悟到、品味到，从而使在这座城市生活的人和来这座城市造访的人都能不同程度地感到扑面而来的风情熏陶。三是特别注重城市空间的协调性。太仓市在城市建设中非常讲究空间安排的协调性，他们按照现代产业、现代城市、现代生活的要求做到超前谋划、未雨绸缪，努力做到各个建筑群体、各种生活网络、各处风光景点设置能达到疏密有致、高潮迭起、舒适协调，使整座城市有一种"放大了的家园"的感觉，从而对内满足市民的幸福需求，向外展示城市的大气品位。

②凸显穿越时空，打造城市"特色"。一座城市要让城外人感到有吸引力，城内人感到有自信力，关键在于"特色"两字。该市十多年来走的是一条"穿越"时空、交汇"古今"的城市建设之路。该市的基本格局跟苏州市有些相似，苏州的老城仍然保留了江南水乡特色的风貌，在老城区没有一座属于高楼大厦的建筑，而在老城的四周却高楼林立，尽现色彩缤纷的风情，苏州市成了老城区、新城区、洋城区的综合体。太仓同样如此，保留了老城区的传统风情，徜徉在太仓老城区感觉比苏州的老城区更清净、更疏朗、更温馨、更接近地气。正由于老城区有较为浓郁的江南水乡小城的风格，加上城周围园区、新区的现代化建筑设施，使太仓城市穿越了时空、汇合了现代和传统，形成了古今融合、内敛和开放的特色混为一体的格局。

③按照"三高"要求，打造"精致"城市。"精致"在太仓八字城市精神中占据"首选"地位。太仓的"精致"不仅是指建造城市各项设施的外

貌要求，同时也包蕴了这座城市建设的内在气质要求，这就是讲究"典雅"、讲究"精细"和"极致"。如何使自己的城市做到这一点，该市坚定不移地贯彻"三高"的原则，即高起点规划、高水平设计、高标准建设。根据这"三高"的要求，该市十分注重城市空间的规划设计，从城乡空间特色、建筑文化和风景园艺入手，充分挖掘该市濒临长江、河网密集、绿色丰沛、文化积淀深厚等众多优势。建造出了一批又一批历史和现代、自然和人文相交相融合的精品园林、湿地和多彩多姿的建筑物；建造起了一座又一座有艺术元素和实用价值的精品景点，如城区的滨河风情带、新区的中央商务区、科教新城的天镜湖、浏河的滨江新城、金仓湖边的德国风情小镇等；还建造起一条又一条具有较为密集林木、草地和绿色的林荫大道，打造出集生态景观和休闲交流健身于一体的城市绿色生态公共开放空间。

④发挥小城优势，打造"灵动"城市。太仓市的领导认为，城市规模不在大小，而在于城市地位的高低。太仓中小城市的规模正是构建现代田园城市的一种优势，太仓的城市建设和城市管理应该和大城市有不一样的追求，这就是应该千方百计让城市"灵动"起来，也就是说不搞"群雕"，搞"微雕"，不唱"大戏"，唱"折子戏"。太仓的城市灵动主要体现在她的"干净""整齐""清静""自然""质朴"等风格上。这里没有太多的喧嚣却有丰富的社会生活；这里没有太多豪华装扮，却有现代化的"清明上河图"式的多姿景观；这里没有太多的人流、车流的纷扰，却有纵横交错的街道、河流和恬静优雅的小区、市井；这里没有太多的时空的压抑，却有人心的稳定和举止的文静……总之，这座城市对常年生活在大中城市、天天步履匆匆的人来说，如同进入了充满灵性、饱含诗意的梦幻的天地。这里不仅是人们可以欣赏、休闲的去处，而且也会激发人们强烈融入的愿望和冲动。所有这些，正是符合构建现代田园城市的支撑性要素，可以说，太仓基本具备了构建现代田园城市的内在品相。

（4）提升人的文明

现代田园城市说到底是现代人的文明城市，是人和人、人和自然和谐共处的城市，"现代"也好、"田园"也好，最重要的是要通过提升人的文明行为来充分体现的。现代田园城市是为人的健康、人的生活、人的创业而设计的，这座城市离不开市民素质的提升，包括文明的举止、健康的生活、法制的意识、道德的观念等。目前，太仓已取得了全国文明城市的称号，这仅代表太仓人的文明已具备"当前"城市的最佳水平，而离构建现代田园城市的要求相比还有差距。为此，太仓十分重视提升三个方面的文明形态。

①高度重视环境生态文明。太仓市的环境生态文明是在不断地进行城市开发和开放中重点加以保护和发展的。他们的主要举措是，第一，多创联动，优化环境。他们在开发和建设中全面推进"环境优美乡镇"创建活动和全力摘取中国城市人居环境奖，并在此基础上将再上新台阶，申报联合国人居环境奖。他们努力做到生物资源得到有效保护，自然资源得到合理利用，环境污染得到有效控制，在城乡同时加强对环境的整治，在环卫、垃圾处置、污水处理、给水排水等方面都给予科学的建设和治理。第二，精细管理，提升质量。该市在通过"国家环境保护模范城市"的活动中，对考核专家提出的薄弱环节全面地进行了细化分解，提出了九大整改工程方案，并提出了整改要求、整改时限，落实责任单位，按下达的计划进度，确保全面完成整改任务。他们严格执行环境影响评价制度，坚持以环境容量优化区域布局，以环境管理优化产业结构，以环境成本优化增长方式，从严控制"两高一资"、低水平重复建设和产能过剩的建设项目。他们坚定不移地推进节能减排，实现结构调整、技术进步、管理创新"三管齐下"，深化重点领域污染综合防治。他们围绕一条主线——"铁腕治污"，完善专项行动和后督察两项机制，实现日常检查向全天候监控转变、现场检查向现场核查转变、单一打击向打击与服务并重转变。第三，建立制度，规范行为。该市通过建立必要的规章制度，提倡公众良好的环境行为，形成城市生态保护风尚，包括使用环保车，提倡绿色生活、培养生态观念、组织生态公益活动等。建立大气监测站，引进先进设备，预防和治理灰霾天气，增加对一氧化碳、臭氧、PM2.5、大气能见度、黑炭等灰霾天气特征污染因子的监测。该市还围绕再生资源回收行业的规范化、合理化，初步建立了以再生资源回收集散中心为核心、城乡社区回收点为基础、社区流动回收车为纽带的再生资源回收网络体系，成为全国首创的"三点一线"（即集回收、整理、分拣、加工、储运、信息发布及交易于一体）再生资源循环经济产业链。

②高度重视生活常态文明。现代田园城市是人日复一日、年复一年生活的城市，因此，这座城市的生活常态是否和现代田园城市的性质相吻合直接

影响到现代田园城市的质量和水平。太仓是比较典型的苏南水乡之地，太仓市的生活常态离不开它的"精致、和谐、务实、创新"的城市精神，太仓人的生活方式体现了太仓城市形象和品性。为此，规范和弘扬太仓式的生活内涵是该市构建现代田园城市的一个重要基础性工程。该市鼓励人们在"精致"地生活、"和谐"地共处上形成特色，形成风尚。

第一，把提倡文明生活、塑造文明市民作为常抓不懈的工作。构建现代田园城市对市民来说，既要有遵守道德和规则做底线，也要有提倡高尚文明行为做目标。也就是说，除了要督促市民们自觉遵守社会约束，杜绝乱扔垃圾、乱摆摊点、随地吐痰、说粗话脏话、不遵守社会公德的事的发生；还要积极倡导良好的公众健康生活行为，形成城市的常态规则和风尚，如提倡绿色消费、环保生活、健康家庭、洁净社区，把生活常态的文明变成市民们的内生化习惯。

第二，把提倡"品味人生"、共筑"幸福家园"作为改变人的生活方式的基础工作来抓。太仓市提出，改革开放30年给市民们带来的幸福家园生活主要是物质享受和财富占有，今后太仓要在全市构筑起"幸福新家园"的目标，并把它放在提高人的生活品质、生活追求的层次上，使更多的市民能在这座越来越成形的现代田园城市中品味高尚人生真谛、解读生命意义、重铸现代化生活方式、畅享人生意义。该市通过各种传媒宣传的途径、典型引路的途径、窗口服务的途径、主题活动的途径、制度激励的途径等将科学生活的新理念不断地植根于全体市民的日常生活细节之中。最近，该市正大力推进小街巷和慢行系统的提档改造，其目的就是要为市民们生活方式的现代化提供更好的人性化空间，一条慢通道形成一种慢生活、一种慢生活造就一座幸福城。这虽然是社会建设中一件具体小事，但该市就是通过这样一点一滴的潜移默化塑造起属于"人生"层面的现代田园城市形态新内涵的。

第三，把规范城市管理、建立正常秩序作为丰富现代田园城市内涵、提升城市整体水平的常态性工作抓紧抓好。太仓市深刻认识到，现代田园城市是一个有规有矩、有秩有序的社会，"不以规矩，不能成方圆"，城市要靓起来，城市生活要活起来，必须要在规范上下工夫。在城市管理这一块工作上，涉及公众的生活内容实在是太多了，为了要在社会形成规范有序生活的大环境，该市十分注重对社会生活中的许多不协调、不文明行为进行排查、监控、示范创建。特别是对一些社会屡管不止的顽疾，例如违规建房、户外广告、摊位占道、渣土运输、车辆乱停等几大无序现象重点给予"亮剑""展招"，从而保证城市生活的文明水平，达到在"细微处"下手、"整体性"提高的目的。在监管中，该市特别注重推进城市管理的网络化、精细化、数字化，努力形成与现代田园城市相适应的城市管理新格局。

③高度重视文化质态文明。文化是城市的生命和灵魂，人的文明是文化的内涵和形象，作为构建现代田园城市的太仓，更是把人的文化自觉、文化自信和文化自强放在重要的位置上。对太仓而言，常年的各种文化活动是不少的，但他们深深知道，仅有文化的"量"态是不够的，还需要有文化的"质"态。他们在提升质态文化上主要抓了这样一些方面的工作。

第一，树立文化城市的理念。近年来，该市在城市建设理念上有了一个质的提升，即把原来的"功能城市"上升到"文化城市"的高度，这个大的转折最明显地就是体现在对太仓构建"现代田园城市"目标的确立上。现代田园城市就是文化的城市，是人的价值追求的文化质态的天线，现代田园城市把文化变成为城市发展的战略内核。在这种城市文化的新理念下，该市充分关注对城市记忆的保护，对城市特色的彰显，对城市品质的提升，对城市风貌的展示，对城市精神的塑造，这种种文化形态的构建集中到一个坐标点上：现代田园城市。

第二，培育城市文化特色。在实践中，他们逐步感觉到，用"融合"两字可以概括该市文化的显著特色。太仓有这样几个重要特征可以影响文化、重塑文化：一是太仓地处上海边缘，受江海文化、沪上文化影响很深；二是太仓是著名的江南水乡，江南文化、水乡文化是该市的传统资源；三是太仓是名人辈出的地区，包括政坛名人、科教名人、文化名人等，该市在大量的名人魅力释放中涌现鲜明的娄东文化特征和个性；四是太仓历来经济发达、生活富庶，是著名的富裕之乡、长寿之乡，培育出了具有休闲文化、精致文化、雅趣文化的基因；五是现代的改革开放走在全国、全省的前列，和国内外的广泛交往，打开了世界文化、现代文化的新视野，如此等等。用这些深厚而丰富多彩的文化特征造就这座城市"融合"古今、中外、雅俗、动静等相互交汇、贯通和互补的文化特色，造就这座城市的固有精神和气质。在构建现代田园城市中，该市把这种"融合"各种文化特征的特色作为文化发展的主旋律，在这座城市可以领略并品味到各种意境、意趣，例如产与城、田与园、城与乡、人与市、水与文等有机结合而成的现代化、田园化、水墨化、风情化的城市图画。

第三，丰富城市文化底蕴。现代田园城市应该具备深厚的文化积淀，浓郁的文化氛围，诗一般的城市文化性形象，先进的文化基础设施，完善的公共服务机制。为此，他们从自身城市的历史发展的前前后后、社会生活的方方面面中努力去挖掘城市发展方式和生活方式，提炼出最具地域代表性、时代先进性和市民风俗性的思想观念和城市精神。他们坚持以人为本、整合资源、统筹兼顾、弘扬特色的原则，近年来建成了一批高质、一流的文化设施，还建成了一批具有田园特色，有自然风光、传统再现、乡土情趣特点的旅游景点、景区，使现代田园城市的文化底蕴得到了充分的体现。

第四，高度重视人的心态文明。太仓市认为，现代田园城市除了要有"物"与"人"的现代化、田园化外，还要构建起人的"心"态文明，从而使现代田园城市更美好、更优质、更具活力。

心态是要发现的，但更需要培育。现代田园城市对人的心灵、神态是什么样的要求呢？简而言之就是"和谐"两字，和谐的社会风尚、和谐的人际关系，加上和谐的人心所向才是完美的城市。近年来，太仓市在构筑人的和谐心态上主要倡导和培育如下几种符合现代田园城市要求的心态文明。

一是保持一份"诚朴"之性。太仓人历来是一个比较诚朴的群体，在20世纪90年代，中国社会科学院的专家曾专门在太仓街头连续观察多天，从未见过街头有吵架、红脸的事情发生，外地来太仓的人都异口同声地赞美太仓人的诚实、朴素、温和的个性。近年来，该市更是大力提倡这种属于人文情怀的文明品格，与时俱进地把这份"诚朴"升华为城市的底色。该市通过对核心价值观和文化道德观的确立，努力把一颗诚朴之心深入到市民们的生活态度和行为举止中去，使这份传统的性格上升为理性的品格和规约。在太仓传颂着一位为了守住一个为九泉之下战友尽孝的"承诺"，把一份孝敬老人的真情默默绵延了27年的太仓人杨建清的故事，他的故事感动了太仓，也感动了那位牺牲战友的母亲"山东妈妈"和其家乡青岛。杨建清的尽孝没有更多的华丽表达，而是那种洋溢在太仓人身上的"淳朴"之心的真实流露。

二是拥有一颗"宁静"之心。越来越繁杂的经济生活和越来越多彩的社会生活，使生活在城市中的人容易变得焦躁、功利、粗放和烦恼，这跟构建现代田园城市生活是不和谐、不协调的。太仓的市民们在纷呈繁杂的现代城市大环境中却保持了一颗宁静、平常、淡然之心，凡是到过这座城市的人都会有这么一种感觉。这种宁静之心，一方面是文化修养折射出的影子，另一方面也是这里优雅惬意的环境培育出的种子。改革开放以前，这里的人闲暇之时喜欢喝酒、品茗、聊天、听广播、听评弹；如今在这里，人们在休闲之日、之时更多的是读书、上网、钓鱼、打牌、听音乐、跳街头舞、做健身操。当然这里也有事业上激烈的拼搏和火热的竞争，但这是一小部分人，是那些事业重担在肩或职场比拼使然的那一小部分中年人的责任，即便如此，这些人也会在百忙之中在这座城市中寻找片刻的宁静和放松。

三是弘扬一股"乐施"之风。田园城市应该是乐施好善的城市，不应该是钩心斗角之地。太仓市的市民们素有助人为乐的传统风尚，近年来，该市的生活城市化和环境田园化造就了社会关系的乡情化和人际关系的亲情化。在这里，虽然随着现代住宅楼的兴起，人们之间的交流空间越来越小，邻里之间的接触越来越少，但该市大力推进一系列引导人际关系和谐发展的活动，如规模盛大的"万名志愿者情暖娄城"志愿服务活动，包含了文化、普及文明风尚、平安、交通、敬老、助残、环保卫生、健康、科普、关爱老年人十大关爱服务性活动项目，还有一些属于各条战线代表人物为全社会服务的巾帼、党员、市民志愿者服务等活动，这些都给这座城市带来了人与人之间的真情。在这座城市里不缺少"道德典范""平民英雄"，由中央文明办主办的"中国好人榜"上，该市竟有四人上榜。平时，这里各种好人好事层出不穷，如为港区内的部队免费放映电影500多场次的陆定兴、细心照料百岁婆婆的古稀儿媳妇沙瑞珍、捐髓救子的坚强母亲张建英、让残缺的"花朵"也能散发醉人芬芳的张晓芳、年近八旬依然关爱未成年人成长的俞娉华、见义勇为的何勇、谢文祥、朱照明等，都是该市文明的代表、和谐的缔造者。

四是倡导一条"自律"之规。人在现代田园城市里生活，既是"享受者"，也是"耕耘者"，人的社会责任是多方面的，但最为重要的就是要有自律之习惯，即要按照政府制定的各项规定、法律明确的各项准则和社会约定俗成的规矩来规范、制约自身的行为。太仓的市民们开始有了这样的共识，在日常生活中也给予了较好的互勉互励互督互促，从而保证了城市独有的整齐、清静、有序和平稳。由于"自律"之规的深入人心，这里常年保持了街道的洁净、商场的整齐、公共设施的亮丽、社会风气的顺畅，从而提高了人的心灵享受的水平。

第五章

坚持"多元普惠、和谐善治"的实践路径，努力走出一条符合太仓市情、可持续运作的社会建设和管理的新路子

　　太仓市的经济社会发展已经从前二三十年经济增长驱动型的发展模式转向了经济社会协调并重发展的模式，如今，该市又进入了一个社会发展、社会现代化驱动型发展模式的新阶段。这个过程，从社会现代化的推进历程而言，基本上经历了"有没有""好不好""公不公"三个转型阶段。前三十年，太仓市的一、二、三产业高度发展，经济实力迅速增强，这为社会现代化打下了"有没有"基础推进的问题。近六七年，太仓在坚持经济建设为中心的同时，大力加强社会建设，该市的经济、社会协调发展提升到了一个较高的水平，解决了该市社会建设"好不好"的问题。从现在到向后一段相当长的时间里，太仓还要进一步推进社会建设，实现社会体制改革创新的大转变，更好地解决社会建设"公不公"的问题，从而创造一个既充满活力、又和谐有序的社会，实现经济社会的真正现代化。

　　实现社会现代化和实现经济现代化是有些不同的。实践证明，一个地区率先实现经济现代化是可能的，但社会现代化要在一个县级市率先实现，碰到的制约因素就多了，有些社会问题造成的原因是带有全局性的，要改变这些现状也需要从上到下加以统筹解决。为此，该市在推进社会现代化的实践中，反复学习、深刻领会中央有关加强社会建设的指示精神，充分认识推进社会现代化必须加强对社会结构的调整，协调好各种利益关系，重建社会公

平的现实，通过对社会成员的社会行为和价值观念的引导和约束，对各类社会关系、社会矛盾的协调，来达到形成良好社会秩序、促进社会发展的目的。这一条通往社会现代化的康庄大道，近年来中央已经指出了明确的方向，关键是作为国家大家庭的一个比较小的成员——县级市能不能不受外部、全局条件的制约，早实践、早见成效？

太仓市对这一道理的认识是这样的，21 世纪的社会现代化和前一个时期的以工业化、信息化为核心的现代化是不同的。其不同点在于：一是今天社会现代化的重心已由经济、技术、知识转向社会发展；二是今天的社会现代化实际上是一场生活方式的革命，原来以获得物质财富为动机的生活追求已转向更重视生命、生存和生活的质量；三是今天的社会现代化人们已将重点更多地放在社会公平正义的实现和提高上。根据这一认识，太仓市在推进社会现代化进程中，对当今社会上存在的诸多问题排出了三个层次的解决方案。第一个层次，要解决社会中存在的各种因满足不了人们就业、生活、生存与发展的期待而出现的矛盾和冲突，从而维护社会秩序、保持社会稳定，这是实现社会现代化的"底线"要求。第二个层次，要解决好社会管理系统目标的构建，即通过社区建设、社会保障、社会服务、社会安定等层面的建设，形成公民广泛参与的社会"善治"新格局，这是实现社会现代化的"中线"要求。第三个层次，要通过五年、十年乃至更多时间的努力，切实解决好人的管理和人的现代化问题，即要在体制设置上，在人的精神素质层面上和社会规则的制定上，在全体市民中树立起高度的公平意识、规则意识、道德意识、诚信意识，在理想信念、伦理规范、价值评价、情感体验上形成社会共识，从而在全社会真正形成一种有序和谐的新局面，这是实现社会现代化的"高线"目标。

根据这三个层次的设定，太仓市认为：第一个层次的"底线"目标已经基本实现；第三个层次的"高线"目标有赖于今后的不断探索；当前，推进太仓社会现代化的现实目标是解决好第二个层次的任务，即努力使社会现代化中的"中线"目标尽快实现。正是出于这样的认识，该市把前阶段和现阶段的社会现代化实现途径定向在"多元普惠、和谐善治"这八字方针上，太仓市的实践证明，这个"八字方针"是解决社会现代化中期目标的切中时弊的有效选择。

一　太仓推进社会现代化的"八字方针"其核心是以人为本

"多元普惠、和谐善治"的八字方针是太仓在中央提出"科学发展观"新理念和建设"和谐社会"、加强"社会建设、社会管理"等一系列重要指示的指导下积极付诸实践并逐步形成的。"多元普惠"主要是指要"多渠道、全方位、全过程"地为市民提供更多、更全面的包括就业、教育、医疗、住房、社保等服务，还包括基础设施建设、生态环境改善、平安网络构建等涉及公众生存、生活、发展的有关利益需求。"和谐善治"主要是指要通过民主制度的推进、法制建设的完善、社会规则的形成和积极主动的工作精神去解决好人与人之间利益关系的调整，社会生存、生活、发展基础条件的确立和公平正义社会秩序的维护，从而在全市营造一个有幸福、有秩序、有活力、有理想的和谐社会。

太仓市的"多元普惠、和谐善治"，虽然是该市推进社会现代化中的实践运行模式，但它充分反映了该市实现社会现代化的根本指导思想和内在本质特征，这就是，以人为本。太仓市认为，社会现代化从根本上说是对人的有效服务和精细管理。社会是由一个个人组成的，社会现代化的全部要义就是社会进步，就是满足人的愿望、关心人的利益、做好人的工作、实现人的自信。因此，离开了"人"的主核，也就不可能实现社会现代化。太仓市这个"八字方针"运行模式，看似简单，却包含了丰富的内涵：体现了工作的真情，引领了正确的方向，设置了高位的目标。具体表达了以下四个方面的基本要求。

（一）努力达到"共享"的目标

太仓市在推进社会现代化中一个基本的指导思想是，要让全市人民——不分老少、不论城乡、不含内外、不讲先后地共享改革发展的成果。他们认为，早在20世纪的八九十年代里，随着经济的高速发展和城市化的快速推进，一定时期内出现的许多社会问题乃至引发的一些矛盾、冲突，细细推究起来，都离不开缺乏对人人"共享"改革发展成果这一重要分配原则的尊重，因而造成了人们物质分配上的不均和心理感受上的失衡。例如，土地征收、房屋拆迁、劳资冲突、医患纠纷、本地人和外地人的矛盾、城乡贫富差距的拉大等，都来自一个重要原因，就是"蛋糕"分得不那么好，造成了一部分人侵占了另一部分人的利益，因而产生了"不公型"的"不平""不合理"的"失衡"。为此，该市在推进社会现代化的进程中，特别提出了"普惠"的原则，这个"普惠"是尽量地普惠、适度地普惠、终极地普惠（注重结果的普惠）。他们认为，普惠可分福利性和全民性两种，社会福利性普惠主要针对的是社会上一些特殊的人群，如"三无"老人、残疾人、因意外而导致生活困难的人群等，而在推进社会现代化过程中，更多的是要解决好全体公民的"共享"成果的问题，也就是全民性的普惠。他们在社会建设中特别重视兴办那些可以使全民受益的实事、要事、好事，例如，一些关系到重点民生公益的项目、涉及重大基础设施的建设和事关重要日常生活的公共服务等，基本上能让生活在这座城市里的每一个人都受益。如果说"福利性普惠"主要是解决社会稳定的话，那么"全民性普惠"可以促使整个社会幸福。

（二）努力保持"公平"的原则

社会现代化是公平的现代化。太仓市的"八字方针"，非常注重公共服务的多元化和社会管理的源头化，在公共服务上提出了"多元普惠"的要求，在社会管理上特别提出了"和谐善治"的要求。其本义是想通过社会建设和社会管理，营造出一种好的、健康的社会生态，让全体民众对整个社会充满生活的希望和充分享有公平地获得生计的机会，这种社会生态是"公平正义"的具体表现。太仓市在推进社会现代化中倡导为事要心中有善、眼中有美，处世存直、行止有规。在处理各方利益关系和协调各种现实矛盾时，特别注重权利公平、规则公平、效率公平、分配公平，一切依法办事、按规则办事、按道德准则办事、按客观规律办事。在提供公共服务和兴办民生实事中，十分注重机会平等的原则，即从总体上这些实事的兴办要尽量做到覆盖面大、受益面广。在建立公正的社会制度和行为规则时，努力做到公开化、透明化、信息化、民主化，加大民众的参与度和监督度。在处理增收、就业、分配、保障等民生利益关系时，建立以共同富裕为目标、以缩小差距为手段、以协调各方利益为根本的制度体系。在完善民主权利保障方面，以政社互动、基层民主自治为突破口，创造条件让政府的执政理念建立在真正惠及百姓和福泽后代上。总之，该市通过"八字方针"的实施，更好地把公平正义建立在对人际关系的关怀、对生命价值的尊重、对公民权利的维护、对全面发展的追求上，从而在推进社会现代化的进程中达到社会政通人和、人们心情舒畅、生活井然有序的目标。

（三）努力体现"现代"的特征

太仓市的"八字方针"具有强烈的时代特征，其主要表现是，（1）它打破了传统的社会建设和社会管理全部由政府"买单""独控""施舍"的模式，实现了政府从管理型运作向服务型运作的转变，包括政府向社会购买服务，已纳入政府的预算，社会服务已由简单的行政型服务向专业化服务转变等。（2）随着该市经济实力的不断增强和对实现社会现代化目标的高端设计，该市的社会建设已从原来的救济型、补缺型、生存型向普惠型、制度型、发展型提升。民生建设也好、社会管理也好都在向构建现代田园城市的高台阶目标迈进，该市已把民众的幸福感提高到向现代化水平冲刺的起跑线上。（3）该市的"八字方针"运作模式提出了一个重要的命题，即将原来的以物质增长、福利普惠、社会有序、生态优化等满足人的物质、精神需求的层面，提升到了根本制度的转型上。即开始注重公民权利、民主自由、能力建设、素质提高、发展机遇等方面，市民不仅能在社会现代化中得到生活感受上的幸福，而且在人的价值层面上也能得到更多的尊重和关注。（4）借鉴了世界上一些先进国家和国内先进地区的经验，结合本地实际推进社会现代化。太仓市的"八字方针"有些做法具有创新性和先进性，这跟该市以宽阔的视野借鉴先进国家和地区的经验有关。例如，该市在城市建设中不仅没有过分地走"推倒老城区建设新城区"的路子，而是十分重视老城区的提档改造，包括住宅小区的改造，道路的改造和绿化区的改造等。特别是近年来该市非常注重慢行系统、小街巷和景观带的改造，这是借鉴了先进国家的做法，提倡一种跟现代田园城市相吻合的"慢生活"，在经济"快节奏"的同时营造宜居的"慢生活"，折射出该市各级领导对自身城市的品位的提升。另外，该市在医疗保障的工作中也有不少创新性的发展，该市十五年的医保走过了一条"单一城镇医保——全民医保——普惠特惠相结合医保——社会医保和社会福利结合"的路子，使该市的老百姓一次次深深感受到台阶式上升的医保温暖，在全省乃至全国产生了积极的影响。

（四）努力发扬"主动"的精神

推进社会现代化是科学发展观在社会建设和社会管理领域中的实践，这样的实践对各级政府来说需要主动推进，而不是被动应付。该市的"八字方针"正是这种主动精神的具体体现。"公共服务"上的"多元普惠"也好，社会管理上的"和谐善治"也好，都是政府和社会对全市民众提升幸福指数的一种积极姿态。这种积极主动的姿态表现在，（1）在工作主体的选择上，充分考虑最大多数群众的利益需求，尽量增大覆盖面，使各项建设做到人人有份、一个不落。（2）在政策设计上，既注重"现实需求"，更注重"长远利益"，把顶层设计放在重要的位置上，层层推进、逐步提高。（3）敢于探索，善于创新，不满足于上级布置的要求，也不满足于一般的落实，而是在各个领域都体现创新型发展的思路和追求。（4）努力做到与时俱进搞建设，整体提升原有的格局和水平，干每件事情都力求立足现实求突破、思考未来促转型，把台阶一个个做高，乃至使要做的工作都达到全省、全国的先进水平，取得一个又一个全国级先进城市的荣誉称号。总之，该市的"八字方针"体现的是一种积极工作的姿态，造就的是一种不断进取的精神，形成了一种事事"主动"的风格。推进社会现代化是十分复杂的系统工程，鉴于它面对的是全市每一个民众和整个社会，它的工作细致程度一点也不比搞经济建设差，它的工作难度一点也不比实现经济现代化少。因此，主动精神，在一定意义上是社会现代化推进快慢的重要因素，对每一个县级市来说，更是具有决定性影响的关键所在。

二 "多元普惠"是推进以公共服务为主的社会建设的科学、理性的选择

中共十七届五中全会通过的《关于制定国民经济和社会发展第十二个五年计划的建议》中强调：着力保障和改善民生，必须逐步完善符合国情、

比较完整、覆盖城乡、可持续的基本公共服务体系，提高政府保障能力，推进基本公共服务均等化。太仓市在推进社会现代化中认识到，社会发展的不均衡，这是当前民生问题的一个时代性特点。我们不仅不能视而不见，而且应该强化公共服务，把服务的目标从"满足温饱"向"追求公平"递进，努力推动公共服务的均等化，并把它作为推进社会现代化的一个最为重要的历史使命加以完成。在这个指导思想下，太仓市提出了"多元普惠"的社会建设实践模式，其主旨就是要通过均等的公共服务，使全市每一个人都能平等地享有政府所提供的基本公共服务。尽管社会上还存在人们收入和财富享有上的差距，尽管城乡之间还存在收入、基础设施、社会权利上的差距，尽管在外来民工和准城市人口中还存在发展机会不同等、在物质文化待遇上不一致的实际情况，但是坚持基本公共服务"普惠"的原则是应该始终不渝的。这是推进社会现代化的一个基本原则，作为工作主导的党委、政府应该有这样的信念和信心，相信通过不断地、持久地对基本公共服务均等化的实施，对"多元普惠"方针的有力实施，完全可以逐步伸张社会的公平，大大缩小业已存在的各种客观差距。由此可见，太仓市的"多元普惠"方针的核心是实施基本公共服务的均等化，其属性是体现发展成果为人民共享的科学发展宗旨。太仓市的"多元普惠"方针是从以下几个方面展开的。

1. 托底性普惠

公共服务的均等化，从哪里做起？太仓市认为，首先应该从基础层面抓起，要把"托底性福利"的普惠放在最前列，也就是说，要努力做到在推进社会现代化的进程中，不让一个困难群众掉队，在切实改善民生和选择富民、安民、惠民、利民的举措时不能让一个弱势人被"边缘化"。

一是实施最低生活保障制度。太仓市对家庭人均收入低于当地最低生活保障标准的困难对象实行差额补贴，实施生活、医疗、教育、就业、住房、法律、慈善以及"一户多残、依老养残"等方面的救助。建立城乡一体的最低生活保障标准，根据经济社会发展水平适时调整低保标准，进一步完善低保家庭"救助渐退"制度，鼓励有劳动能力的低保对象积极就业。

二是加大医疗救助力度。医疗救助由社会医疗救助、专项医疗救助和慈善医疗救助三部分组成。社会医疗救助主要受惠于低保对象、低保边缘人员、重点优抚对象，符合救助条件的流浪乞讨人员、困难职工以及自付医疗费用后的费用过重的重病患者；专项医疗救助主要给予在低保标准2倍以内具有高额医疗费用的家庭的救助；慈善医疗救助，主要是对一些特殊救助对象（包括贫困家庭儿童）的救助。对符合救助的对象发生规定额度内的医疗费用，在享受相应的社会医疗保险待遇后，其自付部分由医疗救助基金补助大部分或全额。

三是实施教育救助制度。太仓市对未成年的"三无"对象实行免费教育；对特困人群的非义务教育就学期间的学杂费减免50%以上或全免；对残疾人的学前教育、高中阶段教育实行免费，大专以上学历教育阶段给予资助；对符合救助条件的大学生、高中生给予3000元/年、2000元/年慈善救助。

四是实施住房救助制度。对住房困难的低保、低保边缘、特困职工家庭以及低保标准2倍以内相关贫困家庭给予各种形式的补贴、提供廉租房等住房保障措施。

五是实施就业援助政策。加大对"零就业"家庭及低保家庭、残疾人家庭、主要成员丧失劳动能力家庭的优先就业援助，并积极提供免费职业技能培训。

六是实施法律援助制度。该市整合法律服务力量，组织所有律师、公务员、基层法律工作者承担法律援助义务，为弱势群体提供法律援助服务，由政府承担其有关费用。

七是建立临时救助制度。充分发挥社会捐助网络化、慈善超市社会化的优势，帮助生活暂时困难的家庭渡过难关；政府对因灾致贫和有其他特殊困难的群众，给予应急性临时救助。

八是建立灾害救助机制。建立市自然灾害救助应急预案、完善镇（区）、村（社区）两级自然灾害应急预案，建立防灾减灾工作领导机构和制度，全面加强灾害管理信息化建设，做好救灾资金的预算和使用。

九是做好社会互助和开发式扶贫工作。该市打造"情暖万家"品牌，开展志愿服务、结对帮扶、邻里互助等活动，发挥社会组织在社会救助中的作用。通过"农民专业合作社带动""企业带动""能人带动""基地带动""劳务合作带动"等途径，帮助困难家庭逐步摆脱贫困。

十是完善其他救助制度。对五保供养制度，流浪乞讨救助制度，老年人关爱、救助制度等进一步完善和落实到位。

太仓市通过以上十项举措，使社会上弱势群体在基本生活的方方面面都有政府和社会温暖之手的"帮一把"，这种扶助的水平虽然不算很高，但是却可以起到"托底"的作用、"普惠"的作用。在实施十项举措的基础上，该市还根据实际情况不断增强后续举措救助特殊困难市民。在2011年4月份，一名患急性淋巴细胞白血病、需要做骨髓移植手术而又缺少手术押金的患者被该市的人力资源与社会保障局知晓了，该局决定破例先给予这个患者垫付30万元押金，使这个患者顺利实施了手术。从这一事例中，该市经过调研出台了《关于对社会特殊群体实施社会保障政策扶持的意见》。意见规定，患重大疾病需及时送上海、苏州等异地医院抢救或手术治疗的太仓市参保人员，因家庭经济困难无力缴纳医院高额预交金（20万元以上）的，社会医疗保险基金可提供部分资金担保。意见还出台了大病医疗再保险的新政策，即对大病住院的大额自付医疗费用进行再次补偿。这项新政策，不仅覆盖了全市户籍人口，而且对外来47万人口也进行了全覆盖。

2. 广覆盖普惠

太仓市在推行公共服务均等化的过程中，十分注重在那些牵涉人多、波及面广、影响力大、全局性强的公共服务上实施突破性的普惠政策，努力达到一个措施惠及一大片、一种服务得益一群人、一项制度收效若干年。在实践中，该市从以下几个覆盖面广而影响力比较大的突破口上加强公共服务的力度。

一是高度关注"老龄化"。老龄化是太仓推进社会建设的最大压力之一。该市60周岁以上的老龄人口11.4万，占户籍人口24.33%，已经超过了许多发达国家的水平，这给该市的财政也带来了不小的压力。但是老年人，特别是退休金较低的企业退休人员，无疑是社会上的一个弱势群体，而这个群体占了全市人口比例的四分之一，对这部分人的公共服务能不能跟上、到位甚至更优惠，很大程度上影响着社会现代化的进程和水平。为此，该市大力加强老年服务体系的建设，出台了一系列老年福利事业的有关政策，包括大力发展以居家养老为主、其他养老方式为辅的养老政策，投资2亿元建设高标准养老基地，全面推进居家养老服务工作；制定老年人优惠政策，对60岁以上和70岁以上的老年人在旅游、乘公交车、看病就医、检查身体等方面实行优先照顾；全面建立老年人活动中心，组织老年人参加形式多样的文体活动；帮助老年人维护合法权益，建立维权机构；组织开展敬老爱老活动，评选"十大寿星""十大孝星""小手拉大手"等敬老爱老活动；对高龄老人进行慰问和补贴等，使全市老人享受到比其他人群更优惠、更周到的服务。如今，太仓老年人已成为人人都加以全力帮助的一个群体，老年人真正做到了老有所养、老有所依、老有所教、老有所学、老有所为、老有所乐，老年人的生活质量和幸福指数得到大大地提高。

二是坚定推行城乡"一体化"。太仓市认为，城乡公共服务能否一体化，这是在推进社会现代化中的一项量体最大的工程。对县级市来说，没有农村社会的现代化，全市的社会现代化就是一句空话，公共服务的城乡一体化已成为至关重要的一项建设。为此，该市在建立城乡义务教育均衡发展机制，城乡居民共享的公共卫生、文化体育、基本医疗等服务体系上，在推动城乡交通、水利、电力、电信、环保等重大基础设施共建共享上都努力做到一体化规划、一体化设计、一体化建设、一体化发展。特别是近年来该市大力度推进的"三集中"，大大加快了城乡市民一体化现代化的步伐，农民的生活质量甚至比有些城市市民还要高，农村的环境质量也一扫过去那种"乡下总比城里脏乱差"的传统概念，不少村庄已达到了整洁、文明、优美、高档的水平。

三是切实解决全市交通"公交化"。城乡交通公交化，这一公共服务的基本指向是全市每一个市民，其覆盖面之大、给人们带来的影响之广不可低估，这成了太仓市近年来谋求公共服务优质化的一个重大突破口。过去，除了一小部分市民有私家车外，绝大多数市民出行只能靠自行车和步行，特别是各镇、村的农村居民更是"出门难"，到市里来、到上海去都是一件很麻烦的事。为此，近年来，该市在实施城乡交通公交化上投入大量资金，建设起一个比较完整的公交网络。它包括：对外，开通对接上海轨道交通的城际快线，打造区域快速通道，实现沪太长途客运的公交化，建成一批连接市外的快速、高速路，实施城际线路的对接，取消城际、省际交通"收费站"；对内，优化市区公交线路，加快各镇村公交线路的建设，实现各行政村公交车辆通达率达到100%，大大方便农村居民的出行。全市添置40辆校车，用于接送城乡中小学生上学和放学，大大减少了全市中小学生的到校必须由家长陪送的现象。交通的"零距离"不仅使大批家庭、市民受益，而且丰富了市民们的生活，市民去上海、农民到市里购物办事如同家常事。交通的公交化、便捷化使该市的人员流量大增，就沪太城际快线而言，每天来回上海的人数要达 3000 多人次，节假日更是高达 5000 多人次。

四是加速外来人员"市民化"。外来民工是太仓市搞好社会服务的又一重头戏，如今太仓新市民超过了"老太仓人"。要使外来人员真正融入到太仓市的主流社会，真正把太仓变成他们的"第二故乡"，关键还是要加强对他们的公共服务，尽量给予他们和本市市民一样的待遇。为此，该市已作为苏州市试点城市，对外来流动人口推行居住证制度，外来人员可以领到代替暂住证的新"居住证"，逐步在就业、交通、医疗、教育、职业培训、社保、住房等方面享受市民待遇，实现外来人员市民化和本地市民的服务待遇一体化。为了强化外来人员对太仓的认可和融合程度，该市还实施提高外来人员市民化程度的各项"工程"，包括党建工程、主人翁工程、文化工程、集宿工程、专业培训工程、法律保障工程、创业激励工程等。尽管这是一项面广量大、繁重复杂的工作，但他们却做得乐此不疲。目前对外来人员的公共服务还说不上已经很周到，但毕竟已经开了个好头，收到了初步的成效，并开始把它纳入到了推进社会现代化的重要议事日程上，相信通过几年的努力，这个外来务工人员的"市民化"问题会在太仓得到妥善的解决。

五是实施造福全社会的"信息化"工程。信息化既是一门技术，更是造福社会、造福市民的福利工程。这项工程的普惠面非常之大，它渗透和影响每一个角落、每一项事业、每一位市民的每一刻生活，像这样造福社会的工程，太仓市早早把它抓上了手，而且不断地提高其水平。像太仓这样经济比较发达的县级市，经济领域里实施信息化并不难，但在社会生活领域里实施信息化，存在许多困难，这里主要取决于人们对这一工具的认识和认可还不够迫切，因此需要有一个逐步积累和转变的过程。该市在推进社会现代化建设中坚定不移地把信息化放在重要的位置，成立了由市长牵头的信息化工作小组，制定了中长期规划，出台了加快建设和提高水平的政策，打造了一支过硬的信息化人才队伍。从而使全市的互联网用户数、3G 业务总数、基站总数等近年来都有大幅增长，互联网已深入到各家各户，有线电视、数字电视网络覆盖全市。不仅如此，信息化已在政务系统、企业系统全面推开，行政权力网上公开、政企协作信息化服务平台以及企业在设计、装备、生产、管理、商务等各个环节的信息化，大大提高了工作的效率，造福了社会，成了一个面广量大的普惠民众的重要通道。

3. 多元化普惠

什么是公共服务？公共服务简单地讲就是由政府在掌握公共资源的基础上，为社会民众满足其生活需要而提供的能被平等享有的服务。这一概念中有三个鲜明的属性：一是公共服务的主题是民众全部，而不是少数人、一部分人；二是公共服务、为民服务是政府非营利性的提供；三是公共服务追求的是平等性、共有性。为此，太仓市实施"多元普惠"的公共服务就是从这个基本属性出发的，具体体现在这样三个方面。

一是受惠主体的多元化。公共服务基础性的指向是人民大众，而人民大众是一个最广泛的群体概念，它包括每一个公民都是受惠的对象，不分居民还是农民，无论男女老幼，不论生活基础如何，不管是外来的新市民还是老市民，一律都是政府公共服务的对象，是公共服务均等化的受惠主体。尽管各个主体之间因经济收入和财富的差距不同，对政府提供的公共服务感受和影响不同，但政府的普惠之风是吹进每一个民众的生活领域中的，这种普惠主体的多元化，也可以在一定程度上缩小人与人之间客观存在的差距。公共服务涉及人民群众生活的主要方面，渗透在群众生活的每一个环节，太仓市实施公共服务受惠的多元化，不放弃任何一个公共服务阵地而达到提高民生幸福指数的目的。

二是服务功能的普惠化。太仓市政府提供的公共服务功能是立体化的，它的作用从横向而言，牵涉有关收入、基础设施、社会权利三大服务功能的所有方面；从竖向而言，它是一个从关心优生优育，到人长大后的上学、看病、就业一直到老年护理、临终关怀、殡葬服务等生老病死的全过程；从服务程度而言，它的服务普惠贯穿在每一个环节中，把一切可能发生的、需要政府提供的服务都纳入到政府的服务内容中去。例如，该市在实施城乡社会医疗保险一体化的刚性服务中，他们坚持做到制度全民覆盖、打破城乡户籍、实现自由转移、达到高保障水平、实施信息化管理。具体做到六个有，即城乡人人有医保、特殊疾病有特惠、自费超万有再保、老人医保有倾斜、困难群体有救助、大额抵押有担保，从而形成一个具有经济发达地区统筹城乡医疗保障制度的发展范式。

三是实施方式的全程化。太仓市的公共服务的普惠于民，在实施方式上讲求系统性、全程化，既做到了总体上的把握，又建立制度性保障。他们认为，让市民受惠一定要看最终结果，要把每一件事的普惠一抓到底、全程展开、抓出成效。为了实现客观反映城市民生成就建设现状，复旦大学国际公共关系研究中心研发了我国首个"中国城市民生评价体系"，并对全国城市民生成就进行了排名，由专家评审委员会根据公开数据摘取、材料申报（案例）以及网络调查数据赋权系数综合分析得出。太仓在评审中，不仅取得了县级市总分第一的好成绩，而且在八个一级指标排名中拿到了医疗卫生、居住、公共文化服务和社会安全四项第一，2011 年在北京人民大会堂的颁奖盛典上，太仓获得了"中国县级市民生成就最高荣誉大奖"。太仓的公共服务都是以整体性运作、全面性实施、全程式跟踪而达到群众终极受惠、满意的目的的。

4. 提升式普惠

太仓市推进公共服务比较重视阶梯式和递进性。普惠民生是与经济发展水平密切相关的，普惠民生不可能一下子登顶、一揽子包揽，就是地处东部沿海经济发展已达到世界先进国家中等水平的太仓，也不可能把普惠民生的事业做得尽善尽美，民生幸福是一个逐步提高的过程，这个过程取决于经济发展水平的高低。因此，在推进社会现代化进程中，太仓市特别重视在民生事业的普惠上分阶段、分步骤地给予逐步提升。太仓在以前的二十多年时间里，普惠民生的工作基本上经历了三个发展阶段，第一阶段是在 20 世纪90年代前后。当时全市的乡镇企业迅速崛起，工业经济不断壮大，依托经济发展的需要，与之相适应的社会建设开始启动，从未涉及的民生福利领域开始提上各级领导的议事日程，像一些基础设施建设、劳动就业保障、农村集体经济的扶持、对生活困难户的补助等已成为政府工作的重点，这些全面开展的工作都属于"补缺型普惠"的福利事业。第二阶段是进入 21 世纪以后。随着率先实现全面小康社会的进展，该市的关注民生事业上了一个比较大的台阶，突出表现在以新农村建设为主的城乡一体化建设，以为民办实事为抓手的社会公共服务的全面加强等。这些造福民生的举措属于"选择型普惠"

的性质，在一定程度上给城乡民众带来了较为明显的幸福感。第三阶段是在中央提出推进以民生事业为重点的社会建设和社会管理的总体要求之后。该市开始将社会现代化列入工作的重要议事日程，全面启动推进社会现代化的十大目标和任务，在制度建设、体系建设、工作机制建设上将"制度型普惠"提到了率先基本实现现代化的总目标上来。这三个阶段上的三个台阶反映了该市在民生普惠上整体性提升发展的特点，是社会现代化可持续发展的重要指导思想的具体体现。

近年来，该市整体提升民生普惠程度和水平，主要从以下几个方面入手。

一是整体提升民众的幸福感。太仓市党委、政府清楚地认识到，民众的幸福感是民众的心理体验，是对生活条件和自身状态的一种感觉，也是对目前生活质量和满足程度的一种判断。因此，幸福感是相对的、动态的、需要不断提升的，今日有了幸福感，随之而来的是追求明天更多、更高层次的幸福感。为此，推进社会现代化，在满足市民的幸福感上，一定要与时俱进、不断提升，满足民众新的追求和新的期盼。他们的主要做法是"四民"合力不断拉升市民的幸福指数，即：产业富民，通过不断地加大就业、创业、产业、物业服务，实施初次、再次分配并重，不断巩固完善城乡居民富裕程度的长效机制，努力做到经济发展和收入倍增同步提高；保障安民，通过全面推进社会保险、社会福利事业建设，加快构建各类保障机制相衔接，从而让市民感到只要经济发展了，生活也就安闲舒适了；服务惠民，通过优质、均等、覆盖城乡的公共服务，让全市民众感到很有自信、很有优越感，增强对城市的依赖度；实事利民，通过连续不断地为民办实事，切实改善民众的居住环境和生活条件，使广大市民深受其益，产生对城市的眷恋感和温暖感。

二是整体提升服务的现代化水平。公共服务水平的提升主要包括公共服务设施、公共服务能力和公共服务绩效这三个方面。太仓市在提升公共服务设施上，他们近年来对交通、文化、教育、医疗卫生、市政公用设施和公共生活服务的设施进行巨额投资，实现服务设施的现代化、一流化。在提升公共服务能力上，他们对公共服务主体的服务技能、技术和技巧进行严格培训和定期进行评估，涌现了一批又一批为民服务的先进集体、示范窗口、服务标兵等，每年市委、市政府对他们进行表彰，推动全市各行各业单位为民服务的规范化、优质化。在提升公共服务绩效上，他们把政府各部门和企事业单位为民服务的绩效列入考核机制中，把公共服务的绩效定位在人民群众满意程度上，定位在给市民的工作带来多少改善上，定位在群众对政府信任度和公信力的增加上，让更多的市民真正感受到自己面对的是一个值得信赖、有强烈责任感和使命感的政府。

三是整体提升全社会的文明程度。社会现代化需要对城市的文明程度，包括社会秩序、环境质量、人文素养等有一个更高的提升，需要在更高的层面上去整体提升全社会的文明程度。为此，太仓市委、市政府连续五年出台了"文明太仓"市民大行动实施意见，每年都明确全面推进文明素质教育、文明风尚弘扬、城乡一体文明建设、文明环境优化、文明创建示范、未成年人思想道德建设提升六大行动为主要内容的 21 项工作，把它纳入各级各部门领导班子和主要领导年度目标考核中，并实行绩效管理。年初规划设定相关工作指标，年终从组织领导、道德教育实践、群众文体活动和工作创新等方面进行绩效考核评价，考核结果与奖惩挂钩。

三 "和谐善治"是加强和创新社会管理的应有出发点和落脚点

在推进社会现代化进程中，近年来，太仓市对社会管理的认识在逐步加深，实践在走向科学，突出地表现在他们坚定不移地推进一种"和谐善治"的模式。也就是说，社会管理开始从原有的"政府治理"向"社会治理"转变，社会管理不再是政府"统治式管理"和"划桨式管理"。

太仓在推进社会管理中实行的和谐善治，其"善治"并不是完全等同于西方"善治"的概念。早在 20 世纪 90 年代，西方提出的"善治"是在政府这一手失灵、市场这一手失效的情况下，把"善治"（即动员公民和社会积极参与）模式作为"第三只手""第三条道路"加以探索和引入的。太仓的"和谐善治"完全是根据中国国情、太仓实情和传统习惯而采取的优选做法，并不完全把"公民参与"这个单一主体作为推进社会管理的全部，而是充分按照中央提出的"大管理"概念，定位在"党委领导、政府负责、社会协同、公众参与"的十六字格局上。这十六字格局打破了原有的"政府是唯一主体"和由政府包揽一切的"小管理"框框，具有多元化管理的特征，社会管理成为整个社会的事情和全社会的共同责任。"十六字"格局的核心是"政府治理"和"社会治理"两者的和谐结合。可以这样认为，太仓市的"和谐善治"是包括政府在内的参与治理的主体之间相互合作的优质管理，是把政府的责任心、社会的主动性糅合到一个共同目标中去的理想合作形式，这不仅是经济社会协调发展的根本方向，也是通向和谐社会的必经之路。

太仓市的社会管理的外化状态是"政府与社会互动"，而它的内在本质是"三个转变"。一是政府在社会管理的工作中从"为民做主"向"人民民主"转变；二是让统治型的社会管制向服务型的社会管理转变；三是把单纯的政府对社会管理功能转变为政府管理和社会治理机制有机结合，从而加快形成政府、社会、企业、公民共同治理的大格局。这三个"转变"，说到底就是把过去以人治为主的"善政"变成依靠法治为本的"善治"，是公民和政府合作，是让公民更多地参与政治管理、政府从一些管理领域中撤出来，努力实现公共管理的"和谐善治"。太仓市的"和谐善治"社会管理模式主要是从以下"五个善"上得以体现的。

（一）善顺民意

太仓市的各级领导认识到，推进社会管理就是加强对人的服务，寓管理于服务之中，把广大民众的切身利益作为各级政府为民服务的头等大事，这是最大的管理、最有效的管理、也是最顺民意的管理。那么如何真正把脉好民意呢？该市认为，民意也是有阶段性和时代性的。当前的民意就是八个字：改善民生、保障民权。广大市民不仅追求自身发展、实现幸福生活的愿望更加迫切，而且对实现就业、教育、医疗、环境等公共服务的选择权也更为强烈，特别是处在当前率先基本实现现代化的征途中，各种社会利益的不均衡、社会情绪的多元多样性以及各种矛盾的冲突叠加等会给民众带来某些焦虑和不安。作为社会管理的责任，政府应该充分了解民意、善解民意、顺应民意，为此，该市努力做到以下几个方面。

1. 构建"共识"

即构建一个凝聚全市民众社会共识的核心价值体系，把率先基本实现现代化作为全市人民的共同理想和价值追求。市委、市政府顺应民众的新期盼，提出了当好"第二个率先"先行军、在 2013 年率先基本实现现代化的目标和要求，并规划了具体行动方案，努力做到在产业优化升级、科技创新能力、港口开发建设、城乡一体水平、生态环境质量、人民幸福指数六个方面"走在全省前列"。这一幅幅美好的现代化蓝图代表了全市民众最受欢迎、最为需要的愿景，因此大大鼓舞了全市人民的斗志和信心，充分体现了顺应民意首先要顺应民心的要义。

2. 构建"信任"

即改变原有的社会管理模式，努力用一颗真诚的心注重人文关怀，善用"情绪管理"，和民众多沟通、多暖心、多疏导、多协商、多交流。在矛盾发生前，能及时体察民情、洞察民意、善解民怨，主动及时地深入基层、融入群众、化解矛盾，维护好人民群众的根本利益，真正做到情为民所系、权为民所用、利为民所谋，从而增强政府与民众的相互信任之心。例如，一些企业的劳资纠纷不断地发生，民众对此十分关心，该市逐步建立了 856 个劳动争议调解委员会，企业建会率达 88.3%，全市村级区域性劳调组织全部建立，从而在市、镇（区）和企业中构建了 A、B、C 三级预警反应责任机制，使一些因企业转制而引起的职工安置费等纠纷和矛盾能及时地化解在基层，大大减少了职工的群访事件。又如，在化解民困方面，该市为有效应对2009 年开始的国际金融危机，主动服务基层、服务企业、服务群众，倡导运用柔性管理方式解决轻微违法及违规行为，使原来的执法性监管变成了服务性监督，收到了良好的成效。

3. 构建"秩序"

即通过制定大家都必须遵守的行为规则，达到维系社会秩序、保持社会稳定的目的。他们知道，社会管理必须建立在规则的基础之上，政府把社会管理变成民众共同遵守的社会秩序，这既是绝大多数民众的共同意愿，也是他们的权利、责任和义务所在。该市出台了《太仓市政府重大行政决策规则》，明确了重大行政决策的范围、程序、执行和责任追究等内容，使政府的每一项重大行政决策都依附在科学的实施规划之中。特别对一些有关民生事业的决策切实做到"系统性考虑、制度性设计和整体性把握"，促使政府的所作所为都能在高度的民主"秩序"框架内进行。有了这样的办事"规则"和运作"秩序"，不仅提升了政府的服务效能，而且也提高了民众对社会服务的满意度。

（二）善待公平

太仓市在推进社会管理中深知，"善治"的基本要求是公平、正义和透明，社会资源公正合理的分配和政府经济利益的机会均等是实现和谐人际关系的基石，必须把善待公平放在推进社会管理的重要位置上。为此，他们努力做到在思想观念上、在政策制定上、在实践操作上、在道义舆论上都充分突出公平正义的原则，并坚持做到公平正义的载体化、平台化，努力把公平正义的原则渗透到各项公共服务最基础的层面中去，而不是停留在口头的宣传和文件的号召上。在人们最为关注的收入分配差距的问题上，他们努力做到使每一个人都能感受到就业机会的均等、竞争效率的公平、分配调剂的公正，逐步造就了全市各阶层之间的收入分配既保持相对的差距，又形成收入"两头小中间大"的格局，从而保持了太仓收入分配矛盾的相对缓和。在人们感受最直接的公共服务上，他们不断打破城里人与农村人、本地人与外地人的身份壁垒，解决好"城乡二元结构"和"城市内二元结构"的问题。让所有太仓人都能享受到均衡的、一体的公共服务，享受到改革发展的成果，确立对普通民众的平等保护与对困难民众的特殊保护相结合的制度，不断增进外来人员对太仓的认同感和归属感，逐步将住房、社保、卫生等基本公共服务纳入管理范围，构建起平等包容、互相友爱的社会生活共同体。在法律层面上，该市把公平正义的理念体现在行政执法之中，政法部门坚守法律底线，从执法办案程序上体现公平正义，从执法办案质量上确保公平正义，从队伍管理机制上促进公平正义，严格依法执法。该市连续多年围绕社会关注、群众反映的热点难点问题，组织开展了对公共、卫生（药监）等部门的行政执法专项监督以及在全市基层站所开展群众执法评议活动。2011年全市还开展了"真情服务树形象、规范执法促和谐"执法质量提升活动，通过市民提案、社会评价等方式评选出"行政执法模范"，树立了行政执法人员风清气正的良好形象。通过这支执法队伍镇得住坏人、管得住自己、帮得了百姓，给全市提供了公平正义的法律保障。

（三）善应民主

太仓市的领导认为，"善治"的过程就是实行民主政治的过程，是政府还政于民的过程。该市早在 20 世纪 80 年代就是全国村民自治的示范市，近年来，他们更是在大力实施"政社互动"、创新社会管理上做了很多文章。"政社互动"具体地说，就是政府行政管理与基层群众自治的有效衔接和良性互动。这一实践承载着党和国家的战略思考，代表了现代社会科学管理的先进理念，顺应着法治政府建设以及基层民主政治建设的时代呼唤，同时也在考验党委、政府的执政能力和使命担当。

该市的"政社互动"是该市 2008 年在全国率先进行探索和实践的。它通过政府行政权力的自我约束，实现基层自治组织的权利归位，通过基层自治组织自治能力的提升，实现与政府行政管理的承接互动，是一种"党委领导、政府负责、社会协同、公众参与"的社会管理新格局的标本。被学界誉为继我国审批制度改革后行政改革的"第二次革命"，继我国村居干部"海选"后基层民主建设的"第二个里程碑"。

太仓市的"政社互动"主要部署是：出台《关于建立政府行政管理与基层群众自治互动衔接机制的意见》十九条纲领性意见→通过部门清理、专家审核、村（居）委会讨论、社会公示等梳理出《基层群众自治组织依法履行职责事项》和《基层群众自治组织协助政府工作事项》两份"清单"→"政社"双方平等协商签订《协助管理协议书》，剥离行政责任，下嫁给自治组织→废除传统的"由上而下"的对村（居）委会做的行政考核，实行平等主体间的"双向评估"，在双向评估中实现互动。该市的"政社互动"不仅是对社会管理的一种生态建设，也是"和谐善治"管理理念的科学实践，更为广大民众实现民主自治开辟广阔的空间，为促进社会和谐、谋求民众民主善治打下了坚实的基础。

（四）善治环境

社会管理，当然要搞好对人的管理，而管人首先要治理人生活的那方社会环境。环境可以造福于人、受惠于人，更可以影响人、造就人。为此，良好的生活环境是推进社会现代化的题中之义。那么，什么样的环境才是良好的社会环境呢？温家宝总理在庆祝中华人民共和国成立六十二周年招待会上的讲话中提出："营造有道德、讲诚信、守秩序的社会环境，使我们的社会更加和谐有序。"太仓市在实践中认识到，和谐有序社会的构建是一个复杂的系统工程，它的内容包括政治、经济、法制、科技、人文、卫生等各种环境，但在有利于推进社会现代化这个大目标中所指的构建社会环境主要是指直接关系广大市民生产发展、生活提升、生态优化而形成的一种社会氛围、气场和格局。该市突出地抓住这样几个方面的社会环境加以治理和优化。

1. 超前谋对风险，从源头上为民众创造平安稳定的社会环境

该市认为，新时期面临的社会矛盾和问题大多属于利益诉求，发生矛盾和问题乃至存在某种政治、经济风险是难以避免的，关键是要及时发现、弄清真相、超前谋略、掌握规律，改变过去"重事后处理、轻源头治理"的被动局面，而是超前、主动、有效地增强源头治理的意识和能力。源头治理，从根本上说是要坚持在发展中解决问题，着力解决好民生、民主、民心问题；而从治理方式上说则应该构建动态协调、应急处置，各个环节相互衔接和相互支撑的机制，尽最大可能使各种矛盾未雨绸缪，不积累成堆，不升级恶化。流动人口的迅猛增加，不仅给社会治安带来很大压力，如果疏于治理也会给社会造成不安全风险。为此，该市对流动人口的服务管理工作坚持改变单纯依靠"管、控、压、罚"等刚性治理的做法，而是充分依靠"柔性调节"的手段，运用群众路线的方式、民主的方式、服务的方式、沟通的方式、协调的方式来解决可能出现的社会矛盾。他们的主要做法是：优化职能服务，彰显城市公平，为流动人口营造普惠的社会环境；加强"融入"建设，扩大城市包容，为流动人口营造亲和的生活环境；创新管理机制，增强城市理性，为流动人口营造公正的法制环境等，从而最大限度地调动流动人员遵纪守法的自觉性，形成一种和谐互动的治理氛围。

2. 从固本强基入手，借助制度优势，为民众打造诚实守信的社会环境

诚信是一个人的生命之本，也是实现社会现代化的必需之道。太仓市认为，搞市场经济要以稳固的信用体系做基础，而推进社会建设、实现社会现代化同样需要良好的社会诚信环境作支撑。诚实守信，不仅事关个人的生存，也是决定社会发展成败的关键，一个国家是这样，一个地区同样也是如此。在推进社会现代化中实行"和谐善治"，就是要建立"和谐诚信"的体系。为此，他们高度重视强化面向世界、面向未来、面向现代化的社会诚信观，努力做到，（1）加强道德品质建设，努力使每一个人都能把诚实守信作为自己的神圣使命和内在义务。他们在机关、企业、学校、各种社会组织中开展以"守信为荣、失信可耻"为主题的思想道德教育，充分利用现实生活中的典型事例和典型人物加强培训和教育，努力做到让道德模范"站"出来、让道德模范"亮"起来、让道德模范"领"起来，从而在全市形成"人人知诚信、人人讲道德"的良好氛围。（2）机关和干部带头做表率，提高公信力。该市在机关单位和各级干部中不仅倡导全心全意为社会、为民众服务的良好风气，做到"无事不扰、有求必应、热情周到、尽责服务"，而且也大力加强诚信服务社会的活动，按照诚信的原则规范领导和干部的行为，增加政府各项工作的透明度和效能度，以政府公信力取信于民、取信于社会。（3）加强舆论监督、增大失信者的成本。在各企业、各组织、各单位中大力推行信息网络建设，建立诚信信息的征集和公开机制，及时地利用信息网络和舆论工具向社会征集、公开各种守信、失信的信息，造成全市对诚信者的社会褒扬和对失信者的舆论谴责，促进社会诚信环境的形成。

3. 优化社会系统功能，通过建立良好的创业机制，为民众营造鼓励人干事业、干成事业的社会环境

太仓市认为，一座城市是否有强大的活力，很重要的一条是要有一个适宜于干事业、创事业的良好的社会环境，无论什么人才来到这个城市都会激发起创业的欲望和动力，这也是实现社会现代化不可或缺的重要条件。为此，该市大力优化社会各系统的功能建设，调动一切社会力量和各种要素，把太仓打造成有较强综合竞争力的创业创新型城市。首先，该市在营造社会公正和社会理性上下工夫。在全市树立一种资源和利益在社会各群体之间、社会成员之间的适当安排和相对合理分配，公正地体现人与人、人与组织、组织与组织之间的共同价值观和利益原则，保持社会公共权力的公正，在公正中造就人的理性、理念和理智以及人对科学发展的追求。其次，该市在集聚创新资源和提高社会竞争力上下工夫。他们把强化科技和人才建设作为创新引领的两大支撑，在全市形成良好的具有竞争力的社会效率，以吸引和聚集更多的高端人才，优化创新创业环境，把一大批在全球、全国具有领军作用的拔尖人才和创业团队引进来，在制度环境、工作环境、生活环境上为各种人才提供良好的服务。最后，本着"谋求发展环境建设要先行"的原则，大力推动环境改革和创新，加快构建最适宜干事创业的社会环境系统格局。该市按照"三个有利于"和"三个代表"的要求，一方面放手让一切创造财富的源泉充分涌流，政府规范自身的行为，最大限度地减少行政执法裁量权，真正实现依法行政；另一方面大力发展民主政治，维护社会公正，创造法制环境，努力形成公平、公正、公开的用人机制，建立结构合理、配置科学、程序严密、制约有效的权力运行机制，从而使干事创业的人能真正享受到可以放开手脚干事、畅行无阻创业的良好社会优质环境。

（五）善汇民智

太仓市认识到，社会管理的核心主题是维护人的尊严，满足人的需要，增进社会最大多数人的幸福感。社会管理不是为了加强控制，它是柔性的、协同的和互动的。因此，搞好社会管理的十六字方针"党委领导、政府负责、社会协同、公众参与"，其中最为关键的是如何发挥各类社会组织的协同作用和发挥民众参与的积极性。但是，长期以来各类组织的资源具有明显的"官民"两重性，民间社会组织的"造血"功能不足、发育滞后。在推进社会现代化的过程中，该市特别重视大力加强"三社联动"（即社区、社会组织、社工队伍）的自身建设，增强社会和民众自主运作、独立运转的能力，提高他们获取社会资源的机会，为政府社会管理职能的部分转移提供有效的组织载体和社会承接机制。

1. 大力加强社区建设，夯实社区建设基础

近年来，他们着力构建以社区党组织为核心、社区居（村）委会为基础、社区事务工作站（农村社会服务中心）和综治办为平台，各类社会组织和社区居民广泛参与的新型社区服务管理体制，做到城乡社区"一委一居一站一办"全覆盖。加快推进社区党组织和自治组织建设工作，理顺社区内各类组织关系，调动各方力量开展社区建设。全力推进太仓特色的"政社互动"创新实践，扩大城乡社区居民自治制度化、规范化、程序化建设，切实保障城乡居民的知情权、参与权、决策权、监督权。建立以社区综合服务设施为主体、专项服务设施为配套、服务网点为补充的社区服务设施

网络，着力打造功能完备、设施齐全、运转有效、人气聚集的社区公共服务中心、社区居民活动中心和社区组织办公场所。近两年，该市城乡社区基础平台建设进入提速期，全市新建、改扩建项目近百个，总投资近 2 亿元，市级"以奖代补"资金投入近千万元。目前，全市已分别获得了"全国和谐社区建设示范城市"和"全国农村社区建设实验全覆盖示范单位"的荣誉称号。

2. 发挥社会组织作用，增强创新社会管理的活力

该市以培育和规范为主，促使社会组织得以迅猛发展和发挥更多作用。在社会组织登记管理上，进一步规范登记程序，加强与各社会组织业务主管单位的沟通联系，提高审批效率；在完善社会组织自我发展机制上，加强对组织的规范化建设和实行培训班制度，加快社会组织的制度化管理；在提高组织的规范化程度上，开展评估工作，出台了评估办法和评估细则，评估按申请、自评、审核、评估、公示、颁证六个阶段进行；在发挥社会组织作用上，以购买服务为平台，使城乡居民免费享受各种服务项目。该市通过这些举措，改变了过去社会组织只是单纯作为"维稳"的工具来使用的状况，使社会组织真正具备为民众提供多样性社会服务的功能。目前，该市在册登记的社会组织已达 297 家，已备案的社区社会组织 627 家，社会组织的活力正在逐步适应该市推进社会现代化的进程需求。

3. 加强社工工作者这支新兴管理大军的建设，促使他们在社区管理中当主角增活力

太仓市认为社区工作人才是现代社会管理与公共服务的重要力量，这支新兴管理大军能否称职，关键要给他们以政治上、业务上、经济上的必需待遇，要对他们加强培育和教育。近年来，该市帮助社区工作者实现"三个转变"。一是转变思想。树立"一切为了居民、为了居民的一切、为了一切居民"的理念，变被动服务为主动服务。二是转变作风。强化社区工作者的公仆意识、服务热情和工作创造力，逐步健全对社工人才的保障、激励、表彰机制，营造良好的社工人才成长环境。三是转变角色。通过建立健全社工人才培训机制，一方面帮助他们提高服务能力，包括社会调查能力、组织协调能力、群众工作能力、管理服务能力等；另一方面帮助他们给自身准确定位，主动融入到社区大家庭中，在寻找归属感中转变岗位角色、实现身份认同、激发服务潜能，从而竭心尽力地帮助居民解决困难，服务到家、到位。

太仓市坚持"和谐善治"的社会管理模式，是一种寓管理于服务之中的创新，也是一种依靠整合走向精细的创举。以上"五善"举措，比较好地实现了集约化、一体化、综合化管理上的联动，在政府适度退出某些阵地之后，不仅没有削弱社会管理的作用，相反更多更广地调动起了各方面的积极性，实现了政府、企业、社会组织、公众之间的协同互补运作，形成了合理的社会管理责任结构。同时，也大大加强了社会管理的能动作用，使该市的社会管理逐步从粗放型向精细化转变，为民服务的内容更广、服务的手段更好、民众的得益更大。总之，这种管理的模式基本上可以适应在推进社会现代化过程中不断出现的新情况、新问题和新要求。

第六章
展望前程：太仓面临第三次社会转型和向后三年的"十大任务"

太仓的社会建设和社会管理已进入到第三个转型发展的新阶段。继20世纪八九十年代第一次转型大体解决社会建设"有没有"的问题、21世纪初第二次转型大体解决社会建设"好不好"的问题以后，如今，太仓已进入以率先基本实现社会现代化为目标的第三个转型时期。这个时期要解决社会建设和管理上最核心的则是社会"公不公"的问题，也就是说，要通过不断推进社会建设、创新社会管理，努力在全市造就一种在资源分配、利益关系、生存发展、道德行为上追求公平合理的价值理念、规则程序和制度保证的氛围。

公平正义是人类社会文明进步的重要标准，也是推进社会建设和社会管理的根本命题。胡锦涛总书记提出："公平正义，就是社会各方面的利益关系得到妥善协调，人民的内部矛盾和其他社会矛盾得到正确处理，社会公平和正义得到切实维护和实现。"社会的公平正义是一项历史的任务，虽然对公平正义的强调和提出是近年来的事，但实际上，不管是第一次转型还是第二次转型，太仓在推进社会建设中都自觉或不自觉地在某些方面实践着公平正义的理念。例如，以加强公共服务为主题的各项社会建设实际上也在对各个领域的不公正、不均等、不协调的情况进行调整，把公平正义的内涵渗透进社会建设和社会管理的具体领域和实施途径之中。但是，太仓市在推进社会现代化的新的征程中正在努力探索与社会现代化相适应的公平正义的调适机制，实现比前两次转型时期有更大自觉和更强针对性的公平正义，满足全市人民享有更多权利的愿望，激发全市积极向上的活力。

从总体上说，太仓向后一段时期推进的以维护和促进社会公平正义为主线的社会建设和社会管理任务十分艰巨，需要进行很多方面的改革和创新。当然有些属于全国性、全局性、高层次的改革，如完善社会体制、调整社会结构、改革户籍制度等，县一级的实践空间较小，不可能单枪匹马地独自进行，但是在本区域内着力营造一个可以提升社会公正程度、可以激发更多公民创造才能、可以适度调校全市各个群体之间的利益、可以推动全市绝大多数人享受改革发展成果的社会环境是应该积极实施的，也是可以办成的。

太仓市从2011年开始，对本市推进社会建设和社会管理的工作进行了回顾和总结。这项工作实际上是一次瞻前顾后式的大清理过程，是进一步理顺思路、明确方向、掌握规律、探索新路的过程。今天太仓市的各级领导对全市今后如何走好社会现代化之路已经有了一个比较清醒的认识。从总体上说，就是要实现"民主法治、公平正义、诚信友爱、充满活力、安定有序、人与人和谐相处的社会主义和谐社会"；而对太仓来说，就是要不失时机地推进第三次社会转型，造就"三个太仓"，即和谐太仓、民本太仓、幸福太仓。

一　打造高质量、全方位的"和谐太仓"

和谐是一个相对的概念，是一个渐进的过程，在某一个阶段实现何种程度的社会和谐，是受这个阶段的客观条件制约的。从现阶段来说，太仓的社会环境当然是相对稳定和比较和谐的，这样的社会环境和该市现阶段的改革发展大体适应。但这种和谐的局面和程度还是一种阶段性的产物，离更高层次和更高水平的和谐还有很大的差距，这个差距说到底就是公平正义的体制环境尚未真正建立，各种社会矛盾随着经济发展的加快和体制改革的进一步提速，将会逐渐凸显出来，"和谐团结"的局面还将在新的历史时期实行重组。为此，他们认为面临的挥之不去的任务是要继续解决好社会不公带来的种种矛盾和问题，需要努力做好以下几个方面的工作。

1. 必须进一步缩小收入分配上的差距，包括城乡之间、行业之间、社会成员之间的差距，让全市每一个利益群体，包括特殊获益者群体、普通获益者群体、利益相对受损群体和社会底层群众之间避免继续出现更大的分化，力促更多的缓和。

2. 必须加快构建起以中等收入群体为主体的社会结构，让全市绝大多数的劳动者收入能有同步快速的增长，使"塔尖"的富裕人员和"塔底"的低收入人员占比越来越小，建设起一个"橄榄形"的社会阶层结构，从而把太仓打造成一个比较公平正义，人们相互间比较信任、尊重的社会，保证全市人人都能找到向上的通道。

3. 必须进一步搞好新老太仓人的整合和融合。作为经济发达的太仓，新太仓人的大量存在是不可避免的，新老太仓人之间的融合始终是和谐太仓、公平正义的焦点问题。因此，太仓在推进社会现代化中不能置这样大量的社会新群体而不顾，这个新群体不妥善处理好就会增加失业、贫困、犯罪等不安定的因素。如何在新形势下，进一步处理好新老太仓人之间在民生、民主、民权问题上的公平正义，尽快地从制度上、事实上将新太仓人变成太仓市民，让他们在太仓就好业、安好家、创好业，这是推进社会现代化中亟待解决的课题。

4. 必须进一步解决好干群矛盾，努力建设鱼水情深、骨肉相连的和谐干群关系。要继续坚持政府、市场、社会组织之间的相互制衡和良性互动的社会治理模式，保证社会的合法合理、社会的公平正义、社会的和谐有序。在向后推进社会现代化的进程中，干群关系的矛盾多发和凸显是一个必然的趋势，因此，一定要在全市干部队伍中树立强烈的核心价值观和法治执政观，使自己的一切言行都自觉地处于依法执政的位置上，推动以社会建设、社会管理为宗旨的利益调整和利益重构，使自己真正成为人民的勤务员，成为解决社会建设第三次转型"公不公"问题的推动力和带头人。

5. 必须最大限度地解决好老龄化现象给社会发展带来的消极影响。严重的老龄化是太仓社会发展的一大压力，它不仅会增加各种养老费用的支出，而且更会给社会带来负面影响，如照料老人的资源不足影响社会的和谐稳定；侵老现象的不断发生动摇社会伦理的基础；因家庭结构、人际关系的变化等对社会可持续发展的制约和因家庭规模的小型化对现有的养老服务模式形成的新挑战等。总之，向后的社会建设必须把重构积极的老龄化社会作为一个突出问题纳入重要的议事日程，在资源配置、制度安排、政策支持等方面营造一个公正的老龄化社会环境，充分保障老年人的生存权、发展权和参与权。

以上需要解决的五个方面的现实矛盾是太仓推进社会现代化的工作重点。有矛盾存在，社会就不能和谐。和谐太仓，就需要把影响社会公平正义的各种潜在、显现的矛盾消除，这不仅需要全市干群有强烈的和谐意识，更要在制度层面做出强有力地安排，从而把消除社会矛盾的工作做在前、做在先。

二　打造以民生为重、以公平为重的"民本太仓"

民本太仓，简言之，就是胡锦涛同志在十七届中央纪委六次全会上提出的"以人为本、执政为民"八字理念。在推进社会现代化的进程中，太仓要把这八字理念贯穿在全部工作的始终，把这个深刻反映共产党执政规律、社会主义建设规律和人类社会发展规律的八字理念作为实践社会建设和创新社会管理的根本指导方针。坚持以人为本，就是要实现人的全面发展目标，满足人民群众日益增长的物质的、精神的、文化的种种需要；坚持执政为民，就是要弘扬公平正义，紧紧依靠人民，团结带领人民群众为实现经济社会现代化而奋斗。"以人为本、执政为民"不仅要做大经济、做强实力，创造为民谋利的更多的物质财富，更要注重保障和改善民生，促进社会公平正义，建设和谐文化，创新社会管理，最大限度地增强和激发社会创造的活力，形成全体人民各尽所能、各取所需而又和谐相处的生动局面，太仓向后推进社会现代化的根本目标就在这里。

以民生为重、以公平为重的"民本太仓"应充分体现在加快社会建设、创新社会管理的实际工作中。向后一段时期，正是太仓处于加速推进基本实现现代化建设的关键时期，在这个时期中，改革攻坚和矛盾凸显仍然是社会的基本形态，因此，打造一个更为健全的"民本太仓"是推进社会现代化的重要历史使命。

1. 在党委领导下，紧密结合太仓实际，抓住关键、突出重点，高起点谋划、高标准推进，完善体制机制，强化工作措施，在解决影响社会和谐稳定的源头性、根本性、基础性问题上下工夫，全面提升社会管理的效能，充分发挥政治优势和制度优势，是实施民本太仓最为重要的"一号工程"。

2. 进一步理清民生工程的薄弱点和着力点，编织起功能完备、互联互通、群众得实惠、覆盖各基层的民心服务网络，建立起以"大民生"为工作格局的公共服务体系，让全市民众成为在推进社会现代化中切实改善、提升民生质量的最大的受益者，并把它作为向后打造民本太仓的根本出发点和落脚点。

3. 要把现有较成熟的、适应社会现代化的社会管理体制坚定不移地坚持下去，在更广的领域和更深的层面中进行探索创新。例如，政社互动、三社联动和专业化的社区组织等，使太仓的社会管理进一步摆脱传统的"由政府简单出台一些一刀切的政策为模式"的做法，真正实现民本社会的建设和管理，使政府和百姓的透明沟通成为以人为本、以民为本社会的重要前提，使社会管理成为全社会共同的自我管理和自我监督的过程。

4. 在全市不断树立科学的公平观和正义观的目标。坚持以法治市，综合运用各种手段，依法建立起以权力公平、机会公平、规则公平、分配公平为主要内容的社会公平保障机制，在推进社会现代化中把公平正义作为制度建设和制度创新的重要依据，作为协调社会各个阶层相互关系、促进和谐社会建立的基本准则。

三 打造民众认可、感受强烈的"幸福太仓"

幸福太仓是推进社会现代化的最终成果。生活在一个城市中能不能感觉到幸福不仅是人的主观感受，也是可以测量和可以触及的，它是各种人本关怀制度保证的综合反映，是具体、生动的社会建设和社会管理的内容。在打造"幸福太仓"的进程中，要着重认识，以 GDP 为核心的经济增长模式发展到今天以"民众幸福指数"为核心的社会发展模式，这是人们发展观念的重大飞跃，是实现社会现代化最根本的价值标准。如今，全市在率先基本实现现代化的大目标中，已把民众的幸福指数和满意度作为评价现代化水平的重要指标，建立起了新的发展价值观，打造幸福太仓已成为该市经济社会发展的出发点和依归。

近年来，该市已成功地进行了打造幸福太仓的实践，也取得了很好的成效。但幸福是没有止境的，幸福是永不停步的，随着社会现代化的推进，人们对幸福的要求也是与日俱增的。作为党和政府要始终把人民的"幸福"两字记在脑里、装在心里、贯穿在工作的细枝末节中，锲而不舍地打造出一个"民众认可、感受强烈"的幸福太仓。具体要努力实现以下三个方面的提升。

一是实现"收入"富庶向"身心"愉悦的提升。什么是真正的幸福，每个时期、每个人都有不同的感觉。在物质条件贫穷的时候，追求"收入"的递增和物质生活的优化是人们的最大追求。但是，民众的幸福感单纯依靠收入的增加还是不够的，经济社会现代化使人们越来越感到，在物质条件不断提升的前提下，还要有"生活事业上的满足、心态情绪上的愉悦和人际与社会关系的和谐"这三个感觉作为支撑才能真正获得幸福感。作为经济发达地区的太仓，就应该在推进现代化的进程中不断满足民众的这些希望，让更多的人越来越觉得自己是在过好的生活、有好的心情、生活在好的环境之中。

二是实现"个人"小空间的满足向"社会"大环境的提升。每一个市民获得小家庭的幸福和满足这是必然的，但人是生活在社会中的，人生活的大环境能不能给每一个市民带来福祉同样是十分重要的。因此，在推进社会现代化中，各级党和政府都应该把自己分管的一方土地打造成最适合人们安居乐业的美好天地。对太仓来说，首先，坚定不移地推进现代田园城市建设，其目的就是要为全市民众创造一个美好的生活大空间，让大家天天能感受到现代美、生态美、文明美等；其次，要在全市造就一种对资本逻辑加以限制的环境氛围，让更多的市民不被物质所困，而以更积极的竞争精神，在各个层面的工作、生活状态中去开启幸福生活的广阔通道；最后，要进一步提高社会管理的水平和质量，通过管理和服务在全市营造起公平正义的制度环境，让全市人民内心更平和、更满足，从而对生活充满更多的自信和希望。

三是实现"受惠"型幸福向"发展"型幸福的提升。人民群众是创造历史的主体，也是建设和享有幸福的主体，追求幸福是人们的权利，造福人民是党和政府的责任。但人民获得幸福，不能全靠党和政府的"恩赐"，而要让更多的人能够自主探索幸福道路。太仓长期以来实施的"多元普惠"政策使全市广大干部群众获益不少，但这是属于"被普惠"形式的受益，在今后进一步推进社会现代化的蓝图中，应该特别倡导每一个人都能在追求"事业更大发展"和"对现实生活更好变革"中去获得更高层次的幸福，即自身价值得以实现的幸福。这种"增长带来的快乐"和"发展带来的幸福"靠党和政府的单向努力还不够，需要调动更多民众的主动性、积极性，发扬积极进取、艰苦创业的精神，树立创业意识、发展意识、变革意识，在提升发展成效中增强对生活更大的满足和更多的自信。总之，挖掘社会的幸福源泉需要综合、多元化的努力，靠自己的主观努力和积极奋斗，加上社会给他们提供足够的发展空间和自由空间，使更多的机会和成功来到民众的身边，这样产生的幸福感才是符合社会现代化目标要求的有价值的幸福，也为打造量质并举的"幸福太仓"打开了新的空间。

太仓市的社会建设和管理工作是一个长期的实践过程，但是，这个过程是由许多具体的阶段组成的。太仓市十分重视一步一个脚印地前进，十分重视从现在抓起，从人们最关心的现实需求抓起。面对新形势，市委、市政府正在开展更大规模的探索和实践。经过一年多的调查、分析和思考，于2011年11月正式出台了《关于加强社会建设创新社会管理的意见》（以下简称《意见》），作为今后三年（即2012～2015年）指导全市社会建设和管理工作的纲领性文件。

《意见》指出，太仓市加强社会建设创新社会管理的指导思想是始终坚持以人为本、始终坚持统筹兼顾、始终坚持改革创新、始终坚持固本强基、始终坚持群众路线、始终坚持依法治市，着重实施实现居民收入倍增、推进公共服务均等、提高社会保障水平、加强"三社"建设、营造美好城乡环境、提升社会服务信息化水平、提高社会文明程度、深化平安太仓建设、全面推进"政社互动"、加强基层基础工作"十大任务"，在实践中不断探索"多元普惠、和谐善治"的工作实践模式。

为了保障"十大任务"的推进落实，需要明确目标、制订计划、落实任务、保障实施，2012年2月，在各责任部门充分调查研究论证的基础上，该市印发了《加强基层党组织建设实施计划》《提高市民文明素质实施计划》《推进基本公共服务均等化实施计划》《提高社会保障水平实施计划》

《"三社联动"实施计划》《社会服务信息化实施计划》《住房保障实施计划》《实现农村居民收入倍增实施计划》① 八个文件，再加上先期制定的《村庄（农村社区）环境整治行动计划》《关于深化平安太仓建设的实施意见》《关于建立政府行政管理与基层群众自治互动衔接机制的意见》《关于全面推进"政社互动"实践的实施意见》② 四个文件，使"十大任务"都有了明确的工作目标、实施步骤和具体任务，从而初步健全了市级层面的社会建设与管理的制度体系。

（一）实现农村居民收入倍增

近年来，太仓市积极采取产业富民、创业富民、就业富民、物业富民、投资富民、保障富民、财政转移支付富民、开发式扶持富民八项有效措施，促进农民收入尤其是中低收入农户收入持续较快增长，农民人均纯收入增长率连续多年超过 10%。该市计划到 2013 年，农民人均纯收入达到 2.5 万元。到 2015 年，农民人均纯收入在"十一五"基础上实现翻番，来自一产的收入年均增长 10% 以上，工资性收入年均增长 14% 以上，创业性收入年均增长 17% 以上，财产性收入年均增长 17% 以上，转移性收入年均增长 18% 以上。

1. 发展现代农业增加家庭经营性收入

落实农业产业布局规划，完成 14 万亩高标准农田建设，建成 16 万亩优质商品粮、10 万亩优质蔬菜及 8 万亩林果、苗木、花卉生产基地。巩固和壮大以"大承包、小分包"为经营形式的村合作农场，对合作农场购买农机具给予优先扶持，按进价对合作农场集中配送化肥、农药。强化农业科技服务，利用网络、"12316"农业一线通、移动短信等平台加强农业信息服务，深化新型农技推广队伍体系建设工作和"百名农技人员进百村"活动。培育农业经营主体，大力发展农产品加工业、流通业和旅游农业，形成 200 万人次农业休闲旅游规模。

---

① "十大任务"中的"提高社会保障水平"任务分为"社会保障"和"住房保障"两方面的内容，因此各有一份文件予以配套。

② "十大任务"中的"全面推进'政社互动'"任务按"试点"和"推开"两个阶段分别有一份文件予以配套。

2. 促进充分就业增加工资性收入

完善城乡就业再就业政策体系，新增的公益性岗位，优先聘请农村零就业家庭和"4050"人员，新征地企业必须提供30%的辅助型岗位安置被征地农民就业。以村劳务合作社解决大龄失地农民及就业困难人群的就业问题，凡市、镇（区）政府负责的道路养护、绿化管护、环卫清洁、河道保洁等项目均发包给镇、村集体劳务合作社，并可享受公益性岗位"两项补贴"。

3. 鼓励扶持创业提高创业性收入

为创办企业的农民提供所需手续"一条龙、全方位"服务。对从事个体经营的创业农民，免费办理有关证照，三年内免收管理类、登记类和证照类等有关行政事业性收费，持有《再就业优惠证》《就业援助证》的农民三年内每户每年最高可扣减8000元税费。各镇（区）建立"创业孵化基地"，本市农民初次创业两年内可以市场价的80%租用镇、村集体物业。

4. 巩固壮大新型集体经济增加财产性收入

发展壮大村级集体经济，确保有一半以上的村可支配收入达500万元，所有村都达到200万元以上。深化社区股份合作社改革，两年内完成农村集体资产产权制度改革和股权量化改革，村级可支配收入在500万元以上的村，要留出不低于可支配收入的20%用于社员股金分配。以各镇（区）为单位组建富民合作社，以村集体为投资主体，扩大农户参股面，农村低保户每户赠送1万元股金，引进富民合作社的项目，其税收中地方留成部分三年内全额奖励该合作社。

5. 加大财政支农力度增加转移性收入

按照"总量持续增加、比例稳步提高"的要求，建立健全财政支农支出稳定增长机制。建立与经济发展相适应的农村基本养老保险金稳定增长机制，全面完成农保向城保的转移，健全政策性涉农保险体系。合理提高最低生活保障水平，完善农村受灾群众救助制度。

（二）推进公共服务均等

从恩格尔系数、三次产业比重、城镇化率等量化标准判断，太仓市早在20世纪90年代就开始由生存型社会向发展型社会过渡。在这一进程中，民众的公共需求全面、快速增长同公共产品供给的不充足、服务的不到位、配置的不均衡问题成为日益突出的矛盾。

为了增强公共产品和公共服务供给能力，使基本公共服务更加全面、平等地惠及全市人民，该市以公共行政服务、劳动保障、公共教育、公共文化、公共卫生、公共体育、养老服务、公共交通八个方面的基本公共服务为重点，计划到2015年，率先实现城乡和不同社会群体间基本公共服务制度的统一、标准的一致和水平的均衡。

1. 公共行政服务方面

以该市行政服务中心为牵头部门，目标是构建优质、覆盖城乡的公共行政服务体系，建成市、镇（区）和村（社区）三级社会管理服务网络，促进社会服务管理的均等化、规范化、高效化，实现为民服务"零距离"。

一是延伸服务体系。加快构建以便民服务体系为基础的社会管理服务网络体系，推行行政服务与"12345"便民服务为一体的公共行政服务体系建设。在试点基础上，构建一个覆盖全市、功能完善、服务规范、便民高效，包含市、镇（区）和村（社区）三级服务机构的社会管理服务平台，实现社会管理服务的网络化、规范化和一体化。

二是清理行政许可（非许可）事项，对没有法律、行政法规、国务院决定和地方性法规作为依据的项目全部取消。

三是提升服务效率。完善行政审批系统、"一表制"系统、证照系统、"网上审批"系统等信息化手段，持续开展行政许可（非许可）项目提速增效工作，不断缩短项目办理承诺时间。

四是增强服务功能，深化"两集中、两到位"工作，放大行政服务中心集聚功能。

2. 劳动保障方面

以该市人社局为牵头部门，目标是进一步提高职业技能培训服务水平，充分保障弱势群体权益，在全社会范围内构建和谐的劳动关系。

一是深化职业技能培训。完善政府购买培训成果政策，健全以该市职业培训指导中心为主体，健雄学院、职中、妇干校等公办培训机构为依托，民办学校为补充的职业技能培训体系。

二是深化就业服务。各镇人力资源分市场达到省三星级标准，各镇

（区）创省级充分就业示范社区超 3 家，全市创业孵化基地达 10 个，新生劳动力就业率达 90% 以上，城乡登记失业率保持江苏省最低水平。

三是深化和谐劳动关系构建，争创和谐劳动关系"全国先进地区"。到 2015 年，创建劳动保障 A 级诚信企业超 5000 家，劳动关系和谐企业创建率占组建独立工会企业的 90% 以上。

四是深化退休人员社会化服务管理，提高退休人员和农村老年农民享受社会化服务管理的标准。

3. 公共教育方面

以该市教育局为牵头部门，目标是率先实现教育现代化，教育发展主要指标达到发达国家 21 世纪初平均水平。

一是实施基础教育均等。完善优质教育资源向农村和薄弱学校倾斜的动态机制，城乡学校基础设施和教学装备按标准统一配置。健全城乡、校际教师交流制度，严格义务教育公办学校免试就近入学制度，严控"择校生"比例，热点普通高中继续实行招生指标均衡分配。以公办学校吸纳为主实现流动人口子女义务教育全覆盖。

二是打造特色职业教育。深化"定岗双元"本土化实践，健全产教结合、校企合作制度。中等职业学校与普通高中招生比例大体相当并逐步免费。

三是健全终身教育体系。从业人员继续教育年参与率达 68% 以上，培训农村劳动力达到 50 万人次，培训农村带头致富人 2 万名，创建国家级社区教育实验区。

四是注重师资队伍建设。全市幼儿园、小学教师本科及以上学历达到 65% 以上，初中教师本科及以上学历达 98% 以上，高中段教师研究生学历（学位）达 25% 以上，职业学校"双师型"教师达到 80% 以上。

4. 公共文化方面

以该市文广新局为牵头部门，目标是构建覆盖城乡、结构合理、功能健全、实用高效的公共文化设施网络体系。

一是加强公共文化服务载体建设。2012 年底实现镇单独设置面积 2000 平方米以上的综合文化站和行政村面积 200 平方米以上的文化活动室全覆盖，公共电子阅览室市、镇、村三级全覆盖，镇级评弹书场全覆盖。

二是提升公共文化服务供给能力。文化惠民工程年均向基层送书不少于2万册，送戏不少于350场次，送电影不少于1600场次，制度化开展"文化三下乡""文化百村行""百团大展演"等公益性文化活动。推进"职工读书站"建设，职工读书月活动开展面达75％，每年新增达标职工书屋20家，职工读书点50家。

三是创新公共文化服务机制。促进公共文化服务方式的多元化、社会化。实施公共图书馆总分馆体系建设，推进公共文化服务数字化建设，完成"四位一体"的农村综合信息服务体系建设。

5. 公共卫生方面

以该市卫生局为牵头部门，目标是基本建立覆盖城乡居民的基本医疗卫生制度，全面实现城乡卫生一体化、公共卫生服务均等化和卫生信息化。

一是完善医疗服务体系。该市第一人民医院与中医院建成三级标准的综合医院和中医医院。以二级综合医院标准进行浏河镇、沙溪镇、港区医院异地新建和璜泾镇医院扩建。新建聚居区域同步建设社区卫生服务机构，3万人以上的聚居地社区卫生中心规划用房不少于3000平方米、社区卫生服务站规划用房250~500平方米。

二是健全公共卫生服务体系。建成市公共卫生中心，建成城乡15分钟健康服务圈，社区卫生服务普及率达100％，争创全国社区卫生服务先进市、全国慢性病综合防治示范市。

三是实施卫生人才培养工程。开展医学类本科毕业生为期三年的全科医生规范化培训，实现每个社区卫生服务中心（乡镇卫生院）配备三名以上全科医生，城市卫生技术人员晋升前须到基层工作一年。

四是建立卫生信息化管理体系。充分整合各类卫生信息资源，建设医疗卫生服务"一号通""一卡通"工程，建立城乡居民健康档案信息系统，建立市级远程会诊中心和双向转诊便捷机制。

6. 公共体育方面

以该市体育局为牵头部门，目标是使社会体育意识不断增强、体育文化理念不断传播、市民体质状况不断改善、全社会体育意识普遍增强、全民健身权利得到有效保障。

一是加快公共健身设施建设。建设现代化体育中心和体育公园，新建居民小区和新建、改建、扩建市民公园体育设施覆盖率达100%，全市人均占有体育场面积达3平方米，各行政村体育健身工程均达到省二类以上标准。以政府购买服务的方式推动学校体育设施在课余时间和节假日向公众开放。

二是增强全民身体素质。健全各镇（区）国民体质监测站，年测试人数3000人以上。中小学每年举办校级体育运动会及单项体育比赛五次以上，学生体质合格率在95%以上。

三是开展全民健身活动。不断扩大经常体育锻炼人数，每周参加三次以上体育健身活动并能掌握一项以上体育锻炼技能的人口达55%以上。

7. 养老服务方面

以该市民政局为牵头部门，目标是巩固家庭养老的基础地位，优先发展社会养老，兴办养老机构，形成政府主导、机构示范、社会参与的养老服务组织体系。

一是倡导养老服务新理念。建立市养老服务体系服务指导中心，建立邻里、亲友之间相互帮助的助老网络，鼓励老年家庭成员与子女共同生活或就近居住。引导社会组织、家政服务企业参与居家养老服务，发挥老年人组织、志愿者组织作用，完善居家养老护理责任保险。注重关注老年人精神需求。

二是健全社区照料网络。镇（区）和大型居民住宅小区（1万人以上）全部建有日间照料中心（站），其中镇（区）日间照料中心床位不少于20张。到2015年，建立日间照料中心（站）30家，助餐点50家。镇（区）社区居家养老服务场所使用面积不少于300平方米，农村社区不少于450平方米，90%以上城镇老年人口和80%以上农村老年人口能从社区（村）获得居家养老基本服务。

三是加快养老机构建设。养老床位增加到5160张，千名老人拥有养老床位达40张，其中具有介护性质的床位占养老总床位数的30%以上。

四是加强服务队伍建设。加强对养老服务从业人员的专业培训，养老机构护理员持证上岗率达90%以上。

8. 公共交通方面

以该市交运局为牵头部门，目标是建成惠及城乡、全民共享的安全、便捷、经济、可靠的多层次城乡一体化公共交通服务体系，有效满足居民出行需求。

一是保障公共交通优先发展。科学规划城乡公交发展格局，建立合理的财政补偿补贴机制，完成城市公交、城乡公交和镇村公交为主的三级网络布局，实现"镇镇有站、村村有亭"。

二是完善公共交通网络建设。全面开通连接乡镇之间、乡镇到村之间的一体化城乡公交客运线网，实现农村居民单次出行直达各中心镇（区），一次换乘到市区。城乡公交车辆总数达到300辆，市区站点覆盖率按500米半径计算不小于90%，市区公交出行比例达25%。

三是提高公共交通服务水平。开发应用信息查询系统、企业调度系统和行业管理系统，构建智能公交综合系统。

（三）提高社会保障水平

在城乡一体化发展中，太仓市先后创新推出了社会保障"太仓模式"、劳动关系"太仓现象"、就业服务"太仓品牌"，特别在被征地农民进城保、农民补充养老保险、农村养老人员纳入社会化管理、社保基金实时联网审计等方面实施了一系列新举措，被中国劳动保障科学研究院确定为全国县级市唯一"劳动保障创新实践研究基地"。预计到2015年，该市将全面建成与经济社会发展水平相适应、覆盖城乡、制度完善、保障有力、服务优质的社会保障体系。

1. 社会保险方面

养老保险稳定参保率在99%以上，养老保险基金收缴率在95%以上。养老金社会化发放率100%，城乡老人养老保险享受率100%，企业退休人员和城乡居民养老金逐年增加，实现城乡居民"老有所养"。

医疗保险稳定参保率在99%以上，医疗保险基金收缴率在97%以上。基本医疗保险住院政策性结报率92%，居民医疗保险住院政策性结报率70%，救助对象门诊大病及住院政策性结报率100%。

失业保险、生育保险、工伤保险参保率达99%以上。

2. 社会救助方面

形成以城乡标准统一的最低生活保障为基础，以灾害、教育、住房、就业、慈善、法律、物价、残疾、关爱等专项救助为辅助，以临时救助和社会帮扶为补充的社会救助制度的集合。进一步扩大医疗救助病种范围，逐步提高救助标准。

3. 社会福利方面

完成改建太仓市颐悦园，机构养老床位达 5160 张，床位率达 40‰，社区养老服务设施、队伍和信息网络完备。建立儿童福利机构，加快推进集中收养孤儿、弃婴的设施建设。不断完善残疾人最低生活保障和医疗救助制度，鼓励社会力量依法兴办福利企业。建立基本丧葬费全民普惠制度，完成镇（区）安息堂建设，探索市、镇（区）殡仪服务中心建设。

（四）加强"三社"建设

太仓市在全省率先探索社区、社会组织、社会工作"三位一体"推进社会建设和管理，明确了"以社区为基础、以社会组织为载体、以社会工作专业人才为骨干"的"三社联动"工作运行机制。通过提升社区服务和管理水平、创新社会组织发展模式、加强社会工作专业人才队伍建设，努力打造"政府扶持监督、社会组织承接、项目化管理运作、专业社工引领、志愿者参与"的社区服务新模式。

1. 加强"三社联动"基础平台建设

制定社区建设专项规划，社区规模一般控制在 2000 户左右，人口控制在 6000 人左右，城乡社区 100% 达到省级和谐社区标准。建设市和各镇（区）综合性社区服务中心，建筑面积分别不低于 4000 平方米和 2000 平方米。社区服务用房面积按不低于社区住宅地面建筑面积的 3% 规划建设，其中工作活动用房按 0.5% 进行配置。新建农村社区服务中心用房面积不低于 1000 平方米。社区一站式服务大厅覆盖率力争 100%。

建设社会组织服务中心，为社会组织提供孵化、场地、资金、能力培训等服务。全市万人（户籍）拥有社会组织数 10 家以上，备案的社区社会组织城乡社区分别为 10 个、5 个，等级社会组织超 30%。

加大财政支持力度，社区建设经费按居住人口分 10 万元、12 万元、15 万元三类。功能完善的市社区综合性服务中心补助 20 万元，各镇（区）社区综合性服务补助 10 万元。设立社区建设项目专项奖励资金每年不少于 300 万元，社会组织培育发展经费每年不少于 150 万元，社会工作人才队伍教育培训、交流合作和实习基地等投入每年不少于30万元。

2. 完善"三社联动"发展机制

进一步理顺社区党组织、（村）居委会和社区各类组织的关系，全面实行"一委一居一站一办"的服务管理模式。加强社区专职人员的配备和能力培养，社区专职工作人员按人口（社区户籍人口和外来登记人口之和）1.5‰配备，城市和农村社区工作者职业化水平分别达80%和50%，城市和农村社区志愿者注册率分别占居民人口总数的15%和10%以上。

健全社会组织专业队伍，稳步推进专业化和职业化，逐步建立和完善社会组织人才配套政策、专职人员教育培训、资格评价、社会保障和人才交流机制。公益慈善类、社会福利类、社会服务类社会组织试行直接登记制度。社区社会组织按照"简化登记程序、降低登记门槛"的要求实行放宽条件登记，不具备登记条件的可先行备案。新注册登记的民办社工机构一次性补助经费不少于3万元。全面推行社会组织等级评估，3A以上等级的可优先接受政府职能转移、优先获得政府购买服务，4A以上等级的可简化年检程序，所有等级社会组织可获政府一次性奖励。

发展社会工作专业人才队伍，建立健全社会工作专业培训制度、社会工作专业人才登记管理和职业准入制度，保障其薪资待遇。开发社会工作专业岗位，重点在社区建设、社会福利与救助、青少年教育、医疗卫生、社区矫正、残障服务、外来务工人员服务、婚姻家庭服务等领域推进专业社会工作的开展。

建立健全联席会议制度、信息联通制度、组织联建制度、服务联办制度、活动联合制度等"三社"联动工作机制。引导社会力量参与提供公共服务，通过政府采购或特定委托方式向符合条件的社会组织和专业社工购买服务。

（五）营造美好城乡环境

从推进社会现代化的角度来看，推进村庄环境整治能够极大改善农村居民的居住环境、生活方式、生活水平，进而转变农村居民的思维方式和思想观念，加快农民向市民的社会角色转化，加快现代田园城市建设步伐。从2012年开始，太仓市计划用3年时间对农村环境进行综合整治，达到村容村貌更加整洁、居住区环境更加宜居、交通网络更加健全、生态绿化更加优良、乡村特色更加鲜明、公共服务更加配套的目标。

1. 完善各项整治体系

一是完善生活污染源处置体系。行政村按常住人口5‰配足垃圾收运和公厕保洁人员，积极推动垃圾分类收集、源头减量、资源利用试点工作。到2013年，镇村生活垃圾集中收运率达98%以上。加快污水管网和集中居住区"雨污分流"管网工程建设，到2013年所有集中居住点和农村规划保留点居民生活污水纳入集中处理范围，农村基本完成无害化卫生户厕改造，每个行政村配建水冲式公共厕所两个以上。

二是整治乱搭乱建、乱堆乱放。从源头上防范在基本农田、规划禁止养殖区乱搭乱建畜禽养殖棚屋进行违法养殖和乱搭简易棚屋从事非法木材加工的行为，整治大棚无序设置和人棚混居。整治露天粪坑、畜禽散养、杂物乱堆，拆除影响环境的废弃构筑物。

三是完善农业废弃物整治体系。推广农业废弃物无害化处理和综合利用技术，到2013年秸秆综合利用率达90%以上，规模畜禽养殖粪便无害化处理和资源利用率达85%以上。

2. 提升农村规划建设水平

一是提升农村规划水平。完善优化村庄和农村居住区布局规划，推进基础设施配套、生态绿地系统和环境保护等城乡一体化专项规划编制工作，形成空间节约、疏密有致、布局合理、功能完善、协调发展的镇村布局体系。

二是提升农民集中居住水平。对市镇规划区、港区、新区、科教新城和市镇规划区外因社会公益事业、经济建设需要成片开发的区域内的农民实行公寓房安置，推进规划建设区外的农民按照"三置换"政策实现集中居住，鼓励零星分散居住的农民自拆自建进入集中居住区，到2013年底集中居住率超过60%。

三是提升绿化美化和风貌特色水平。重视挖掘和保护农村的自然、历史、文化、景观等特色资源，推进村旁、宅旁、水旁、路旁及村口、庭院、公共活动空间等绿化美化，形成四季有绿、季相分明、层次丰富的绿化景观和开放型公共绿地空间，到2013年农村绿化覆盖率超过35%。

（六）提高社会服务信息化水平

加快推进公共服务信息化建设，是实现社会现代化的必然要求，也是提高行政机构服务水平、提升人民群众满意度的必不可少的工作。事实表明，整合各行业、各领域的信息网络互联互通，成立一个连接政府、居民、服务机构的综合多功能的管理服务平台，为居民提供各种便捷的服务，可以极大提高政府社会管理和公共服务的能力。

太仓市计划在全市范围建立社会服务信息全面覆盖、动态跟踪、高度共享、互联互通功能系统，实现社会管理的精细化、智能化和即时性、普惠性，提高社会服务信息化水平。一是完成社会服务信息化的"一库一邮三平台"① 基础建设，使该市的社会服务信息化水平基本达到中等发达国家水平。二是完成"3＋2"信息服务战略框架②构建，使该市的社会服务信息化水平达到同期中等发达国家水平。

1. "一库一邮三平台"基础建设

一是建设全员人口基础数据库。以公安人口库中的个人基本信息为基础，整合社保、民政等部门信息，建立太仓市全员人口基础信息库，并在此基础上建立太仓市"电子居民邮箱"数据库。并和已建的太仓市空间地理信息基础数据库、太仓市法人基本名录库构成社会服务信息系统三大基础数据库。

二是建设实名制"电子居民邮箱"。依托全员人口基础数据库建设百万级容量的实名制免费邮箱。通过对安全邮件系统、手机邮件、邮件订阅分发

---

① 一库，即太仓市全员人口基础信息库。一邮，即实名制电子居民邮箱。三平台，即建设市民网上综合管理平台，实现对市民及社会组织的身份目录管理和权限控制；建设社会服务信息发布平台，实现政府信息化、法人信息化和家庭信息化的无缝连接，确保各类信息的充分公开、主动推动，为市民、法人和其他组织提供各类与生产生活密切相关的信息化沟通渠道和服务；建设社会服务信息交互平台，建立政府与企业、社会组织、市民的双向沟通平台，实现政府对企业的政策扶持和发展导向，促进社会组织的健康有序发展，确保民主自治、社区服务、物业管理、公益慈善等公益性服务不断拓展，实现政民双向主动式互动，实现网上虚拟社交，合力打造社会生活共同体。

② "3＋2"信息服务战略框架是指：强化"信息资源基地""信息配送中心""市民服务超市"三大功能建设，创建"网上办事厅""社区议事厅"两大虚拟空间，通过以无线移动、"三网融合"等现代技术，达到"服务泛在"的境界，让全体市民真正享受到全时空、全天候的贴身服务。

系统等管理平台的搭建、开发与集成，构建太仓市政府的电子居民邮箱平台。实现邮件的分类与集中化管理、邮件监控与统计、快速查找、数据备份等功能，为市民、公务人员、企业及社会团体提供一个便捷、权威、安全、诚信的沟通渠道。

"电子居民"功能设计体现个性化、全程化和泛在化。居民根据自己需要可以构建个性化窗口界面，相关部门根据定制内容将相关个性化信息推送给市民；各相关部门根据市民的生命周期，包括孕育、婴幼、学龄、就业、婚育、养老、临终各阶段进行全程"接力服务"；市民获取信息的方式多渠道，网络版、手机版、高清数字电视版的"电子居民"界面，为市民提供无处不在的贴心服务。

2. "3 + 2"信息服务战略框架

"3"是指搭建"三个平台"，即市民网上综合管理平台、社会服务信息发布平台和社会服务信息交互平台。

"电子居民"网上综合管理平台。采用实名制管理，实现对市民及社会组织的身份目录管理和权限控制。

"电子居民"信息发布平台。所有信息都将由一个综合发布平台统一进行发布。信息来源，一是整合"中国太仓"门户网站及部门子站，政务公开、市政公告、办事指南等信息公告；二是整合各业务部门的公共服务信息。整合方式，一是相关部门应用系统做数据接口，定时从部门数据库中导出数据，实现信息发布；二是在平台中直接开发数据输入界面，实现信息发布；三是兼容不同数据格式，将数据从相关部门应用系统中拷出，用标准格式实现信息发布。

"电子居民"信息交互平台。实现政府与企业及团体、市民间的互动交流。政府与企业、团体之间的联系，充分利用已有的"政企服务平台"实现信息交互；政府与市民间的互动，在充分利用已有的"12345便民服务""市长信箱""部门信箱"等互动栏目的基础上，进一步拓展电子居民邮箱的交互功能。

"2"是指建设网上"市民办事厅""社区议事厅"。

依托"电子居民"交互平台，开展在线交流、网上调查、网上征集、网上听证等互动活动，实现政府与市民的无障碍交流。充分发挥行政服务中心和"12345 便民服务中心"的管理平台功能，对市民向政府（包括部门）提出的办事项目以及意见建议的处理，采取"前台式"管理方式：前台接收—后台处理—前台回复。

开发建设实名制村务公开、社区论坛栏目。全市各村（居）辖内市民通过验证后可浏览本村（居）的事务公开、财务公开、社区论坛页面，从而实现网上监督、网上议事，进而实现网上投票、网上互动，使每个市民的选举权、决策权、监督权、管理权得到充分落实，每个村居群众的表达权、参与权、自治权得到充分运用。

（七）提高社会文明程度

文明的道德风尚既是社会现代化的重要特征，也是社会主义制度优越性的重要体现。为贯彻落实党的十七届六中全会精神，深入推进社会主义核心价值体系建设，按照加强社会建设创新社会管理的要求，太仓市以"六大行动"为抓手，不断巩固全市人民团结奋斗的共同思想道德基础，提升城市文明程度。

1. 文明素质教育行动

广泛开展全民读书活动，每年组织"市民读书节"，在市级机关中开展争当学习型干部读书征文活动，在学校开展"弘扬健雄科学精神"系列主题读书活动，在企业中开展演讲、知识竞赛等活动，在农村开展"提升农民综合素质菜单式培训"。做优未成年人思想道德建设，抓好市未成年人健康成长指导中心、学校专（兼）职心理健康教育队伍、网上家长学校建设，开展"做一个有道德的人""爱祖国、爱家乡"等各项主题教育活动。

2. 文明风尚弘扬行动

编印《太仓市民文明知识读本》，打造"万名志愿者情暖娄城"志愿活动品牌，广泛开展"讲道德、做好人"活动，开展"寻访太仓好人""我推荐、我评议身边好人"活动，培育更多"中国好人"，举行全市道德模范优秀事迹报告会，用"道德大家谈""道德故事汇"等形式进行宣教。

3. 交通文明倡导行动

实施"文明交通"行动计划，开展"文明交通从我做起"主题教育实践活动、文明交通志愿者劝导活动、文明出行承诺和示范活动，评选表彰

"文明出租车""文明公交车"。优化文明交通软环境，突出"社会交通社会管"的理念，完善单位内部交通安全管理制度和沿街、沿路等协管制度，重点加强对公务车辆、营运车辆、工程车辆的监管。

4. 文明服务推广行动

加快政府诚信建设，完善各级政府新闻发布制度、决策咨询、信息公开、服务承诺制度。加快窗口行业诚信体系建设，形成社会对窗口部门承诺的监督网络。建立以道德为支撑、产权为基础、法律为保障的企业信用评价机制。加强市民诚信教育，引导企业"负责任地做产品"、引导市民"负责任地做公民"。积极推进"窗口行业"服务标准化，以"文明示范、服务发展"活动进行风采展示。

5. 文明环境优化行动

打造积极向上的舆论环境，办好"文明太仓365"专栏，构建受众和媒体的互动平台，电视台和广播、报纸、网站等媒体发布的公益广告分别不少于商业广告的5%和3%，大力发展网络文明传播志愿者队伍，开展生动活泼的网上宣传活动。

6. 文明创建示范行动

强化文明城市基础性创建工作，开展"公共文明指数"测评。推进"区域共建文明"，树立一批"乡风文明岗"。选树一批精神文明典型，进行"十佳新人新事""精神文明建设工作创新案例""未成年人思想道德建设创新案例""优秀志愿者""优秀志愿者团队"等表彰。

（八）深化平安建设

安定团结的社会大环境是发展的前提和保障，通过以平安建设为抓手，可以确保国家政权安全巩固、社会生活安定有序、治安秩序持续平稳、经济秩序运行稳健、安全生产状况良好、人民群众安居乐业，从而为社会建设和管理提供丰厚的土壤和有效的支撑。

太仓市是"全国平安建设先进县（市、区）"，连续多年成为江苏省"社会治安安全县（市、区）""社会治安综合治理先进集体"，公众安全感保持在99%以上，"平安太仓"已成为提升区域形象的品牌优势、吸引外商投资的绝佳环境优势。在巩固和拓展前阶段平安太仓建设成果的基础上，该市将以实现"三连冠"、夺取"长安杯"为奋斗目标，在以下八个方面做到全省领先。

1. 领先社会矛盾纠纷化解工作体系

健全完善社会矛盾纠纷源头预防机制，完善领导干部接访、下访、回访、联系点等制度，健全重大决策、重大项目、重要事项社会稳定风险评估机制，拓展畅通群众诉求表达、利益协调、权益保障等渠道。健全完善社会矛盾纠纷大调解机制，各级各部门建立全面覆盖的矛盾纠纷调解网络，综合运用人民调解、行政调解、司法调解等调处策略，全面实施诉调、检调、公调、访调等对接措施。健全完善群体性事件应急处置机制，不断完善处置预案。提升社会矛盾纠纷调解能力，推进市、镇（区）社会矛盾纠纷调处中心规范化建设，开展"娄城老娘舅"等评先活动，优化调解队伍结构。

2. 领先现代治安打防控体系

保持严打犯罪活动的高压态势，坚持"严打""打早打小、露头就打"和专项打击行动。搭建社会化、网络化、信息化治安防控平台，构筑点面结合、网上网下结合、人防物防技防结合、打防管控结合的立体化现代治安防控体系。至 2013 年底，全面完成城市应急指挥系统、三级视频监控联网等五项技防建设任务。

3. 领先公共安全监管体系

强化交通安全管理，深化"平安畅通县（市、区）"创建活动。强化消防安全管理，推进消防安全"防火墙"工程建设，坚决杜绝重特大火灾事故发生。强化危险物品监管和食品药品安全监管。强化安全生产监管，严格落实安全生产目标考核和责任追究制度，确保安全生产事故和死亡人数"双下降"。

4. 领先人口服务管理体系

向新太仓人提供便捷、优质、高效的社会公共服务，帮助解决就业、社会保障、子女教育、医疗卫生等问题，推行流动人口居住证"一证通"制度，加强流动人口出租房屋管理，加快推进流动人口集宿区建设。创新特殊人群服务管理措施，严格落实特殊人群排查、帮教、矫治、管控措施，推进"回归社会工程"。

5. 领先社会组织服务管理体系

加强非公有制经济组织服务管理，建立健全内部安全稳定法人责任制、劳动关系协调协商机制、员工利益共享机制、劳动关系预警和争议处理机制，推动在非公有制经济组织中建立党团、综治、工会等组织。加强和创新社会组织管理机制，探索形成登记审批、日常监管、税务稽查、违法审查、信息披露、公共服务、行政处罚等各个环节信息共享、工作协调的社会管理机制。

6. 领先信息网络管理体系

实施信息网络综合防控，建立虚拟人口、虚拟社会、网上重点人员信息库，完善网上舆情监测、研判、预警、查处机制。提高网络舆论引导水平，建立网络舆情监测体系、推进网络发言人、网络警察、网评队伍、网络行业管理和网络安全信息员队伍建设，使广大网民主动成为和谐社会的建设者和社会稳定的维护者。

7. 领先国安工作体系

严密防范、严厉打击境内外敌对势力和敌对分子的渗透破坏活动。深入开展反邪教斗争，推进"无邪教地区"创建活动和"回归社会工程"。大力加强反恐工作，防止暴力恐怖袭击事件的发生。

8. 领先基层基础工作体系

加强镇（区）综治工作中心建设，优化整合镇（区）综治、公安、司法、法庭、信访、禁毒、流动人口服务管理等基层政法综治力量资源，强化"矛盾纠纷联调、社会治安联防、重点工作联动、突出问题联治、平安建设联创、服务管理联抓"平台功能。加强村（社区）"五位一体"综治办建设，加强村（社区）综治力量及治保会、调委会、流动人员协管员等村级综治维稳力量。开展平安镇（区）、平安村（社区）等区域平安创建活动，推进平安家庭、平安学校、平安医院、平安企业等基层系列平安创建活动。

（九）全面推进"政社互动"

太仓市的"政社互动"创新实践已成为该市具有鲜明特色的社会建设和管理的品牌。根据加强社会建设创新社会管理的要求，该市计划用 3～5 年时间继续深化巩固"政社互动"，基本形成政府调控同社会协调互联、政府行政功能与社会自治功能互补、政府管理力量同社会调节力量互动，具有太仓特色、社会认可、群众满意的新型社会管理模式。2012 年，该市将根据市委、市政府提出的全面推进"政社互动"的精神，打牢基础、重点突破，深化"政社互动"创新实践。

1. 切实扩大群众参与和监督

进一步明晰决策事项，在原有"两份清单"的基础上整理"基层民主决策事项一览表"，划定决策事项范围让群众、干部更容易掌握。进一步规范决策程序，设计"民主决策路线图"明确决策路径，让基层好操作。充分发挥村民代表会议作用，对涉及本村（居）的实事工程、项目建设等要采取集体讨论、民主决策、公开招标、过程公示等方法。使群众监督常态化，逐步将监督范围扩展到对整个村（居）事项的监督。凡涉及土地补偿、劳动力安置、债权债务、上级划拨款项、社会捐赠资金、新型合作医疗、社会养老保险、政府发放到户的各项补贴等事项均进行公开。采取民情信箱、社区热线、网络议事、居民论坛等方式，畅通民意诉求。

2. 切实发挥基层自治能动作用

培育壮大自治力量，发挥群管群治作用，通过评定（表彰）优秀护村嫂、维权热心人、娄城老娘舅、优秀社工和志愿者等方式，引导更多的人参与到村容村貌日常管理、小区社会治安维护、矛盾化解、邻里相助、社会公益等工作中，把群众个体的细微之力汇聚成群管群治的强大合力。建全、完善、修订村规民约，发挥村规民约、乡规民俗的凝聚、教化和约束作用。

3. 切实拓宽政社互动影响面

开展"政社互动面对面"活动，让机关部门把政府爱民理念、惠民政策、利民措施和为民承诺直接讲给老百姓听，让群众把他们最关心、最直接、最现实的问题直接提给官员听，通过"面对面"提问和解答更好地满足基层群众的需求。现已开展了多场以"公共服务均等化"为主题的公共服务专题活动，组织市行政服务中心、社保局、教育局、文广新局、卫生局、体育局、民政局、交运局八个部门，分别就便民服务、劳动保障、公共教育、公共文化、公共卫生、公共体育、养老服务以及公共交通的惠民政策、惠民举措、服务承诺直接向群众发布、当场进行互动。今后将根据

"品牌化""机制化""系列化"的要求继续开展其他主题的"政社互动面对面"活动，使政府行政与基层群众的互动成为一种机制。

4. 切实完善各项工作机制

认真执行村（居）事项准入制度，杜绝以行政命令方式要求基层自治组织承担无依据工作事项。逐步规范考核评比，整合政府部门对基层的各类考核，进行分类合并，实行共同、联合考核，减少考核层次、频率。完善"双向履约评估机制""村（居）民满意奖"评比机制、党组织监督保障机制等常态运行机制。积极培育示范项目、寻求创新路径，努力做到各镇（区）有亮点、各村（居）有特色。

（十）加强基层基础工作

加强和创新社会管理，基层党组织要走在前列，充分发挥在社会建设和管理工作中总揽全局、协调各方的领导核心作用。目前，太仓市共有基层党组织 3985 个，其中基层党委 168 个（38 个党委直属市委管理），党总支 110 个，党支部 3707 个，党员 37367 名。从加强社会建设创新社会管理的角度出发，该市的目标是基层党组织设置方式和工作机制有新的创新、基层党组织带头人队伍素质有新的增强、基层党组织和党员队伍建设有新的加强、党内基层民主得到新的发展、统筹城乡基层党建工作形成新的格局。

1. 用创新理论武装党员干部

推进学习型党组织建设，认真组织广大基层党员干部深入学习中国特色社会主义理论体系和推进经济社会发展所需的各方面知识。加强服务型党组织建设，深化"在职党员进社区"活动，推广党员承诺制、党员责任区、党员先锋岗等做法，探索实行党委委员联系党代表、党代表联系党员、党员联系群众的"三联系"制度。

2. 加强基层干部队伍建设

创新培养选拔机制，健全"公推直选"和"无候选人一票直选"方法产生基层党组织书记。选优配强"双强"型基层党组织带头人队伍，村、社区党组织书记中具有大专及以上学历的达到 95%，20% 以上的社区党组织书记持有社工证。加大教育培训力度，村（社区）和规模以上非公有制企业党组织书记每年参加集中培训时间分别不少于七天和三天。

3. 加强基层党组织建设

积极推行以社区党组织为核心的"一委一居一站一办"管理模式，社区党组织基本达到"三强一化"标准。创新基层党组织设置方式，推广在工业园区、农村经济合作组织、专业协会、产业链、社区群众活动团队等建立党组织的做法。创新基层党组织活动载体，全市 60% 的镇和 25% 的村（社区）达到新一轮先锋村（社区）标准，非公有制经济组织党组织组建率动态保持在 90% 以上、先锋党组织达到十个。

4. 抓好党员教育管理服务工作

农村、社区、学校、非公有制经济组织和社会组织党员的教育培训每年不少于 16 学时，其中党组织领导班子成员及非公有制经济组织和社会组织党建工作指导员不少于 24 学时，流动党员的教育培训时间不少于 16 学时。党政机关、国有企业和事业单位党员的教育培训每年不少于 24 学时，其中党组织领导班子成员不少于 40 学时。探索建立由居住（工作）地为主、组织关系所在地配合的党员双重管理服务新模式，推进党员"出口"机制试点工作。

5. 推进党内基层民主

改进基层党组织领导班子成员候选人提名、介绍和选举办法，积极推行组织推荐、党员群众举荐和党员个人自荐相结合的办法产生党组织领导班子成员候选人，由党员大会或党员代表大会直接差额选举党组织领导班子。推进机关、企业、学校、社会组织等基层党组织公推直选、一票直选试点。完善基层党组织民主决策机制，推行"党员议事会""民主决策日"。

6. 形成城乡统筹基层党建格局

统筹城乡党建资源配置，充分发挥"区域党建工作站"的作用，全面推进社区党组织"三强一化"工作，探索实施"兼职委员制"。完善城乡基层组织互促共进机制，深化"红色 1 + 3"主题实践活动，推动机关事业单位、村、社区、非公企业党组织"统筹共建"。推进城乡基层党建工作信息化，实现党组织和党员信息电子化、党员组织关系接转网络化、党组织和党员信息统计报送自动化。

附录一
不断开拓社会建设管理工作新局面

陆留生

    党的十六大以来，党中央把社会建设纳入了中国特色社会主义建设"四位一体"的总体布局，明确了社会建设的重点任务，将保障和改善民生提升到前所未有的高度。今后四年，是我市率先基本实现现代化的关键期、攻坚期。随着经济体制深刻变革，社会结构深刻变动，利益格局深刻调整，思想观念深刻变化，社会矛盾多发，社会问题凸显，社会风险增大，加强和创新社会建设管理极为重要，极为紧迫。我们既要充分认识到，加强社会建设创新社会管理，是贯彻落实科学发展观的本质要求，是保障和改善民生、构建和谐社会的必然要求，是应对改革发展稳定新挑战的紧迫任务；也要充分认识到，加强社会建设创新社会管理，是率先基本实现现代化的内在需要，共创太仓美好生活的必然选择。我们一定要进一步增强全局意识、忧患意识和责任意识，把社会管理创新工程摆在更加突出的位置，抓紧抓实抓好。

一　全面把握加强社会建设创新社会管理的总体要求

    社会建设和社会管理工作是一个有机整体，必须系统安排，统筹推进。当前和今后一个时期，我们要高举中国特色社会主义伟大旗帜，以邓小平理论和"三个代表"重要思想为指导，深入贯彻落实科学发展观，全力推进"十大任务"，不断探索"多元普惠、和谐善治"的社会建设和管理模式，全面提高社会建设水平，全面增强社会管理能力，全面促进社会公平正义，形成社会和谐人人有责、和谐社会人人共享的生动局面，让人民生活得更加舒心、安心、放心，努力使社会建设和管理工作走在全省全国前列。在具体实践中，要牢牢把握"六项原则"。

一是坚持以人为本。把提高人的素质、满足人的需求、加强人的管理、促进人的发展作为一切工作的出发点和落脚点，加快推进以改善民生为重点的社会建设，多做顺民意、解民忧、得民心的实事，着力解决好人民群众最关心、最直接、最现实的利益问题。

二是坚持统筹兼顾。把加强社会建设和管理纳入到太仓率先基本实现现代化的总体布局，做到同步规划、同步部署、同步推进、同步考核，坚持科学规划、全面部署、有序推进、坚决落实，努力做到着眼长远、循序渐进、量力而行、尽力而为。

三是坚持改革创新。把体制机制创新贯穿到加强社会建设和管理的全过程中，增强制度设计的协调性、系统性、前瞻性，用改革的思路、创新的办法去解决发展中遇到的矛盾和问题，更好地协调社会关系、维护社会稳定、促进社会和谐。

四是坚持固本强基。社会建设和管理要治本，必须从源头抓起，要把加强基层基础建设作为一项长期的系统工程来抓，着力夯实基层组织、壮大基层力量、强化基层工作。

五是坚持群众路线。把做好群众工作作为加强社会建设和管理的根本性、基础性、经常性工作，牢记群众观点，维护群众权益，充分调动全社会的积极性和创造性，形成全民参与社会建设和管理的良好局面。

六是坚持法治原则。充分发挥法治理念对社会建设和管理的引领作用，充分发挥法律制度对社会建设和管理的保障作用，充分发挥法治手段对社会建设和管理的推进作用，使社会建设和管理的各种创新举措，都在法治的框架下运行。

二 努力把群众工作贯穿到加强社会建设创新社会管理的各个方面

社会建设和管理主要是对人的服务管理。我们必须始终坚持群众路线，始终保持同人民群众的血肉联系，切实提高群众工作的本领，把群众工作贯穿到社会建设和管理的各个方面。

1. 必须把保障改善民生作为做好群众工作的首要任务

要切实解决好就业、教育、医疗、住房、社保等群众最关心的现实问题，解决好房屋征收、环境保护、食品安全等群众反映的突出问题，让群众收入更多一些，生活更好一些，幸福指数更高一些，更多更好地共享改革发展成果。要进一步完善维护群众利益的决策机制，想问题、作决策、做工作都要从群众利益出发，使群众利益得到充分保障、群众意愿得到充分尊重、群众积极性得到充分发挥。

2. 必须充分发挥基层组织在群众工作中的重要作用

基层党组织和基层干部工作在群众中间，是加强社会建设、创新社会管理、做好群众工作最基本、最直接、最有效的力量，是我们党执政为民最为重要的组织基础。基层党组织必须始终坚持思想上尊重群众、感情上贴近群众、工作上依靠群众，把知民情、解民忧、化民怨、暖民心作为经常性工作，着力解决好人民最关心最直接最现实的利益问题，努力做到问题解决在基层、矛盾化解在基层、工作推动在基层、感情融洽在基层。

3. 必须充分发挥各级领导干部做好群众工作的示范作用

是否重视做群众工作，是否善于做群众工作，是衡量领导干部政治上是否合格、工作上是否称职、领导能力强不强的一个基本标准。各级领导干部必须始终保持清醒头脑，深入开展下基层活动，住下来、安下心、扎下去，真正做到访基层企业、促转型升级，访基层组织、促创先争优，访基层群众、促改善民生。要充分尊重和保护人民群众表达诉求的权利，积极引导群众依法理性表达诉求和维护权益，对群众诉求一定要及时反应和处理，防止"小事拖大、大事拖炸"，努力做到合理诉求解决到位，无理诉求教育到位，生活困难帮扶到位，行为违法处理到位。

三 切实把深化平安太仓建设作为加强社会建设创新社会管理的重要任务

要围绕加强社会建设创新社会管理，努力将平安太仓建设水平提高到一个新的高度，把我市率先建成全省乃至全国领先的和谐稳定示范区，力争再次获得全国平安建设先进集体，勇夺"长安杯"。

1. 在推动科学发展、率先基本实现现代化的大局中深化平安太仓建设

推动科学发展、率先基本实现现代化，需要平安稳定的发展环境。要更加科学地处理好现代化建设与平安建设的关系，切实做到同步推进、共同提高。一方面，要推动经济又好又快发展，为平安建设提供扎实的经济基础和重要支撑；另一方面，要深化平安太仓建设，更好地维护社会稳定、化解社会矛盾、防范打击犯罪、加强公共安全监管、维护社会主义市场经济秩序，为推动科学发展、率先基本实现现代化创造团结和谐的社会环境、安全稳定的治安环境、公平竞争的经济环境和规范有序的法治环境。

2. 在创新社会管理、保持工作持久活力中深化平安太仓建设

要从加强和创新社会建设管理的总体目标出发，按照更加注重源头治理、更加注重综合施策、更加注重从体制机制层面解决问题这"三个更加注重"的要求，不断调整平安建设的指导思想，把平安建设的各项措施与解决好群众最关心的公共安全、权益保障、公平正义等问题结合起来，从源头上、根本上、基础上解决问题、减少矛盾。要不断转变工作方式，建立健全源头治理、动态协调、应急处置相互衔接、相互支撑的工作机制，综合运用法律法规、行政管理、道德教育、心理疏导、舆论引导等办法，尽可能通过平等协商、协调互动等方式解决问题、化解矛盾，提高工作质效和水平。要不断拓展工作内容，在抓好传统领域工作的同时，抓好两新组织、网络虚拟社会等社会管理新领域的服务管理，推动和谐劳动关系、社会诚信体系、弱势人群帮扶救助体系的健全完善，促进基层综治和社会管理方式的转变，最大限度调动积极因素，减少消极因素，促进社会和谐稳定。

3. 在保障改善民生、促进社会和谐稳定中深化平安太仓建设

深化平安太仓建设，是保障群众生命财产安全和生产生活秩序，为群众提供安居乐业生活环境的重要保证。要不断加强矛盾纠纷源头防范和源头治理，不断畅通社情民意表达渠道、倾听群众利益诉求，推进领导干部蹲点调研和下访接访活动，完善社会稳定风险评估机制，最大限度地防止矛盾纠纷的发生。要健全完善矛盾纠纷大调解体系，完善人民调解、行政调解、司法调解衔接配合和相互融合的工作机制，加强排查、强化调处，着力解决群众的实际问题。要着力打击影响群众人身财产安全的违法犯罪问题，整治群众身边的治安混乱地区和突出治安问题，消除群众深恶痛绝的黄赌毒等社会丑恶现象，不断满足群众对社会治安的新期盼新要求。要不断提升人口服务管理科学化水平，积极探索出租房"以房管人"等工作机制，进一步加强对流动人口和特殊人群的服务管理。

4. 在推动公正执法、维护公平正义中深化平安太仓建设

加强社会主义法制建设，维护社会公平正义，是平安建设的一个重要内容。在深化平安建设过程中，必须牢固树立依法管理、综合施策的理念，把平安建设作为推进社会主义法治的一个重要抓手，依法维护全市良好的社会秩序和安全安定的社会环境。要进一步加强社会主义法治理念教育，深入推进"六五"普法工程，全面提升全民法律意识，营造人人依法办事、个个知法懂法的良好氛围，引导群众依法表达利益诉求，用法律手段维护自身利益、化解矛盾、消除纠纷。各地、各部门要大力推进依法行政，模范带头守法，严格公正执法，积极推进政务公开，着力避免因执法缺位或出位造成的不稳定因素。

四　不断强化对加强社会建设创新社会管理和深化平安太仓建设工作的组织领导

加强社会建设创新社会管理是一项系统工程，必须依靠各级党委政府、社会各界和广大群众的共同参与，形成共聚人心、共谋发展、共创和谐的良好局面。一是要健全组织领导体系。市里已成立了以市委、市政府主要领导为组长的加强社会建设创新社会管理工作领导小组及办公室。各镇（区）要成立相应的领导小组及办公室，办公室与"政社互动"领导小组办公室合署，明确专人负责社会建设和社会管理工作。要把加强社会建设创新社会管理纳入经济社会发展总体布局，做到主要领导亲自抓，分管领导着力抓，完善"党委领导、政府负责、社会协同、公众参与"的社会管理格局。二是要构建投入统筹体制。领导小组要整合社会建设和管理领域的各类专项资金，通盘计划、统筹考虑，充分发挥资金的使用效率。要健全公共财政体制，调整和优化财政支出结构，加大社会建设和管理的支出比重，确保动态正常增长。三是要创新建设管理机制。要坚持在创新诉求表达机制、矛盾排查和预警机制、矛盾调处机制、应急管理机制、公共安全机制等方面下工夫、求实效。要积极创新管理方法，把源头治理作为治本之策，把社会管理的关口前移，不断增强工作的前瞻性、主动性、有效性。要提高对互联网的运用和管理水平，真正使互联网成为社会管理的重要渠道和有效手段。四是要建立完善考核体制。领导小组要统筹考虑社会建设和管理工作在镇（区）落实科学发展观考核和机关部门主题教育考核体系中的考核情况，加大考核力度，推动社会建设管理工作落到实处。

加强社会建设创新社会管理，事关民生、事关全局、事关长远，势在必行。我们一定要深入贯彻落实科学发展观，以更加科学的理念，更加开阔的视野，更加创新的思路，更加务实的举措，更加强大的合力，不断开创社会建设管理工作新局面，为我市率先基本实现现代化作出新的更大贡献！

（作者系中共太仓市委书记）

附录二
积极探索具有太仓特色的社会建设之路

陆卫其

一 切实增强推进加强社会建设创新社会管理的责任感紧迫感

加强社会建设、创新社会管理，是党中央提出的重大战略任务。我市市委、市政府始终高度重视社会建设，按照中央、省和苏州市的部署要求，在加快经济发展的同时，加快和谐社会建设，社会建设和管理都取得了重要进展。最近，我市成立了加强社会建设创新社会管理领导小组，出台了《加强社会建设创新社会管理的意见》，深入推进全市社会建设和管理工作。全市上下加强社会建设创新社会管理的氛围更加浓厚，组织领导更加强化，政策措施更加明确，基层基础工作更加扎实，许多工作走在了前列。主要表现在：太仓的城乡居民收入持续较快增长，成为全国城乡差距最小的地区之一；城乡一体的基础设施建设明显加强；教育、卫生、文化等公共服务水平以及城乡社会保障水平明显提高；基层民主建设走在全国前列，先后三次被民政部授予"全国村民自治模范市"，两次荣获"全国村务公开民主管理示范单位"称号，勤廉指数测评全省推广；"平安太仓"建设走在全国前列，连续两届荣获全国"平安建设"先进；在全国率先探索实践"政社互动"；生态宜居城市建设进程加快，荣获"国家生态市"称号。

但是我们也清醒地看到，太仓的社会建设和管理任务仍然十分艰巨，主要存在两个"不到位"和两个"十分突出"的问题。两个"不到位"，一是社会建设与经济建设同步发展不到位。太仓的社会建设相对滞后于经济建设，居民收入水平相对滞后于经济发展水平，社会结构还不够合理，收入分配体制有待完善，公共服务均等化水平有待提高，社区和社会组织建设的体制机制有待建立和完善，社会建设的总体水平有待提升。二是人们对社会建设与管理的认知不到位。没有完全摆脱社会建设和社会管理政府包揽的惯性，社会组织的行政依赖和行政化倾向比较明显，公众的自觉参与程度不高，相应的机制体制创新力度不够，进取、理性、包容的社会心态尚未培育到位。两个"十分突出"，一是外来人口融入问题十分突出。目前，太仓的常住外来人口约 34 万，占全市总人口的 42%，已成为城市经济发展不可或缺的因素和潜在的动力，同时带来一些不稳定问题，增加了社会管理的复杂性和难度。二是社会人口老龄化现象十分突出。我市户籍老龄人口占比高达24.37%，老龄化程度非常严重。它意味着创造价值的劳动力减少，而分享社会资源的人增多。如何吸纳并维持大量的外来劳龄人口来加快我市经济社会发展，考量着我们的建设能力和管理智慧。

分析我市社会建设和管理工作现状，我们既要充分看到良好的基础和条件，又要清醒认识当前社会领域发生的深刻变化，清醒认识存在的矛盾和问题，清醒认识工作中的薄弱环节和不足，切实增强工作的责任感和紧迫感，不断完善政策措施，整合协同各方力量，积极探索并形成具有太仓特色的社会建设和管理之路。

二　着力抓好加强社会建设创新社会管理的重点工作

根据中央、省和苏州市的决策部署要求，结合太仓实际，我们必须准确领会加强社会建设、创新社会管理的基本内涵，全面把握目标定位，突出重点任务，整体谋划、系统安排、统筹推进。我市加强社会建设创新社会管理的模式是：多元普惠、和谐善治。"多元普惠"是指社会建设的主体不仅仅是政府，还应该包括市场、社会组织和家庭；公共服务和社会福利对户籍和非户籍人口广为覆盖。"和谐善治"是指社会管理以人为本、依法运行，使群众的权利得到尊重和保护，多元社会利益和社会资源得到合理配置，社会矛盾和社会纠纷得到有效化解，社会公平正义得以全面实现。"多元普惠"和"和谐善治"两者从社会建设和社会管理的不同维度，向人们展示了现代社会所应有的期待。我市加强社会建设创新社会管理的关键词语是：加强、创新。"加强"是指按照建设社会主义和谐社会的要求，在现有社会建设和管理各项工作的基础之上，不断强化社会体制和管理体系中的薄弱环节，把加强社会建设和管理同推进经济社会协调发展、同群众多样化的生活需要、同推进基层民主建设、同增强党的执政能力紧密结合起来，逐步形成经济社会相互促进、共同进步的良性协调发展机制。"创新"是指在现有社会管理条件下，研究并运用新的社会管理理念、知识、技术、方法和机制，对传统管理模式、方法进行改革、完善，建构新的社会管理体制机制，以形成更为良好的秩序，产生更为理想的政治、经济和社会效益。社会建设与管理，要在"加强"中不断"创新"，通过"创新"得以"加强"。

具体来说，我市加强社会建设创新社会管理主要包括以下十项主要任务。

1. 加强以中低收入群为重点的居民收入倍增机制建设

市委第十二次党代会提出的"城乡居民收入实现倍增"，是改善民生的战略之举。要加快建立各类较快的收入增长机制，形成以工资性收入为基础支撑、经营性收入为新增长点、财产性收入为重要来源、转移性收入为必要补充的收入增长体系，努力实现居民收入增长与经济发展同步。要不断完善收入调节分配机制，大力发展慈善公益事业，提高低收入者收入，扩大中等收入者比重，有效调节过高收入，缩小城乡、行业和社会成员之间分配差距。到2015年，实现城镇居民人均可支配收入超过5.3万元，农村居民人均纯收入达到3万元，城乡居民收入比优化到1.8∶1左右。

2. 加强以推进公共服务均等为重点的公共服务体系建设

公共服务均等化是共享改革发展成果的必由之路。要构建优质、覆盖城乡的公共服务体系，建立市、镇、村三级便民服务网络，促进社会服务管理的系统化、现代化。要深入推进"两集中""两到位"，提升行政服务效率。要大力推进基本公共服务均等，实施更加积极的就业政策，推进教育优质均衡发展，深化医疗卫生体制，健全全民健身服务体系，加快发展养老服务，大力推进"文化太仓"建设，提高公共交通服务水平，为城乡居民提供更多更好、优质均等的公共服务产品。到2015年，全市各项主要民生指数达到或保持全国先进水平。

3. 加强以实施"全面覆盖"为重点的社会保障体系建设

社会保障是社会发展的"稳定器"。要建立健全以社会保险、社会求助、社会福利为重点，各类保障机构衔接、与经济发展水平相适应、城乡一体的多层次社会保障体系，让社会保障的"太仓模式"更有内涵。要建立公平的高水平的社会救助制度，逐步提高救助标准，对遭遇突发灾害导致基本生活困难的家庭，加大临时救助力度。要构建住房保障体系，加大住房保障力度，加快拆迁房、保障性安居工程建设，努力解决中等偏下收入家庭、城镇新就业人员和外来务工人员的住房困难。

4. 加强以优化城乡环境为重点的"绿色太仓"建设

打造良好的生态环境，是坚持科学发展、共创美好生活的必然要求。要按照"一市双城三片区"的空间布局，协调推进城市形态开发和功能提升，加快城镇建设，完善城镇功能，把太仓建设成充满现代人文气息、保持江南水乡特色、具有舒适田园风光、洋溢和谐人际关系的田园城市。要实行最严格的环境影响评价制度、环保执法标准和生态建设考核机制，大力发展循环经济、绿色产业、低碳技术。要坚持污染防治与生态建设并重，强化水环境、大气环境以及生态环境治理，深入推进城乡环境综合整治，加快"绿色太仓"建设，为人民群众营造更加宜居的生活环境。

5. 加强以培育健康社会心态为重点的社会文明建设

社会心态是社会现实的折射，健康的社会心态能有效促进经济社会又好又快发展，不良的社会心态则会给经济社会发展带来副作用。要把提高全民文明素质作为加强社会建设创新社会管理的基础性工程，坚持以社会主义核心价值体系为引领，大力加强社会主义精神文明建设。要积极实施文明素质教育提升等六大行动，大力弘扬中华民族传统美德，强化公民诚信道德建设，加强学校、企业、社会组织等各行各业思想政治工作。要弘扬科学精神，加强人文关怀，注重心理辅导，培养奋发进取、理性平和、开放包容的社会心态。

6. 加强以维稳控安为重点的"平安太仓"建设

维护社会秩序、保持社会稳定是加强社会建设和管理的基本要求。要围绕提高预知、预警、预防、应急处置能力，推动建立现实社会和虚拟社会管理相结合、主动防控和应急处置相结合、传统方法和现代手段相结合的公共安全体系。要努力形成科学有效的利益协调机制、诉求表达机制、矛盾调处机制、权益保障机制，切实维护群众合法权益。要进一步完善社会矛盾纠纷大调解、现代治安防控、公共安全监管、实有人口服务管理、"两新"组织服务管理、信息网络管理、国家安全等体系，进一步加强校园及周边治安综合治理，确保"平安太仓"建设在全省全国继续保持先进水平。

7. 加强以党的建设为重点的基层基础建设

党的基层组织和基层干部工作在群众中间，是加强社会建设、创新社会管理、做好群众工作最基本、最直接、最有效的力量。要按照"三有效一增强"的要求，进一步加强基层党组织建设，充分发挥党组织和广大党员服务群众凝聚人心的作用。要创新社会领域党建工作的管理体制，创新党组织活动方式，构建以镇、区党组织为核心、村（社区）党组织为基础、驻村（社区）单位党组织共同参与的区域化党建格局。要加强村（社区）党组织建设，坚持把服务群众作为村（社区）党组织的主要任务，进一步密切党同人民群众的血肉联系。要切实加强"党建带群建"，支持工青妇等群众组织充分发挥自身优势，积极参与社会建设和管理。

8. 创新"三社联动"机制，提高社区建设现代化水平

一个成熟、现代的社区，必然是社区功能齐全、社会组织活跃、社工服务丰富的社区。要迅速加强"三社"自身建设和发展，按照"居民自治、管理有序、服务完善、治安良好、环境优美、文明祥和"的要求，深入推进和谐社区建设；加强社会组织培育发展；快速打造一支结构合理、素质优良的社会工作人才队伍。要以居民需求为导向，以社区公共利益为纽带，以各种社会组织为载体，以资源整合为保障，加快探索建立起社区、社会组织、社会工作者三者互联互补互动的社区服务运行机制，力争形成在全省全国有特色的模式和经验。

9. 创新"政社互动"机制，提高社会管理法治化水平

我市的"政社互动"，已经成为社会建设和管理的创新举措，具有鲜明的"太仓特色"。要全面推进"政社互动"，基层政府要主动还权于民，不断完善和创新制度，自治组织要依法履行法定职责，市级相关部门要强化工作指导，落实经费保障。要乘势而上，继续探索和实践"政社互动"的新路径、新方法、新机制，进一步规范政府行政行为，进一步提升基层群众自治能力。力争经过 3～5 年的不懈努力，基本形成政府调控同社会协调互联、政府行政功能与社会自治功能互补、政府管理力量同社会调节力量互动，具有太仓特色，社会认可、群众满意的新型社会管理模式。

10. 创新"互融共享"机制，提高社会服务信息化水平

我市社会建设和管理的信息化基础非常扎实，特别是政府各专业服务管理部门的信息化水平比较高，信息资源充沛、覆盖宽阔，技术手段先进。要从社会服务信息化的需求出发，创新平台、创新机制，全力构建"一库三平台"的信息框架，建立全面覆盖、动态跟踪、高度共享、互联互通，集个人办事、企业办事、政民互动、信息公开等功能于一体的综合性社会服务信息系统，为全市人民提供精细、即时的信息化社会服务。到 2013 年，完成社会服务的"一库三平台"建设，使我市的社会服务信息化水平达到中等发达国家水平。

三 努力形成加强社会建设创新社会管理的强大合力

加强社会建设，创新社会管理，是一项重大的战略任务。必须充分调动各方面积极性创造性，落实各项措施，确保取得实实在在的成效。

一要加大落实力度。各镇（区）、各相关部门要切实承担起社会建设和管理职责，细化分解任务，严格落实责任制，确保人员到位、投入到位、工作到位、责任到位。领导小组办公室、市纪委、市委办、市政府办要切实履行督查职责，加强对社会建设和管理重点领域、重点项目、重点工作、目标任务完成情况的指导、督查督办，确保各项工作落到实处。

二要加大配合力度。各部门特别是十个工作组要牢固树立"一盘棋"思想，对涉及多个部门的重点任务，牵头部门要当仁不让加强协调，相关部门要自觉大力配合，切实做到既各司其职、各负其责，又相互支持、密切配合。领导小组办公室要经常研究社会建设管理中的重大问题，充分学习借鉴国内外社会建设和管理的最新成果，为社会建设和管理提供理论指导和决策参考；加强与各地各部门的沟通联系，及时了解工作进展情况和存在的困难、问题，推动社会建设和管理工作不断取得新成果。

　　三要加大创新力度。各地各部门要努力创新完善符合现代理念的社会建设管理机制，实现社会建设从管理为主到服务管理并举、侧重于服务的转变。创新运用激励机制，充分调动社会各方面力量参与，实现社会事业共建共享，推动社会建设再加强、社会管理再创新。

　　四要加大宣传力度。各镇（区）、各有关部门要及时、经常总结本地本部门社会建设管理方面的积极探索和特色做法，积极报送到领导小组办公室。各新闻媒体要经常宣传社会建设和管理方面的相关动态，注意挖掘、宣传各地各部门在社会建设管理方面的有益经验，营造重视、加强、创新社会建设和管理的浓厚氛围。

（作者系中共太仓市委副书记、

中国社会科学院社会学所太仓经济社会研究中心主任）

附录三
建设更高水平的平安太仓

王国其

一 平安太仓建设取得了显著的成效

自 2003 年开展平安建设活动以来，全市各级各部门在市委、市政府的正确领导下，坚持发展与稳定并重、富民与安民共进，不断拓展思路、创新举措、健全机制、扎实工作，平安建设取得了显著成效，平安太仓已成为一个响亮品牌，在区域竞争力的提升中占有重要分量。一是平安建设理念不断深化。各镇（区）、各部门普遍树立起"发展是第一要务、稳定是第一责任"的理念，自觉把平安建设纳入经济社会发展规划和科学发展考评体系，做到同规划、同部署、同推进、同落实，有力保障了平安建设的扎实开展，切实维护了社会和谐稳定。二是齐创共建格局不断完善。全市上下高度重视平安建设，党委领导、部门负责、社会协同、群众参与的推进格局建立健全，条块结合、整体联动、纵横交织、全面覆盖的工作机制不断完善，全社会共建平安、共享平安的良好局面基本形成。三是化解矛盾和防控犯罪能力不断提升。市镇村三级调解组织和劳动争议、医患纠纷等专业调解组织建立健全，人民调解、行政调解、司法调解相互衔接配合，社会稳定风险评估、"三项排查"等源头防范机制正常运作，矛盾纠纷化解率保持在 95% 以上。集打防控于一体的社会治安大防控体系逐步健全，"一分钟关门、五分钟处警、十五分钟完成全市布控"的城乡一体治安防控网基本建成。四是基层基础工作不断夯实。镇（区）综治工作中心规范化建设水平明显提高，村（社区）"五位一体"综治办建设纳入政府实事工程，流动人口和特殊人群服务管理、治安突出问题整治、重点地区安保等基层基础工作不断加强，平安家庭、平安学校等17个系列平安创建活动不断拓展。我市被省综治委确定为综治和平安基层基础工作示范市。五是人民群众安全感和满意度不断提高。2011年11月，据省城调队电话调查，我市群众安全感达到92%，居苏州各市（区）前列。我市连续八年荣获省"社会治安安全县（市）"称号，连续两届被中央授予综治和平安建设先进集体。太仓已成为上级充分肯定、各界普遍认可、群众引以为豪的最安全地区之一，为实现"两个率先"提供了有力保障。

二 在新起点上建设更高水平平安太仓

坚持科学发展，共创美好生活，率先基本实现现代化是我市"十二五"发展新的目标任务，也是当前和今后一个时期全市工作的大局。我们要紧紧围绕大局，认清形势变化，充分认识深化平安建设、建设更高水平平安太仓的重要性和必要性，进一步增强责任感和紧迫感。我们应该看到，深化平安太仓建设既是率先基本实现现代化的重要内容和任务，也是率先基本实现现代化的重要基础和保障。实施市第十二次党代会提出的"六个现代"建设，需要我们用更大的力度推进平安建设，营造更加和谐稳定的社会环境。我们应该看到，作为苏南经济发达地区，我们发展较快，遇到的问题也较早，新老矛盾交织在一起，正处于并将长期处于社会矛盾的凸显期，迫切需要深化平安建设，有效化解各种矛盾，确保社会和谐稳定。我们还应该看到，随着人民群众生活水平的不断提升，人民群众对幸福和安全有着更高的期盼，但涉及群众切身利益的征地拆迁、环境保护、劳动社保等领域的矛盾仍时有发生；流动人口和特殊人群服务管理工作还存在薄弱环节；虚拟网络社会管理机制还不完善；基层管理服务能力有待进一步提高，等等。深化平安建设还有许多工作要做，还需要我们付出不懈努力。

当前和今后一个时期，深化平安太仓建设必须坚持以科学发展观为指导，按照省委、省政府和苏州市委、市政府的统一部署，进一步解放思想，开拓创新，落实有效举措，努力在社会矛盾纠纷化解、社会治安打防控、公共安全监管、维护国家安全、基层基础建设、平安建设创新能力、政法队伍建设、平安建设保障八个方面做到全省领先。确保我市公众安全感和综治工作绩效继续走在苏州和全省前列，同心协力建设一个基础更牢、水平更高、人民群众更加满意的平安太仓，实现全国平安建设先进县（市）"三连冠"，夺取全国"长安杯"。

实现上述目标任务，必须以推进社会管理创新为统揽，将平安太仓建设纳入全市社会管理创新工程，把加强源头治理、深化综合治理、推动共同治理、抓好长效治理的要求贯穿始终，不断提升平安建设水平，让平安建设这个"易碎品"真正坚固结实起来，为加强和创新社会管理奠定坚实基础。必须以建设平安稳定的社会环境为根本，坚持把实现好维护好发展好最广大人民群众根本利益作为平安建设的出发点和落脚点，为群众所盼、化群众所怨，不断提高人民群众的安全感、满意度，努力营造安全稳定的治安环境、公平竞争的经济环境、规范有序的法治环境、安居乐业的生活环境。必须以形成齐抓共管合力为保障，充分发挥各级党委政府的领导作用、各级政法机关和综治委成员单位的职能作用、社会各方面的协同作用、公众参与的基础性作用，形成党委、政府与社会力量互联、互补、互动的工作格局。

三 全面落实深化平安太仓建设各项措施

当前和今后一个时期，各地各部门要立足新的起点，围绕平安建设的奋斗目标，紧紧抓住影响社会稳定的源头性、根本性、基础性问题，进一步推进"八大体系"建设，确保深化平安太仓建设的各项措施落到实处。

（一）进一步健全社会矛盾化解工作体系

坚持"预防在先、发现在早"的原则，积极构建源头预防机制、大调解机制和群体性事件应急处置机制有机结合的社会矛盾纠纷化解工作体系。要扎实推进社会稳定风险评估工作，对重大决策事项和重大项目做到应评尽评。要深入开展社会矛盾纠纷定期排查工作，提高主动发现、准确预警的能力。要大力推进以人民调解为基础，集人民调解、司法调解、行政调解等于一体的"大调解"工作格局，健全市、镇、村三级矛盾纠纷调解网络，整合政法各部门以及信访等部门的调解资源，完善联动机制，不断增强化解矛盾纠纷的整体合力。要建立完善突发性重大群体性事件的监测预警、信息报告、快速反应、救援处置等工作机制，切实提高应急管理能力。

（二）进一步健全现代治安打防控体系

坚持"打防结合、预防为主、专群结合、依靠群众"方针，以社会化、网络化、信息化为重点，健全点线面结合、网上网下结合、人防物防技防结合、打防管控结合的立体化治安防控体系。以技防城建设为载体，完善市、镇（区）、村（社区）三级联网的视频监控系统；以网格化巡防为手段，推进专职巡防队伍和治安志愿者队伍建设，健全专群结合的市、镇、村专业巡防机制。建立健全严打整治经常性工作机制，依法严厉打击各类严重刑事犯罪。加强对城乡结合部、学校和幼儿园周边、医院等社会治安重点地区的排查整治，全面提升重点地区的管控水平。

（三）进一步健全公共安全监管体系

坚持"安全第一、重在预防"的方针，完善主动防控与应急处置相结合、传统方法与现代手段相结合的公共安全监管体系。要加强企业安全生产管理和监督，严格落实企业安全生产主体责任和政府职能部门监管责任，深入开展重点领域安全生产专项排查整治。要建立健全消防安全工作网络和责任体系，不断提高消防工作水平。要严格枪支弹药以及剧毒、爆炸、放射性等危险品生产、储存、运输、销售和使用环节的管理，防止其危害社会。要建立健全食品药品安全责任体系和监管体系，依法严厉打击食品药品领域违法犯罪活动，确保不发生有重大影响的公共安全事故。

（四）进一步健全流动人口和特殊人群服务管理体系

坚持服务优先、寓管理于服务之中，加快形成以流动人口和特殊人群服务管理为重点、覆盖全部实有人口的动态管理体系。全面推进流动人口居住证制度，把流动人口纳入本地区经济社会发展规划，逐步实现基本公共服务向实有人口全面覆盖；深化完善外来人口融合工程，不断健全流动人口流入地和流出地对接机制；探索"以房管人"机制，进一步理顺和加强流动人口居住房屋的出租管理。要制定和完善政策措施，有针对性地落实对社会闲散青少年、刑释解教人员、社区服刑人员、吸毒人员、易肇事肇祸精神病人等重点人群的教育、管控和矫治，切实预防和减少其现实危害。

（五）进一步健全非公有制经济组织和社会组织服务管理体系

坚持积极支持发展和依法加强监管并重，加快构建统一登记、各司其职、协调配合、分级负责、依法监管的社会组织管理体系。重点扶持经济类、公益慈善类、城乡社区服务类社会组织，不断提高社会组织承接政府转移职能、开展公益服务和中介服务的能力。进一步推进"政社互动"，充分调动和发挥社会组织参与社会管理的积极性。积极推动非公有制经济组织建立健全党团组织、工会组织和综治组织，健全劳动争议协商、调解、仲裁和员工工资集体协商机制，进一步扩大综治工作覆盖面。

（六）进一步健全信息网络管理体系

坚持"积极利用、科学发展、依法管理、确保安全"的方针，形成党委统一领导、政府严格管理、企业依法经营、行业加强自律、全社会共同监督的网络综合管理体系。建立健全网络舆情监测、研判、预警、处置机制，加强网络安全管理和网络舆情导控队伍建设，加大网络正面宣传力度，有效防止和依法打击有害信息传播。建立健全网上动态管理机制和虚拟人口、虚拟社会、网上重点人员信息库，加强网上技术手段建设，营造良好的网络安全环境。

（七）进一步健全国家安全工作体系

坚持专群结合，充分发挥专门机关的职能作用，进一步健全完善国家安全工作体系。深入开展反渗透、反分裂、反颠覆斗争，大力推进"无邪教地区"创建活动，健全完善反恐怖工作机制，严密防范和严厉打击境内外敌对势力、敌对分子的渗透破坏活动。

（八）进一步健全基层基础工作体系

坚持工作重心下移、关口前移，努力形成以夯实基层组织、壮大基层力量、整合基层资源、强化基础工作为主要内容的基层基础工作体系。继续抓好以综治办、公安派出所、司法所、人民法庭、派驻检察室为主体的镇（区）综治工作中心规范化建设，全面建立"一委一居一办一站"社区管理模式，构建以基层党组织为核心、村委会（居委会）为主体、管理服务站（社区工作站）和综治办为依托的村（社区）组织网络，做精社区警务，夯实平安根基。继续深入推进 17 项系列平安创建活动，促使平安建设各项措施纵向落实到底、横向落实到边，以基层的平安保障全市的平安。进一步加强平安建设的组织领导，不断推动平安太仓建设取得新成效。

（作者系中共太仓市委常委、市政法委书记）

附录四

创新社会管理　谋求和谐善治

——太仓市探索实践"政社互动"工作

中共太仓市委　太仓市人民政府

　　"政社互动"是政府行政管理与基层群众自治有效衔接和良性互动的简称，是我市加强和创新社会管理的一项重要举措。根据党的十七大报告和国务院《关于加强市县政府依法行政的决定》精神，"政社互动"承载着党和国家的战略思考，代表着现代社会科学管理的先进理念，顺应着法治政府建设以及基层民主政治建设的时代呼唤，同时也是考验着我们基层党委政府的执政能力和使命担当。基于这样的认识，"政社互动"就成了太仓市委、市政府加强和创新社会管理自觉的必然选择。

　　2008年我们在全国率先开始了"政社互动"的理论研究和实践探索。我市的"政社互动"实践主要是通过政府行政权力的自我约束，实现基层自治组织的权力归位，通过基层自治组织自治能力的提升，实现与政府行政管理的承接互动，努力形成党委领导、政府负责、社会协同、公众参与的社会管理新格局。

一　我市实践"政社互动"情况回顾

　　"政社互动"在全国范围内前无模式、旁无范本，从理论突破到实践探索、从目标制定到路径设计，挑战泛在。三年来，我市通过试点和面上推广，全市"政社互动"理念深入人心，实践充满活力，效果明显，前景看好，被学界誉为继我国审批制度改革后行政改革"第二次革命"、继我国村居干部"海选"后基层民主建设的"第二个里程碑"。

（一）加强组织领导，出台互动纲领

2008年，我市市委、市政府组织了由市委副书记以及市政府常务副市长领队的"政社互动"研究工作领导小组，组织专门力量进行破题攻关，在理论上把握制高点。同时职能部门在全市范围内进行广泛宣传，破除"三大阻力"，形成"三大共识"。一是破除基层政府习惯行政包揽、对自治组织"还权不忍心，放权不放心"的思想阻力，在推动依法行政、建设法治型服务型政府方面达成共识。二是破除自治组织习惯"行政依赖"，一旦离开行政"指挥棒"，村（居）委会干部变得束手无策的运行阻力，在发展基层自治、提高自治能力方面达成共识。三是破除政府部门与自治组织行政隶属关系根深蒂固、行政责任无限延伸的社会阻力，在规范政府权力、发展基层民主方面达成共识。在充分讨论、广泛调查和深入研究的基础上，市政府于2009年5月出台了《关于建立政府行政管理与基层群众自治互动衔接机制的意见》共19条，成为我市开展"政社互动"实践的纲领性文件。

（二）勘定权力边界，制定两份清单

明晰政府和自治组织权责边界是"政社互动"得以推进的关键所在。我市依据法律规定，通过部门清理、专家审核、村居讨论、社会公示等步骤，梳理出了《基层群众自治组织依法履行职责事项》和《基层群众自治组织协助政府工作事项》两份"清单"。前者为自治组织履法清单，后者为行政权力限制清单，对政府权力进行确权勘界，凡是法无授权的全部取消，最终我们确定政府需自治组织协助办理事项28项，比清理前减少了50项。"两份清单"划清了"行政权力"与"自治权利"界限，为推进"政社互动"奠定了坚实基础。

（三）剥离行政责任，协商签署协议

长期以来，基层政府行政管理一个重要手段是通过签订行政责任书，把原本属于政府的责任下嫁给自治组织。我们在梳理清单、明晰权责的基础上，把废止行政责任书作为推进"政社互动"的突破口。2010年4月，我

市在城区城厢镇和农村双凤镇先行试点，"政社"双方平等协商签订《协助管理协议书》，明确协助管理的项目和要求，明确政府必须提供的行政指导和财政支付，明确双方的履约评估和违约责任。协议书的签订，正确处理了"三个关系"，使"政社互动"从探索走向实践。一是正确处理基层政府与自治组织关系。行政责任书具有行政隶属关系，协助管理协议书坚持社会主体平等法律地位，体现了相互间的尊重和互动。二是正确处理自治组织履行法定职责与协助政府管理关系。凡属法定义务，自治组织依法履职；凡依法需自治组织协助管理事项，政府实行"支付协助"；凡法律未赋予自治组织责任和义务的事项，政府实行"购买服务"。三是正确处理村（居）民民主管理与村（居）委会干部自行管理的关系。以前行政责任书是村（居）委会干部一签了之，群众只知结果不知过程。协助管理协议书需经村（居）民代表会议表决通过，从机制上防止了"村民自治"演变为"村官自治"。

（四）废除行政考核，实行双向评估

过去我们政府对村（居）委会工作指标完成情况的认定形式通常是通过"由上而下"的考核，随着"政社互动"的开展，原来的隶属"脐带"被割剪，平等主体间的"双向评估"顺然取代行政框架内的"单边考核"。行政管理与群众自治在协商签约的过程中完成了衔接，在双向评估的过程中实现了互动。"政社互动"在试点一年的基础上，于2012年4月在全市七镇两区全面推开，双向评估也将进入全面实施阶段。

二　在实践"政社互动"中的几点体会

我市的"政社互动"探索实践可以说是对社会管理的一种生态建设，是政府依法行政、群众依法自治、社会依法治理得以良性循环的环境创造的。我市在实践过程中通过不断总结，对"政社互动"的价值也有了以下几点深刻体会。

（一）"政社互动"为完善基层社会管理格局探索了有效途径

要"建立健全以党组织为核心、基层政府行政管理和基层群众团体、自

治组织管理相结合的基层社会管理格局",这是胡锦涛总书记提出的要求。"政社互动"改变了把自治组织作为政府延伸的习惯定式,以平等的社会主体予以尊重;改变了政府对自治组织可以发号施令的传统做法,促进了政府自律、权力"瘦身"、基层减负;改变了自治组织习惯的"行政依赖",促进了政府管理与群众自治的有效衔接,是完善基层社会管理格局的重大探索。

(二)"政社互动"有力推动了政府职能转变

"政社互动"向社会表达了"尊重自治权利,建设有限政府"的法治思想和"共同参与、和谐善治"的管理理念。我们理解,善治的根本在于政府的权力向社会的回归,善治的过程就是一个还政于民的过程。通过厘清"两份清单",放手让群众自我管理;对政府职责范围内事项确保切实履行到位,这不仅解决了政府职能"越位""错位"问题,也倒逼了政府职能转变,政府各部门不能再习惯依靠村(居)委会把任务落实到基层,而必须切实履行好自身服务职责。

(三)"政社互动"为推进基层群众自治开辟了广阔空间

基层群众自治制度是我国社会主义民主制度的重要组成部分。长期以来,基层政府行政管理与群众自治二元结构碰撞,成为制约群众自治深入发展的体制原因。通过"政社互动",激活了群众自治的原动力。原来的多层行政干预捆绑了基层的手脚,村(居)委会干部像"木偶"一样,任由上面"千根线"扯动,无法自治,废止"行政责任书"以后,村(居)委会干部"无线一身轻",自治活力得到充分释放。行政的权力越界,长期无偿占有了村(居)委会资源,城市居委会的财务长期处于"无水养鱼"窘境,"协助政府管理协议书"签订后,村(居)委会协管事项变无偿为有偿,再加上政府购买服务,成为村(居)委会财力"活水来"的源头。我市市、镇两级财政去年平均支付给每个村(居)委会组织协管经费15万~20万元。

(四)"政社互动"为促进基层社会和谐奠定了坚实基础

"政社互动"也使公共权力得到一定程度的规范,群众自治权利得到了更好地保障,增强了政府公信力。促进了基层群众自治组织功能回归,村

（居）委会干部主动走进群众，了解群众诉求，解决实际问题，最大限度地把矛盾化解在萌芽状态。2011 年我市城厢镇电站村推进城乡一体化需要拆迁，村干部串门入户了解村民需求，主动与政府协商，不到三个月 400 多农户顺利拆迁。

三　下阶段深化实践"政社互动"的设想

我市"政社互动"探索实践虽然已进行了三年，但这仅仅只是开始。在未来的一个阶段，我们将围绕"巩固、深入、拓展"三个环节进行：巩固已经打开的局面、已经建立的机制和已经取得的成效；深入开展以"自主指标、自主考核、自主报酬"为中心内容的民主自治特色化建设；"政社互动"向其他社会组织拓展。而"三个自主"将成为我市今后一个时期"政社互动"规范发展的核心举措和重点努力方向。

（一）实现"自主指标"，坚持自治工作"去行政化"

村（居）委会自治组织，除了法律规定的控制指标（如计划生育、耕地保护等）外，其余指标都将成为自主指标。政府将原来掌控在手上的一些如村级经济发展等指令性指标，解放出来，把指标的确定权回归给基层自治组织，使自治工作摆脱行政干预和行政依赖。政府的指标功能由"行政指令"限制为"行政指导"，自治组织通过党员议事会、村（居）民会议或村（居）民代表会议进行"民主商议、自主变动，集体决定，形成决议"，把政府的指导意见上升为自治组织群众的集体意志，并组织实施。

（二）实现"自主考核"，坚持评判干部"去官方化"

我们将本着"向谁负责、由谁考核"的原则，主动把对村（居）委会干部的考核权回归给群众，由群众考核，让群众满意。基层党委政府年终对自治组织党建工作、协管事项、经济发展的综合评估功能限制为对村（居）委会干部提出奖罚建议。村（居）委会组织通过村（居）民会议或村（居）民代表会议，对村（居）委会干部进行业绩考核，参照政府建议的奖罚额度，最终决定对村（居）委会干部的奖惩力度。

（三）实现"自主报酬"，坚持干部领薪"去财政化"

村（居）委会干部"群众选举、政府发饷"是目前我国的普遍模式，在这种模式下，群众选举产生的村（居）委会干部演变成了政府的雇员，村（居）委会干部角色颠倒、价值取向混乱，自治难以实现。然而，要实现"群众选举、村（居）委会付薪"，目前来看还不实际，特别是城市居委会财力不济，干部无薪可领，自治难以维系。现实的这种纠结，成为遏制基层民主建设和发展的"瓶颈"。这个"死结"解不开，自主指标、自主考核就毫无意义。目前我们已经摸索到了突破"瓶颈"的方法和路径，具体将分三步走。第一步，切断村（居）委会干部向政府财政直接领薪的通道，政府所有的支付，取决于自治组织的盘子。第二步，政府通过"协管支付""服务购买""业绩奖励"三条途径为村（居）委会组织做大盘子里的"蛋糕"，让村（居）委会组织有足够的支付能力。第三步，村（居）委会干部以类似村（居）委会组织 CEO 的身份向自治组织领酬，实现村（居）委会付酬的"自主化"。选举的"权把子"和取薪的"钱袋子"都捏在了村（居）民手上，村（居）委会干部"为选民负责、让群众满意"将成必然，群众对其监督、考核也就有了可能，村（居）委会组织的民主自治就会取得实质性的进步。

在实施"三个自主"的同时，我们还将做到"四个加强"。一是加强党的领导。通过基层党组织领导核心和战斗堡垒作用的充分发挥，组织群众开展自治、扩大自治、创新自治，引导群众把党的主张、法律规定、政府指导和群众需求上升为自治组织的集体意志，实施自治。二是加强行政指导。以还权激活自治，以政策扶持自治，以指导规范自治，以支付保障自治。三是加强群众监督。重点在自主决策的程序上规范运行，在财务公开的监督上创新形式，防止自治组织的权力增大后村民自治变成"村官自治"。四是加强文化建设。催生自治文化，指导基层群众的价值取向和行为取向，培养自治的习惯和气质，不断增强自治的理念、自治的意识、自治的认同，从而实现自治的自觉。"四个加强"是"三个自主"的政治保障、技术保障、制度保障和动力保障。

在加强政府行政管理与村居群众自治互动衔接的同时，我们还将加快政府与其他社会组织之间互动衔接的步伐，并采取积极有效的举措保障实施。"三社联动、政社互动"已经列入我市加强社会建设创新社会管理的"十大任务"体系，市级层面的"加强和促进社会组织建设领导小组"正在筹建，投资 1000 万元的"太仓市社会组织服务中心"已在改造。通过孵化、指导、规范、引领等手段，将全市以行业管理为平台的"职业共同体"、以合作经营为平台的"经济共同体"、以公益服务为平台的"理念共同体"、以社区生活为平台的"居住共同体"以及以求知传播为己任的"文化共同体"等不同形态、不同功能、不同层面的社会组织进行资源整合、力量融合，协同政府广泛参与社会管理，实现和谐社会的共建共享，谋求太仓城市的民主善治。

附录五
创新引领，打造民本幸福金太仓

太仓市发展和改革委员会

近年来，我市坚持发展第一要务，紧盯"民本幸福"发展导向，坚持创新引领，深入贯彻落实科学发展观，在更高层次上定位发展方向与工作目标，努力探索民本幸福新路径。

一 成效与变化

1. 发展方式加快转变

三次产业增加值结构由 2005 年的 5.0:60.4:34.6 调整为 2010 年的3.7:57.4:38.9，服务业增加值比重比"十五"期末提高 4.3 个百分点。资源集约利用水平得到提高，保持了 43.5 万亩基本农田，单位地区生产总值能耗比"十五"期末下降21%。体制改革不断深化，城乡一体化发展综合配套改革有序推进。

2. 城乡面貌显著变化

现代化中等城市框架基本拉开，主城建成区面积扩展到近 50 平方公里，2010 年城市化率提高到58.7%。新农村建设成效突出，"十一五"期间创建新农村建设示范村 65 个，占全市总村数（含涉农社区）的 61.9%，高标准建成 82 个多功能农村社区服务中心。生态环境持续优化，被列入国家级可持续发展试验区，荣获国家园林城市、国家生态市、省节水型城市称号和省人居环境范例奖，全面建成全国环境优美乡镇。

3. 社会建设全面加强

2010 年城镇居民人均可支配收入 30325 元，农民人均纯收入 14403 元，"十一五"期间年均分别增长 12.7% 和 11.4%。城乡社会保障一体化水平全省领先，成为全国县级唯一的"创新实践研究基地"，城镇人口登记失业率为 2.31%。获评十大"中国最关爱民生的城市"、十大（县级）"最具幸福感城市"，名列"中国民生建设百强县（市、区）"第四位，成为长三角首个"富裕型中国长寿之乡"。教育水平整体快速提升，率先获得省现代化建设教育先进市称号。文化事业、文化产业发展较快，完成了一批重大文化设施工程。体育事业健康发展，成为国家重要赛事基地之一。卫生服务体系健全率达到 100%，被世界卫生组织授予健康城市优秀实践奖。积极推进"平安太仓""法治太仓"建设，连续多年被评为全国平安建设先进县（市、区）、省社会治安安全市，促进了社会的和谐稳定。

二　思路与做法

1. 提炼城市发展定位，深化规划思考引导

一个地区的发展、社会的进步，在当前阶段和形势下事实上可归于城市文化的发展。而一个城市的发展是依托资源，依靠人流、物流和信息流的集中，从服务性功能驱动的功能城市向以文化驱动的文化城市发展的。思考中国的崛起发展模式，要从解读城市发展为突破。同样思考地方崛起发展模式，也要从解读城市发展为突破。思考城市发展方向，首先就要思考城市发展定位。

伴随着全球一体化进程的加深，以经济联系为基础，由全球城市（Global City）及其腹地内经济实力较为雄厚的二级大中城市扩展联合而形成的全球城市区域（Global City Region）正在成长为全球经济竞争的主角。长江三角洲地区是中国经济实力最强的全球城市区域之一。上海是这一区域高等级的中心城市，承担着重要的综合性区域职能和全国职能，并在努力向承担全球职能发展。上海目前的发展对各种优势资源具有强大的磁吸作用，对周边地区的经济发展也具有一定的溢出效应，既是区域经济发展的引擎，

又在一定程度上限制了周边地区的发展。随着区域网络化趋势的深入推进，长江三角洲全球城市区域中可能涌现出多个中心地，既有高等级的，也有次一级的；既有综合性的，也有专业性的。长江三角洲全球城市区域的不断完善，为太仓背靠苏南，依托上海，放眼世界，努力抢抓重大机遇，谋求更好发展，提出了更高要求。

为此，我市在定位城市发展方向和目标时，着力强调面向世界面向上海的战略高度，在2006年编制《太仓市服务业发展总体规划》时提出了"建设国际一流的卫星新城"和"宜商宜居的上海滨江卫星城市"定位。随着形势变化，2010年编制《太仓市服务业"十二五"规划》时继续对这一定位进行了深化，提出把太仓打造成"长江三角洲全球城市区域的服务中心地"。2010年编制《太仓市国民经济和社会发展第十二个五年规划纲要》时对城市定位进行了全面阐述和明晰，明确了区域一体的规划编制原则，明确提出了加快建设经济发达、文化繁荣、环境优美、社会和谐、人民幸福的现代化新兴港口城市和最佳宜居城市的功能定位。同时明确提出了"创新引领、城乡一体"的新的发展战略。显然这一定位既是对太仓城市发展模式的功能思考，也是对太仓社会创新、民生幸福事业的文化思考。

2. 依循开放理念引领，强化接轨上海实际行动

遵循"学习上海、依托上海、服务上海、接轨上海"方针，积极推进接轨上海战略，着力从战略合作、理念对接、项目引进、服务共享等方面进行全方位多角度对接，依托上海这一平台和载体，全面推进我市社会创新和民生建设工作。

一是发展观念对接。引入海派文化、聘请上海社会科学院、上海市经济研究中心、上海福卡经济预测研究院等单位，对太仓发展重点作专题研究，从上海的角度提出太仓发展的思路、对策和措施，完成了太仓沿江开发、太仓港功能定位、接轨上海等专题研究。

二是人才保障对接。树立"人才共享"理念，正式签订两地人才合作协议，双方互设人才服务窗口，为双方提供人才招聘、信息咨询、异地人事代理、人事培训等服务，并实行人才网站链接，实现信息共享，先后引进一批优势人才、培训项目及"导师计划"等，成功开创了创新、创业人才培养和技术转移转化院地合作的新模式。

三是规划编制对接。2009 年 5 月与嘉定区签订了区域合作行动计划框架协议，包括道路和公共交通对接、环境保护和产业转移等合作，两地合作更趋务实深化。

四是基础设施对接。实现无缝对接，完成了沿江高速、嘉浏高速建设，完成了太仓口岸通关建设，贯通郑和路接沿江高速入口。2009 年 12 月开通对接轨交 11 号线太嘉快线，并实现沪太两地公交一卡通。2010 年取消我市全部沿沪收费站点的收费，进一步促进了生产要素在沪太两地的流通。

3. 调整产业结构，以现代服务业发展促进就业增收

调整产业结构，加大服务业发展步伐，提升服务业发展质量和水平是区域经济健康稳定发展、促进就业增收的重要途径。太仓市委、市政府一直以来十分重视服务业发展，提出了服务业增加值占地区生产总值每年提高一个百分点的高要求，并采取了切实有效措施促进服务业发展。事实证明，服务业大发展有效促进了全市经济结构调整，为确保全市经济持续快速健康发展夯实了基础，也为全市就业增收、民生幸福提升开创了空间。

一是资金扶持。早在 20 世纪，市政府即拨专款成立了服务业发展专项资金，之后根据形势发展不断扩大资金规模。同时还先后设立了旅游发展专项资金、文化产业发展专项资金、鼓励扶持服务外包发展专项资金等，优化资金使用办法，不断强化专项资金四两拨千斤的杠杆作用。

二是项目开发。积极强化服务业招商引资工作，全面推进服务业项目的引进开发建设。特别是引进建设了一批投资规模巨大、产出效益明显、带动作用突出的龙头型、旗舰型项目，如耐克物流等。一方面优化了全市产业结构特别是服务业发展结构，另一方面有力地促进了本地产业链建设，对吸纳就业、实现增收作出了贡献。

三是政策倾斜。先后出台了大型专业市场优惠政策，加快总部经济发展、促进服务业加快发展、鼓励制造业企业分离发展服务等 20 余项专项政策或意见。通过政策引领，促进全市服务业结构调整；通过服务业结构调整，优化服务业就业结构和创收水平；以项目带动就业，以发展提升创收，从而实现经济发展与社会创新相互促进。

四是跨越发展。为进一步提升服务业对全市经济社会发展的引领作用，进一步强化服务业对全市和谐社会建设带动作用，2009 年开始我市进一步提出了服务业三年倍增计划，通过三年努力，到 2012 年底实现全市服务业主要指标三年倍增，从而做大服务业产业规模，做优服务业发展水平，做强服务业引领作用。目前该计划正在有序推进中。

4. 优化考核管理督促，以科学发展观统领各项工作

科学合理的目标体系是我市社会创新、促进民本幸福工作的重要抓手，根据上级要求，结合地方需要，逐步摸索构建科学有效的全市考核管理指标体系。一直以来，我市坚持编制并实施科学发展观考核指标体系，从科学发展角度全面落实考核管理，促进经济社会又好又快发展。同时，为打造民生幸福工程，促进全市社会管理创新，2010 年市委、市政府重点调研"幸福金太仓"课题，通过调研形成了"幸福金太仓"指标体系，共五大项二十分项，从收入、保障、文化、环境、安全等角度，对全市民生发展进行全方位考量。指标体系经细化，最终被引入全市科学发展观考核办法，有力地促进了全市经济社会健康科学发展。

为进一步体现指标科学性，强化考核的有效性，在编制"十二五"规划选择指标和确定具体指标值时突出强调以下基本要求。一是以科学发展观为指导，体现战略性。按照党的十七大提出的新要求，围绕扩大内需、自主创新、城乡一体化和生态文明，力求形成一个全方位的目标体系。二是以基本实现现代化为总目标，体现前瞻性。"十二五"时期是我市基本实现现代化的关键阶段，因此，目标体系的设置既要体现"十二五"发展的阶段性目标，又要以基本实现现代化为总目标，体现一定的前瞻性。三是以富民惠民为根本，体现导向性。更加重视扩大城乡就业、完善社会保障、缩小收入分配差距、提升城乡一体化水平、加强社会建设和管理等与人民群众生活密切相关的内容，促进社会和谐稳定。四是继承与创新相结合，体现系统性。指标体系的设置要保留和继承以前指标体系中能较好反映经济社会发展状况的指标，以便于进行横向和纵向比较，同时增添目前已具有一定统计基础并能反映时代特征和区域特色的指标。五是积极稳妥与综合平衡相融合，体现协调性。规划目标既要积极向上、鼓舞人心，又要实事求是、切实可行，主要发展目标要与国家、省、苏州市"十二五"

规划相衔接，与长三角区域规划相衔接，指标值确保达到苏州市平均以上水平和基本实现现代化的要求。

三　启示与展望

启示一：开放的心态

太仓地扼江海河交汇，紧邻上海，北靠苏州，具有极广阔的发展空间和优势。但是随着时代的推进、形势的发展，这些传统优势正日益面临挑战，如何继续凭借传统优势，同时挖掘新的发展要素，成为近年来太仓人民面临的新课题。在挑战面前，太仓人民选择了开放，不但开放区域经济发展空间，更进一步强化面向世界接轨上海聚焦枢纽的开放心态、理念和思维，通过开放发展模式、开放合作方式、开放对接内容，从而实现了继续把传统的优势得到保持，并进而挖掘了接轨上海、外向服务的新的发展优势，实现了新的发展突破。

启示二：民本的原则

物质生活富足家家开心、精神文化繁荣人人顺心、公共服务健全事事称心、生态环境优良处处舒心、社会和谐稳定时时安心，这"五心"是"幸福金太仓"的关键内涵，也是近年来市委、市政府经济社会工作的出发点、着力点，是太仓实现快速发展同时确保民生幸福、社会创新的关键所在。在实际工作推进中，坚持了把"五心"的民本内涵作为相互联系、协调统一的有机整体加以研究和谋划，不断增强对民生工作的系统性考虑、制度性保障和总体性把握，优化整合各地区、各部门的资源，更加全面、系统、整体地提升民生工作发展水平，从而实现经济社会和谐发展、科学发展。

启示三：从容的节奏

在发展中，坚持了稳步推进、科学推进原则，在优化结构中明确了服务业占比每年提升一个百分点、在就业创收中明确提出了稳定就业形势保持3%左右失业率、在和谐构建中提出逐步提升发展水平在发展中解决问题等思路，以从容的节奏、和谐的架构科学发展，确保了各项工作的顺利推进，也确保了太仓民本幸福、创新社会的工作的推进。

　　科学发展之路的探索永无止境，创新发展之路的探索永无止境。当前我市正处于经济社会加速转型的新阶段。站在新的历史起点，面对宏观形势新变化，我们将继续抢抓重大机遇，继续强化开放开发理念，坚持民本幸福宗旨，不断优化产业结构，不断强化创新创优氛围，完善体制机制，全面改善民生，促进社会和谐，努力建设现代化宜居新太仓。

附录六
积极建立统筹城乡的社会保障基本
公共服务体系

太仓市人力资源和社会保障局

太仓市积极构建统筹城乡、全面完整、可持续的社保公共服务体系，以优化效应作为促进社会管理的重要抓手，探索以"四有"为基本特征的城乡统筹社会保障体系建设，取得显著成效。

一是人人参保有门。太仓市在贯彻落实国家和上级人力资源和社会保障政策中，坚持贴紧市情，注重人力资源和社会保障政策的导向性和激励性、前瞻性和创造性、完整性和互补性、合理性和扶持性，最大限度地实现制度设计的最优化。把新老太仓人分成公务员、事业人员、职工、农民、被征地农民、外来务工人员、灵活就业人员、残疾人、低保人员、失业人员、老居民等15类人群，一一研究落实社保制度措施，使每一个太仓人都能找到适合自己愿望和能力的参保大门。多年来，全市社会养老保险参保率、医疗保险参保率保持在99%以上，城乡老人养老保障享受率达到100%。全市户籍劳动年龄段人员参加农村养老保险的占比不到5%，专家测算太仓市城乡社保统筹率达到95%以上。

二是参保困难有助。太仓市十分关注低保、低收入等社会特殊群体的参保承受能力，推出了一系列社会特殊群体社会保障扶持政策，力争不让一个参保人员掉队。

残疾人参保有助。以灵活就业人员身份参保的重残人员，其在企业职工基本养老保险费20%的缴费比例中，由市再就业基金补贴10%，市残疾人就业保障金补贴7%，镇残疾人就业保障金补贴3%；在基本医疗保险费10%的缴费比例中，由市再就业基金补贴4%，市残疾人就业保障金补贴2%，镇残疾人就业保障金补贴2%，个人缴纳2%。低保对象和低保边缘对象中的残疾人，其缴纳的企业职工基本养老保险费由财政预算和市再就业基金各补贴50%。

低保人群参保有助。以灵活就业人员身份参保的低保对象，其缴纳的企业职工基本养老保险费由财政全额补贴；低保边缘对象，其缴纳的企业职工基本养老保险费由财政预算和市再就业基金各补贴50%。

企事业单位改制人员参保有助。以灵活就业人员身份参保并距法定退休年龄不足五年（含五年）的国有、大集体企业和事业单位改制人员，对其缴纳企业职工基本养老保险费的50%给予补贴。

大龄参保人员参保有助。以灵活就业人员身份参保且距法定退休年龄不足五年（含五年）的人员，缴纳企业职工基本养老保险费实行银行信贷扶持，交费期间贷款利息由市财政补贴。

三是提高待遇有招。太仓市在根据上级精神调整各类保障待遇的同时，针对参保人员的不同情况，坚持公正公平，通过优化制度设计和创新举措，合理提高保障水平，力争让参保人员充分感受社会保障的优越性。

推出"农民补充养老保险办法"。为已经享受政府养老补贴和农村社会养老保险金的城乡老人开辟了提高养老待遇的通道。以前年度农民纯收入标准为缴费基数，缴费比例为20%，其中个人缴纳9%，市财政补贴9%，镇（区）财政补贴2%，一次性缴费参保的次月起每月可再享受一份补充养老金。

建立被征地农民"土地换保障"制度。全面实行与城镇职工养老保险接轨，按征地时间把被征地农民划分为16周岁以下；女16至35周岁、男16至45周岁；女36至49周岁、男46至59周岁；女50周岁以上、男60周岁以上四个年龄段。对第二年龄段以上人员，改变过去将征地补偿费、劳力安置费一次性直接结算支付给本人的做法，统一为他们一次性置换15年城镇养老保险。置换后，第二、三年龄段人员在用人单位就业的，由用人单位为其续保，属自由职业者身份的，按灵活就业人员缴费标准自行续保，第四年龄段人员参照城镇养老保险规定直接计发养老金。截至"十一五"末，太仓历史上到现在 10 万多被征地农民，纳入城保的达 95% 以上，月平均养老金达 665 元。

实行医保待遇"四个倾斜"。即向基层倾斜、向老人倾斜、向低收入群体倾斜、向特殊病人倾斜，最大限度地发挥医疗保障惠及民生的效应，2009年以来已有 21 万余人得到实惠。

实施医疗再保险机制。通过与商业保险机构合作，建立医疗保险的再保险机制，提高医疗费用高支出人群的医疗保险水平。

出台灵活就业人员工伤保险制度。户籍劳动年龄段人员，在灵活就业期间均可参加灵活就业人员工伤保险，参保人员个人不承担缴费，实行全额补贴。灵活就业人员遭受到事故伤害后，经认定为工伤，并组织劳动能力鉴定、达到伤残等级的，可享受灵活就业人员工伤保险待遇。

四是社会化管理有方。太仓市把城乡养老人员全部纳入社会化服务管理，在全市各社区、行政村都建立了劳动保障服务站，配备了专职劳动保障协理员，通过实施"六个送"，力争提升社会保障幸福指数。

"六个送"包括：生日送蛋糕、重病送慰问、特困送温暖、健康送体检、娱乐送活动、亡故送花圈。"十一五"期间，共慰问城乡养老人员63732 人次，发放慰问金 792 万元，组织免费健康体检 154961 人次，支出体检经费 1791 万元。另外，每月编发《娄江夕阳红》报 4 万份，总发行 60期，已成为城乡老人不可缺少的精神食粮。每年举办一届"郑和卡杯"夕阳红艺术节，已举办七届，参与者超过 35000 人次，已成为娄江大地一道亮丽风景。

附录七

在推进城乡一体化改革发展中
加强和创新社会管理

中共太仓市委农村工作办公室

按照以人为本、执政为民的要求，贯彻全心全意为人民服务的根本宗旨，在推进城乡一体化改革发展中加强和创新社会管理，围绕加快推进"富民强村"工程，着力保障民生，切实维护社会稳定，夯实社会管理基础，解决新时期新"三农"问题，构建社会主义和谐社会。

一 明确一个方向，形成城乡经济社会发展一体化新格局

在工业化达到相当程度以后，工业反哺农业、城市支持农村，实现工业与农业、城市与农村协调发展，最终实现城乡互促共荣。就太仓而言，经过改革开放30多年城乡经济社会的快速持续健康发展，已经具备了推进城乡一体化发展综合配套改革的基础条件。由此，统筹城乡发展是实现太仓城乡一体化的必由之路。坚决破除城乡二元结构，在城市与农村之间科学合理地配置各类生产要素和社会资源，促进城乡经济社会协调发展。城乡一体化不是城乡一样化，而是使太仓农村既保持鱼米之乡优美的田园风光，又呈现先进和谐的现代文明，逐步建设成为基础设施配套、功能区域分明、产业特色鲜明、生态环境优美、经济持续发展、农民生活富裕、农村社会文明、组织坚强有力、镇村管理民主的社会主义新农村。近几年来，太仓全市上下按照中央、省、市对"三农"工作的决策部署，把统筹城乡经济社会发展放到

突出位置，各部门相互配合，落实各项措施，深化各项改革，为推进城乡发展一体化砥砺奋进。

二　抓好"二轮驱动"，协调推进城镇化和新农村建设

社会主义新农村建设既是现代化进程中的一项重大历史任务，也是一项系统工程。提高城镇化水平，实现农村城镇化，不仅是社会主义新农村建设的重要内容，也是新农村建设的支撑点。第一，积极推进城镇化。以产业集中带动人口集聚，依托城镇发展商贸流通、社区服务等行业，扩大城镇就业空间。探索农民向城镇转移的办法和途径，推进农民进城（镇、区）集中居住，引导农民向非农产业转移，促进农村居民转变为城镇居民，加快城镇化进程。在抓好 7 个建制镇建设的同时，切实加强对鹿河、王秀、时思、九曲、老闸、茜泾、牌楼、岳王、归庄、直塘、新湖、新毛、新塘、板桥、南郊 15 个被撤并镇管理区建设，科学规划、完善基础设施、理顺管理体制、集中环境整治、提供政策扶持，使被撤并镇管理区实现"整洁化、有序化、便民化、特色化"发展。第二，扎实推进新农村建设。按照城乡一体化发展的要求，着力抓好 80 个示范村新农村建设。对示范村加大投入力度，下拨各村"以奖代补"资金 200 万元；根据各示范村的现实形态、经济基础、物质条件和个性特点，进行分类指导。各示范村以实施"八大工程"为抓手，以项目建设为重点，在发展村级集体经济、推进农民向新型社区集中、加快农村社区服务中心建设、加强农村基础设施和生态环境建设等方面实现跨越式发展，显现经济发展、生活富裕、环境优美、文明和谐的新风貌，较好地发挥出典型示范效应。

三　推进"三个集中"，优化城乡公共资源配置

建立有利于资源要素向农村配置的激励机制，实现城乡公共资源优化配置。一是农民居住向新型社区集中。推进农民进城（镇、区）集中居住，提高农民的生产生活水平，维护农民的合法权益，加快城乡发展一体化步伐。据调查统计，2011 年底全市农民集中居住率达 49.75%，全市已完成规

划论证的农民公寓房安置点 26 个，其中已开工建设的 21 个。在推进农民集中居住过程中，通过"三置换"政策，即农民将农村集体土地承包经营权置换社会保障，将农村宅基地使用权和住房及附属物所有权置换城镇住房，将农村集体资产所有权置换社区股份合作社股权，按合作社章程享有股份和收益分配的权利，实现农民向市民的转变。二是农村土地向适度规模经营集中。遵循"依法、自愿、有偿"的原则，创新农村土地流转机制，促进农村土地承包经营权向种养能手、各类生产基地、农业园区、农业龙头企业、合作经济组织有序流转。全市农村土地承包经营权流转面积累计达 31.5 万亩，占比 90%，农业规模经营比重达 79%。三是引导工业企业向规划区集中。通过"三个集中"，优化城乡资源配置，拓展城乡发展空间。

四 创新四项举措，富民强村迈出坚实步伐

按照城乡统筹的发展思路，创新体制机制，拓展发展空间，转变经济增长方式，推进农村经济转型升级，不断增加农民收入。

一是促进农民持续增收。研究出台《关于促进农民持续增收的意见》，积极探索促进农民增收的"八条路径"，即发展农村新型合作经济、促进农村劳务力充分就业、鼓励农民自主创业、挖掘农业内部潜力、完善农村社会保障体系、落实支农惠农各项政策、加强农民技能培训、培育新型职业农民。特别是加大了对进城进镇农民的就业创业支持力度，实行统一的就业失业登记制度、城镇就业困难人员援助制度和职业培训制度；劳动年龄段人员进城进镇后半年内免费介绍岗位，确保一户有一人以上就业；有创业愿望的农民，优先解决小额信贷。农民拆迁安置的公寓房五年内办妥土地证和房产证，可以上市交易，实现资源向资产的转变，增加农民自有资产总量，促进农民私有房产增值。这些举措都有力地促进了农民增收，2011 年全市农民人均纯收入 18540 元，比上年增长 15.1%。

二是发展壮大集体经济。把发展和壮大农村新型集体经济作为繁荣农村社会、实现共同富裕的关键举措，创新思路、创新机制，推进农村经济转型升级。鼓励各村充分利用工业化、城市化发展及农村新型社区人口相对聚集的有利机遇，开发利用农村集体土地、水面等资源，盘活土地、厂房、设

备、物业等集体资产，通过招商引资发展非农产业和社区服务业，拓宽村级集体经济发展渠道。研究制定了推进农村经济转型升级、加快发展村级集体经济的"六条措施"和"七条政策"，即联合发展集体物业经济、努力盘活存量资产、积极发展现代高效农业、做大做强劳务合作社、搞好服务型经济、提升集体资产经营管理水平，加大土地政策支持力度、加大资金扶持力度、加大村级物业经济支持力度、实行税收返还政策、加大金融支持力度、增强村级发展的主体活力和进一步减轻村级负担，构建村级经济长效增收机制，不断巩固壮大村级经济实力。截至 2011 年底，全市 104 个村（含涉农社区）可支配收入总额达 5.28 亿元，村均可支配收入达 508 万元，增幅连续五年位居苏州各县市第一。

三是加大激励力度，调动集体经济发展主体的主观能动性。（1）不断提高村干部待遇水平。对村主要干部基本报酬和社会保险费实行市、镇（区）、村三级统筹承担，资金统筹承担的比例从原来的 2∶3∶5 调整为市级承担 50%，镇（区）级承担 30%，村级承担 20%；建立村主要干部报酬增长调节机制，基础工资、职务工资（连续任职的）每三年调整一次，不断提高村干部待遇标准。（2）建立村干部提拔任用机制。出台了《关于对优秀村干部实行人事关系挂靠代理的办法》（太委办〔2007〕17 号），以村干部任职时间和村级可支配收入为依据，达到标准的，村主要干部挂靠事业编制，并在优秀村干部中选任镇领导干部，充分激发和调动了农村基层干部干事创业的积极性。

四是加强农村经营管理。提升农村集体"三资"管理水平，开发设计太仓市农村集体"三资"信息化监管系统软件，并在全市全面推行。全市各地集体资产和资源的清产核资工作已全面完成，对经营性资产、非经营性资产和资源性资产进行分类登记汇总，并完善各类资产的租赁（承包）合同。指导村级搞好财务规范化管理，督促搞好年度财务收支预算、民主理财和财务公开工作，强化农村集体经济内部审计，通过加强农村经营管理工作，建立健全集体资产管理体制和运行机制，为农村经济健康可持续发展营造良好环境。

五 发展"五大合作"，不断创新农村经营机制体制

坚持把深化农村改革、推进农村经营体制机制创新作为城乡一体化发展

和新农村建设的重要内容。全面贯彻实施《江苏省农民专业合作社条例》，加大政策扶持力度，大力发展多种形式的农民新型合作组织。截至 2011 年底，全市农村"五大合作"经济组织累计发展到 662 个，其中社区股份合作社 94 个，土地股份合作社 109 个，农民专业合作社 245 个，投资性富民合作社 29 个，农村劳务合作社 90 个，合作农场 95 个，全市加入农村"五大合作"的农户达 12.72 万户次。

深化和完善社区股份合作制改革，使社区股份合作社成为我市新型农村集体经济组织，股份分红成为农民增加财产性收入的基本途径，让广大农民共享改革发展成果。规范发展农民投资性富民合作社，不断增加农民财产性收入。农村劳务合作社是我市主动适应城乡一体化发展的新型产物，是农村改革发展中的创新举措，促进农村富余劳动力实现充分就业，加快农村产业分工的形成，为农村"三集中"创造了条件。全市 90 家劳务合作社，入社农民 1.2 万人，2011 年劳务收入总额 13044 万元，可分配收益总额达 10296 万元。合作农场是将农业生产者联合起来，形成规模较大、商品化、专业化、社会化程度较高的新型农业经营形式。经过一年来的引导与推进，全市共组建合作农场 95 家，经营土地面积 11.52 万亩。东林村合作农场经过近两年的运作已形成了较为规范有效的运作机制，实现育秧、机耕、插秧、管理、收割、仓储、烘干、加工、包装一条龙，1500 亩农田只需要 16 个人耕种，生产加工的富硒大米打响"金仓湖"品牌，2011 年农场纯收益超过 250 万元，在按章提取公积金、公益金和扩大再生产所需资金后，每个村民都享受到了 250 元的二次分红。同时，合作农场蔬菜基地生产的蔬菜以低于市场价 20% 供应给村便利店，村民可凭粮食银行卡定量购买。东林村村民实现了不种地、不失粮、少失菜，生活质量明显提高。

六　突出六个统筹，实现城乡全方位接轨

通过城乡一体化建设，使农村布局规划、生活环境、公共服务、基础设施、就业保障和社会管理等方面逐步与城市接轨。

一是统筹城乡规划布局。加快城市总体规划、中心镇控制性详细规划、镇村布置规划和村庄规划等编制。科学确定城镇规划区、工业生产区、农业

发展区、农民居住区和生态保护区。完成镇村布局、生产力布局、水资源、土地利用、农民集中居住区等规划的编制。统筹安排城乡建设、基本农田、产业集聚、生活居住、生态保护等空间布局。

二是统筹城乡产业发展。在推进工业化、城市化的同时，着力抓好农业和农村经济的发展。发展现代高效农业，推动生态休闲旅游农业发展，加速农村传统产业转型升级。巩固壮大农村集体经济，着力抓好了"两头"，一头抓示范村发展，一头抓薄弱村转化，经过几年的努力，实现了村级集体经济跨越式发展。

三是统筹城乡改革。落实农民合作组织扶持政策，2011年，省、苏州市支持我市农民专业合作社资金322万元，市、镇两级财政扶持合作农场资金1980.39万元，四级财政的资金扶持更加有力地促进了农村"五大合作"的健康发展。加强组织创新力度，支持农民专业合作社自办农产品加工企业，支持有条件的合作社兴办资金互助组织，提高合作组织的覆盖面和带动力。通过探索农村土地使用制度改革，完善城乡平等的要素交换关系。不断深化农村金融制度改革，巩固发展农业担保体系，完善政策性农业保险发展模式，扩大小额贷款公司试点范围，加大村镇银行、农村小额贷款公司、农民资金互助组织等规范化建设力度。加大户籍制度改革力度，让有条件的农民变市民。

四是统筹城乡基础设施。以新农村建设为载体，改善农村环境面貌，完善各项基础设施。自来水实现"村村通"，生活污水处理网络延伸至镇、村，农村生活污水处理率达56.3%，农村地表水环境质量综合达标率达90%。健全了"组保洁、村收集、镇转运、市处理"的垃圾处理系统。推进绿色太仓建设，重点实施大型片林工程、城镇绿化工程、道路绿化工程、河道绿化工程、村庄绿化工程和绿色产业工程"六大工程"，全市绿地森林覆盖率达21.2%。全市农村环境焕然一新，我市荣获国家园林城市、中国优秀旅游城市、国家生态市称号。

五是统筹城乡就业社保。按照"广覆盖、多层次、社会化"要求，积极推进城乡社会保障一体化建设，形成了"培训、就业、保障"三位一体的城乡统筹社会保障"太仓模式"。做到了"五个接轨"，即养老保险实行置换接轨、医疗保险实行扶持接轨、失业保险实行对应接轨、同一险种实行互通接轨、养老服务实行城乡接轨。

六是统筹城乡公共服务。农村社区卫生服务体系建设列为政府实事工程，依靠市财政投入对社区卫生服务中心、分中心进行以改善服务环境、提升服务能力、实施信息化管理为主的提档建设，为农村居民提供安全、有效、方便、价廉的基本医疗保健和公共卫生服务，农民健康水平和生活质量不断提高。农村教育现代化强势推进，易地新建、改建、扩建农村中小学（幼儿园），按省颁二类标准，配足配齐全市所有义务教育段学校的实验、图书、信息技术以及体卫艺等各专用室的设施设备。以"文化百村行"活动为重点，丰富城乡群众文化生活，组织开展送戏、送书、送展览、送电影下乡活动。推广全民体育健身活动，做到镇镇有体育健身中心，村村有体育健身设施。同时，高标准地建成集行政办事、商贸超市、社区卫生、警务治安、文化娱乐、体育健身、党员活动等多功能于一体的社区服务中心104个，极大地方便了群众的日常生活。

把改善民生摆上突出位置，扎实做好农业农村各项工作，促使农民增收与经济发展同步，全面提高农村社会管理的科学化水平。在今后的工作中，服务好每个农民、管理好每块土地，着力构建"五个机制"。

一是着力构建农民增收长效机制。虽然太仓农民收入连续多年保持较快增长，但城乡居民收入差距仍然较大。要坚持不懈地促进农民收入持续较快增长，实行农业、创业、就业、物业"四业富民"，推行新型农村合作医疗、新型农村养老保险、农村最低生活保障、被征地农民基本生活保障"四保惠民"，推进强村带富民，加快形成家庭经营收入为基础、工资性收入和财产性收入为重点、转移性收入比重逐步提高的农民收入结构，落实促进农民持续增收的政策措施。

二是着力构建基本公共服务均等机制。推进基本公共服务均等化，是保障农民群众根本利益的需要，也是扩大内需、加快转变经济发展方式的需要。要以农村实事工程为重点，推进村庄建设整治，加强农村社区建设，发挥社区服务中心作用，完善配套设施，提升服务功能，进一步推进基本公共服务均等化，促进农村全面进步和农民全面发展。

三是着力构建土地增值收益合理分配机制。土地制度是农村的基础制度，确保农民土地权益是农村土地制度改革的根本要求。要在坚持农村基本经营制度和严格保护耕地的前提下，有序推进农村土地管理制度改革，完善农村集体经营性建设用地流转和宅基地管理机制，促进土地资源优化配置、节约集约使用，确保土地增值收益主要用于农业农村。

四是着力构建农村金融服务机制。农村金融仍然是制约农业农村发展的"瓶颈"。解决这一问题，既要发挥现有金融作用，又要培育新型农村金融组织。要全面落实有关扶持政策，鼓励银行业金融机构增加"三农"信贷投放，大力发展农村小额贷款公司，建立健全政府扶持、多方参与、市场运作的农村信贷担保机制，大力发展政策性农业保险，为农业农村发展提供更好的金融服务。

五是着力构建农业支持保护机制。完善农业支持保护制度，是推进农业现代化的内在要求，是保持农村繁荣稳定的客观需要。要大力调整国民收入分配格局和财政支出结构，真正做到向"三农"倾斜。按照"总量持续增加、比例稳步提高"的要求，建立健全财政支农支出稳定增长机制。进一步完善农业补贴、农产品价格保护、农业生态补偿、农资调控等制度，形成促进农业农村可持续发展的体制机制。

附录八
强化基层民主　推进社区建设

太仓市民政局

太仓市现共有 88 个行政村，66 个社区（16 个村改居），3239 个村民小组，1475 个居民小组，常住人口 70 多万，其中户籍人口 47 万。近年来，随着社会的飞速发展，太仓的基层民主和社区建设工作也得到了长足的进步，以下是太仓在基层民主和社区建设工作中的一些做法和成果。

一　"村民自治"成效显著

我市在 1995 年、1998 年和 2003 年先后三次被民政部授予"全国村民自治模范市"，2004 年 12 月全国村务公开民主管理经验交流会在我市召开。2006 年我市又荣获"全国村务公开民主管理示范单位"称号。2007 年我市首创的村民小组代表会议制度，获"全国村务公开民主管理制度创新奖"。2009 年蝉联"全国村务公开民主管理示范单位"。2010 年 3 月，全省发展党领导的村级民主自治机制工作经验交流会在我市召开。

1. 率先试点村委会民主选举

1983 年，率先在娄东乡太东生产大队进行建村试点，制定了《太仓县娄东乡太东村村民委员会工作条例试行草案》。随后出台了《太仓县村民委员会组织暂行办法》。在《中华人民共和国村民委员会组织法（试行）》颁布后，又成为了苏州贯彻实施组织法的试点县。1997 年，第六届村民委员会换届选举工作又做了创新，采取"两个直接"的办法，得到国家民政部的肯定，并将其写进了1998年颁布的《村民委员会组织法》。2000年，又一次创新村委会选举办法，采取无候选人"一次直选"的选举方法。在第九届村委会换届选举时，在原有基础上又不断加以完善和规范，推行了选举会场、中心会场加投票站、投票站加计票中心三种投票形式，有效杜绝了流动票箱的使用，保证了选举的公正性，同时大大方便了选民。第十届村委会选举，又出台了《村民委员会选举工作责任追究办法》，进一步落实选举工作责任，确保选举公平公正，本届选举参选率达99％。换届选举中，一批综合素质好、文化程度较高、年富力强、群众威信高的村委会成员和各类人才进入到村委会班子中来，优化了村委会领导班子的年龄、文化结构，进一步提升了村委会的整体素质。

2. 率先建立村民自治制度

从1992年起，在太星村首先试行"村规民约"的基础上，全面制定"村民自治章程"，并全面推行了多项管理制度。1992年，推行了"村民代表会议制度"，保障农民群众的参与权。从1995年诞生村民代表"会议主席"，到1998年形成制度，解决了村民民主活动时有人主持的问题，保障了村民群众对村委会工作的决策、参与、管理、监督等民主权利。1998年又以文件形式正式在全市确立"民主决策日"制度，规定每年的1月10日和7月10日为全市统一的"民主决策日"。据统计，2010年群众对"民主决策日"决定的事项满意率达95％以上。2000年，通过调研又将村级各项制度进行了规范，分成三类，一是管理组织机构制度，二是村级管理制度，三是村民小组上墙制度。2002年，太仓在全市各个村建立了社区服务体系，2003年起试行村民小组代表会议制度，到2005年起全面推行该项制度。

3. 率先实行村务公开民主管理

我市的村务公开工作，也走在全省乃至全国前列。自2004年10月至今，市委、市政府先后下发了《关于进一步规范村务公开民主管理制度的意见》等十余个规范性文件。市村务公开协调小组先后下发了《关于制定全市村务公开民主管理验收评估标准的通知》《关于建立村务公开"三日制度"的通知》等十多个指导性文件，把村务公开工作纳入到市委、市政府对各镇（区）和有关部门年度工作考核目标和内容中，并建立了检查考核监督机制，为村务公开和民主管理的科学指导和有序运作提供了制度和政策保障。我们提出了"在公开中完善、在创新中深化"的工作思路，开展了"民主法治示范村""村务公开民主管理示范村"的创建活动，坚持以人为本，依法管理，下发了关于《深入开展民主法治示范村》《村务公开民主管理示范村》创建活动的通知，制定了"民主法治示范村（社区）验收标准"和"村务公开百分评估标准"，把村务公开列为创建工作的重要内容，有力地推进了村务公开民主管理工作的不断深化。2004 年城厢镇伟阳村被国家司法部、民政部命名为"民主法治示范村"，2006 年至今陆渡镇横沥村、双凤镇维新村等单位先后被评为"江苏省管理民主示范村"。目前全市有 33 个"苏州市村务公开民主管理示范村"，56 个"太仓市村务公开民主管理示范村"。据统计，群众对村务公开满意率达 98% 以上。

二 "政社互动"领先全国

"政社互动"是政府行政管理与基层群众自治有效衔接和良性互动的简称，是太仓市在全国范围内率先探索实践的新课题。目的是结合太仓实际情况，探索建立政府行政管理与基层群众自治有效衔接和良性互动的机制，形成具有太仓特色、统筹城乡发展的"政社互动"新型行政管理模式，以促进我市依法行政工作和基层群众自治的进一步发展，进而为我国的行政体制改革提供一些有益的经验。太仓市开展的"政社互动"创新实践工作引起社会各界极大关注和积极反响。国务院法制办、国家民政部、中国社会科学院，省法制办、省民政厅和苏州市委、市政府等领导高度重视并多次深入实地考察、指导；《人民日报》《法制日报》《新华日报》《中国社会报》等主流媒体分别以内部参阅、工作简报或在报纸显要位置作深度报道；中国社会科学院政治学研究所研究员史卫民教授称此为"继我国行政审批制度改革后的第二次行政制度革命"。

2008 年 8 月，太仓市委、市政府决定按照"转变政府职能，提升自治能力，促进法治建设，创新社会管理"的目标率先开展"政社互动"探索实践。同年 11 月 4 日，太仓市政府以纪念《村委会组织法》颁布实施十周年为契机，举办"政府行政管理与基层群众自治"专题研讨会，主旨是贯彻党的十七大精神，创新政府行政管理、深化基层民主建设，探索建立"充满活力的基层群众自治机制"，专题研讨会的召开标志着"政社互动"课题正式开题。为推动"政社互动"重大课题研究，太仓市委、市政府成立由党政主要领导挂帅、常委副市长主抓，市委组织部、农工办、编办、监察局、民政局、政府法制办等主要负责人组成的课题攻关组，会同苏州大学在深入调研、充分论证的基础上，形成专题调研报告。并于 2009 年 4 月出台了《关于建立政府行政管理与基层群众自治互动衔接机制的意见》，根据该文件精神，太仓市积极开展实践工作。与此同时，经过 4 个多月的清理，2009 年 3 月市政府公布了《基层群众自治组织协助政府工作事项》和《基层群众自治组织依法履行职责事项》两份清单，明确了政府与基层自治组织各自依法享有的权责范围。在此基础上，2010 年 4 月 30 日，太仓市召开全市"政社互动"试点工作会议，确定在城厢、双凤两个镇进行试点，从而将课题研究推向实践阶段。在操作过程中形成了"2010 工作法"：2—两份清单，0—未列入公布事项零准入，1——份委托管理协议书，0—行政责任书零签订。通过两年多的探索实践，特别是一年来的试点工作，太仓市"政社互动"创新实践工作迈出了坚实的步履，取得了积极的成效，为"政社互动"工作在全市的全面推开奠定了坚实的基础。2011 年 4 月 9 日，太仓市委、市政府隆重召开"全面推进'政社互动'工作动员大会"，由市长作工作报告，市委书记作重要讲话，参会人员扩大到村（居）委会主任，标志着"政社互动"在太仓由点至面、全面推行。

我们开展的"政社互动"基本经验的核心是"一、二、三、四"。

1. 强化一个理念：政府与基层权利主体平等理念

市、乡镇与基层自治组织（村委会、居委会）是两个平等的权利主体，是平等、互动、协作关系，基层自治组织与政府管理部门不构成行政隶属关系，更不是下属单位。从 2012 年起，太仓市所有乡镇（街道）政府与村（居）委会不再签订任何形式的行政责任书，每个乡镇废止十六七份之多。

2. 厘清两份清单

一份是政府行政部门依法行政清单：将 18 个政府部门有法律法规依据需延伸到基层，需要基层自治组织协助政府完成的事项，由原来的 72 项缩减至28项，体现对政府公权的约束与规范。另一份是基层自治组织依法履职清单：根据村、居委会《组织法》《物权法》《土地承包法》等法律法规，将基层自治组织依法履行的十类19项工作事项具体化，体现对基层自治权的尊重与支持。围绕落实好两份清单，太仓市政府不仅适时向社会公布清单内容，接受各方监督；还分期分批组织政府机关和基层自治组织干部群众大规模培训，培训近万人次，切实做到明晰权责、理顺关系，还权基层、依法办事。

3. 实现三大转变

一是变指令为协商。政府部门从根本上扭转对基层自治组织的"上下级"习惯思维，不再将行政任务、经济指标摊派到基层自治组织。对未列入公布事项的，不得以行政命令方式下达；确需基层协助完成的工作，先协商、再准入，变"授权"为"委托"，改"责任书"为"协议书"。所有基层自治组织协助政府管理事务，推行"一揽子契约服务"，将"责、权、利"捆绑落实到基层。二是变考核为评估。将原先政府对基层自治组织的单项考核变为现在的双项评估，既评估基层自治组织依法履职情况，又评估政府部门依法行政情况，有机结合、互相促进。三是变无偿为有偿。实行委托购买服务，对需要基层自治组织协助政府完成的行政事务，按"权随责走、费随事转"原则，由乡镇统一与基层自治组织签订委托和购买服务协议，明确工作要求、目标任务和经费支付方式，切实增强基层自治组织承接公共事务能力。

4. 赢得四方效益

通过建立和实施"政社互动"机制，取得了政府、基层、社会和人民群众四方共赢效益。从政府看，加快职能转变、推动重心下移、规范行政行为、增强服务效能；从基层看，扩大群众参与、释放基层权力、拓宽监督渠道、提升自治能力、充沛基层活力；从社会看，发展基层民主、巩固基层政权，促和谐稳定、提升文明进步；从人民群众看，实现公权下放、还权于民，开辟了谋求人民群众利益最大化新路径。

三　"社区建设"和谐有序

改革开放以来，太仓的经济社会得到了快速发展，社会事业也得到了较快发展，先后获得了多项荣誉称号。2009 年，太仓首创的社区观察员制度荣获首届"苏州市和谐社区建设创新奖"。同年，更是获得国家民政部颁发的"全国和谐社区建设示范城区（市）"和"全国农村社区建设实验全覆盖示范单位"两项殊荣，充分肯定了近年来我市和谐社区建设工作的成果。

1. 注重探索，理顺社区管理体制

坚持"一村一中心一居一站"的管理模式，即城市和城镇社区，按照社区党组织、社区居委会、社区事务工作站"三位一体"方式管理；农村社区按村级党组织、村委会、社区服务中心"三位一体"方式管理。围绕和谐社会建设大局，城乡联动，整体推进，努力构建政府、市场、自治组织三维社区治理模式。2010 年推行了《社区管理工作手册》，创设了管理区社区服务中心"五有标准"。针对农村集中居住社区管理与服务过程中出现的问题，在广泛调查研究基础之上，市委市政府制定出台了《关于加强农村新型社区建设的试行意见》，提出了通过强化属地管理、设立社区工作站、创新治理机制等解决方式，计划在 2011 年新建社区工作站 20 个，实现全员无缝管理服务网络。

2. 明确目标，加强社区硬件建设

2008 年我市已实现了农村社区为民服务的全覆盖，极大地提升了农村管理服务水平，各村全面实施"12345"工程，夯实社区基础设施。目前已建成市、镇、村三级社区服务中心，形成了健全的社区服务网络，农村社区服务中心总面积为 144824 平方米，平均面积为 1316 平方米。城市社区居委会内部装备设施不断配套完善，80% 以上的社区达到了"十个一"的标准，社区事务工作站严格按照"八位一体"的要求进行拓展完善，并向农村社区服务中心延伸，目前居民室外活动场所总面积为 123962 平方米，平均面积为 1403 平方米。在社区服务中心推行"一站式"服务，力求形成"十五分钟"服务圈。目前，全市共有"一站式"服务大厅 51 个，平均面积为 66 平方米，覆盖率为 77%（见附表 8 – 1）。同时，积极施行社区硬件建设项目"以奖代补"办法，有力地保障了社区硬件建设项目顺利开展。

附表 8 – 1　基层政权与社区建设科有关数据统计表

	项　目	"十五"末	"十一五"末	"十二五"末
基层政权和社区建设	村委会(个)	100	88	—
	村民小组(个)	3483	3239	—
	居委会(个)	67	66	—
	居民小组(个)	1425	1475	—
	镇(区)社区服务中心(个)	8	9	全覆盖
	农村社区服务中心(个)	100	88	全覆盖
	农村新型社区工作站(个)	未开展	未开展	按需求建立
	居委社区事务工作站(个)	67	66	全覆盖
	"一站式"服务大厅(个)	未开展	51	全覆盖

3. 拓展服务，满足群众多元化需求

除了服务中心开展各项服务外，利用民间力量进行互助服务也是社区建设的一个重要内容。我们主要抓了这样四支服务队伍：一是组织利用老年协会、关心下一代工作委员会等民间组织开展文体、居家养老和关怀学生校外生活等服务。二是组织"护村嫂"、联防队伍做好社区治安保卫工作。三是组织志愿者队伍开展"情暖万家"系列活动，全市共建立社区志愿服务组织近 300 个，总人数六千余人，确定服务对象 5 万余人，为群众开展养老、理发、家电维修、物业管理等服务，围绕"情暖万家、爱心服务"社区志愿服务活动，涌现了一批特色社区。四是组织业余文艺团队开展"百团大展演"活动，全市 130 余支业余文艺团队和民间文艺组织组织了 2500 余名文艺爱好者深入 88 个行政村和 66 个社区，吸引了众多新老太仓人前往观看，实现了"人人参与文化、人人享有文化"的活动目标。

4. 汇聚力量，优化社区工作者队伍

一是教育培训活动丰富多彩。重点抓好村（居）干部、社区工作者、社区志愿者三支队伍建设。二是激励手段务实有效。2009 年我市出台了《关于对优秀社区干部实行人事关系挂靠代理的办法》，2010 年市委市政府相继出台了《关于完善社区主要干部基本报酬和社会保险费统筹的意见》《进一步加强村（居）小组长队伍建设的意见》两项意见，有效地激励了广大社区工作者投身社区建设的热情。

附录九

积极探索　努力实践
走出太仓特色社会救助和社会福利新路

太仓市民政局

近年来，在富民与强市协同推进的过程中，如何把保障和改善民生，尤其是将改善社会弱势群体基本生活和福利放在突出的位置，走出具有太仓特色社会救助和社会福利的新路，是党委、政府以及民政等各职能部门经常思考并实践的问题。

以下就"坚持三项探索""建立四项机制""完善五项制度"工作作一简单介绍。

一　坚持三项探索

1. 探索建立制度化社会救助保障模式

1997 年，我市最低生活保障在苏州率先"城乡联动、一步到位"。(1) 科学设定标准。城镇低保标准一般按居民可支配收入的 20% 确定，农村则按农民人均收入的 30% 确定。低保标准在苏州居中偏上水平。(2) 落实增长机制。每年按统计部门提供的居民收入参数确定低保标准，从而确保救助资金自然增长。(3) 实施层次救助。低于标准的纳入低保，并落实医疗救助；低于 2 倍标准的，且家庭成员患规定病种的对象，实行医疗救助，不确定病种则实行"两次救助"；实施低保和医疗救助后其生活仍有困难的，实施临时救助和慈善救助。(4) 启动物价补贴。当物价指数连续三个月上涨

3%时，即时启动物价补贴。补贴按低保标准的25%核发到人。（5）实行动态管理。凡符合或不符合救助条件的，在履行必要的程序后，即时纳入或取消低保待遇。（6）资金按月发放。低保资金属政府即时实付资金，通过银行按月划入低保家庭个人账户。

2. 探索建立多元化社会福利服务模式

2006年起，在全省率先发放百岁老人尊老金。2008年，在全省又率先启动市（县）居家养老工作。（1）福利待遇分级落实。孤儿、城乡"五保"、90岁以上老年人的福利，主要由政府承担；80岁至89岁尊老金以及60岁以上符合条件的老年人的居家养老福利，由市、镇（区）各半承担；60岁至89岁老年人的低标准福利，则由村（社区）承担。（2）健康检查按职履行。60岁以上老年人两年一次体检，90岁至99岁以及百岁老人每年一次体检，分别由市人社部门、镇（区）和市民政部门组织实施。（3）服务功能层级强化。在村（社区）建居家养老服务站，服务功能定位为日托照料；在镇（区）建示范性福利机构，功能定位为城乡"五保"供养以及社会寄养；在市建社会性福利机构，功能定位为开放、康复、怡养，并探索公投民营路子；在社会层面则建"红枫爱心社"等各类民间组织，为需要服务的人提供志愿服务。（4）生产生活各尽所能。在全省率先实行智力、精神（三、四级）按标准差额救助；有劳残疾人安置福利企业，落实同工同酬；重度、一户多残、依老养残享受政府救助；低保以及低保边缘中的残疾人落实高出标准的救助；残疾人教育体现社会和政府的关爱。（5）殡葬普惠困难优先。自2011年1月1日起，全市社会救助对象、重点优抚对象、城乡"三无"对象等落实基本火化费免除政策。下半年，探索建立全民殡葬普惠工作机制。

3. 探索建立社会化扶贫帮困发展模式

党委政府以及社会各界大力支持和帮助有劳动能力的低保以及低收入家庭就业，使之从根本上摆脱贫困，其工作受到苏州市历任主要领导的肯定。（1）农民专业合作社带动。通过有效组织形式，吸收困难家庭入社，提供种、养等方面服务，以增加收入。（2）企业带动。通过技能培训，由政府协调企业，吸纳残疾人以及有劳社会救助对象就业，使之在享受劳动权利的同时获得社会尊重。（3）能人带动。通过高效农业经纪人，带动低收入家庭发展高效农业，共同致富。（4）基地带动。通过推进现代化农业的有效载体建设，专业化种植，规模化生产，集约化经营，安排困难人员到园区、基地就业。（5）劳务合作带动。通过公益性岗位的政策倾斜，使有劳人员在劳务合作就业。

二　建立四项机制

1. 建立即时医疗救助工作机制

2007 年，通过资源整合，载体嫁接，信息共享，在全国率先实施即时医疗救助，改原医疗救助由个人凭账单在镇（区）结报，而后由相关部门定时与民政核报的办法，通过开发软件、设置程序，借助社保和医疗机构工作平台，让低保以及医疗救助对象在就医结算时即时享受医疗救助。

2. 建立灾害民生综合保险工作机制

2011 年，太仓在全省第二个全面启动灾害民生综合保险工作。它的运作模式为政府与保险公司"联合保障"，保险由团体人身意外保险和房屋财产保险两部分组成，保障对象为本市户籍人员以及在公安部门登记的一处房产，保费为 3 元/年（人）、7 元/年（房），经费由市、镇两级各半负担，保险范围为自然灾害以及火灾（爆炸），保险责任政府为 7、保险公司为 3，理赔限额人亡赔 6 万元，伤残最高赔 6 万元，房屋损毁最高赔 4 万元，内部设施损毁最高赔 0.8 万元。

建立民生综合保险，是政府为预防、化解和降低潜在灾害风险，增强市民防灾抗灾能力，减轻因灾害造成经济损失而建立的最基本的灾害保障。

3. 建立社会救助监督员工作机制

2009 年，在全省率先推出在村、社区建立社会救助监督员制度。建立这项制度的意义在于通过社会力量的关注，增强基层工作的责任感，维护社会救助政策的严肃性。监督员为各村、社区居（村）民代表，以及各级依法产生的人大代表和政协委员。监督活动为在村、社区居民代表会上提出意见和建议，在社会救助对象审核中认定签字，即时向相关部门反映情况和看法。这项制度的建立，对于推进低保工作规范和动态管理，有着重要的推动作用。

4. 建立低保定时会审（商）工作机制

2009 年，在镇级层面建自查、互查、抽查和会审机制，目的在于加强审核工作，推进社会救助政策的落实和工作平衡发展。同时，为使各职能部门及时了解掌握情况，建立情况通报制度，并就执行过程中遇到的问题进行沟通。

三　完善五项制度

按照"系统性考虑、制度性设计、整体性把握"的要求，2010 年市委、市政府制定出台《关于进一步完善新型社会救助体系的意见》。根据意见精神，我们不断创新救助机制，整合救助资源，规范救助行为，协调救助功能，同时不断完善救助政策。

1. 建立临时救助制度

2007 年，在全省率先建立事业类社会捐助工作站，统一组织协调全市社会捐助、慈善和临时救助工作。同时，通过文件贯彻，对因灾因病致贫或其他特殊情况造成家庭人均收入低于低保标准两倍及以上的困难群众，视不同情况给予应急性政府临时救助。同时，发挥社会捐助、慈善救助的作用，切实帮助解决生活暂时困难的家庭渡过难关。

2. 建立专项医疗救助

2008 年，在苏州率先启动"两次救助"，即非规定病种的大病医疗救助。2011 年，在全省率先在社保统筹基金中提取资金，向商业保险公司投保，为社会救助对象提供再次保障，使之在享受社会统筹医疗保险、医疗救助或"两次救助"政策后，获得又一份医疗保障。

3. 完善慈善救助制度

2007 年，在全省率先借助社会超市力量，在全市建立"家得福慈善爱心超市"网络。通过超市，让社会救助对象在同等价格和质量的情况下，享受 9.3 折优惠，同时，集散社会捐赠物品，组织物价补贴物资的供给等。

4. 建立流浪乞讨救助制度

2006 年，在全省率先将流浪乞讨人员纳入社会救助和医疗救助的范围。同时，积极探索救助管理新模式。我市救助管理和服务实行"镇设职能、城乡联动、部门协作、人性化救助"的办法，得到了省和民政部的肯定。2010 年，太仓市救助管理站被民政部授予"全国救助管理站示范单位"。

5. 完善住房救助制度

符合条件的困难家庭，视不同情况落实公有房廉租政策。同时，按城乡一体化建设有关"住房困难户安置建设"的要求，落实住房救助措施，帮助住房困难户先期迁入安居房，情况特殊的，采取政府、集体、个人共同出资的方法，资助危房困难户新建、改建、维修住房。

附录十
培育社会组织　培养社工人才
推进社会管理和社会服务

太仓市民政局

随着经济体制变革、社会结构变动、利益格局调整、思想观念变化，社会管理和社会服务面临诸多新情况、新问题。作为经济相对发达地区，太仓经济发展活力强、对外开放程度高，流动人口快速增长，新经济组织、新社会组织不断涌现，人才需求旺盛，虚拟社会迅猛发展，许多新的社会矛盾也逐渐凸显。而社会组织和社工人才建设是社会建设中的新兴力量，对于化解社会矛盾，维护社会稳定，推进社会管理和社会服务创新，具有不可估量的作用。

一　社会组织

培育发展社会组织，有利于满足社会公共服务需求，加快推进以改善民生为重点的社会建设；有利于缓解社会矛盾，促进社会和谐，激发社会活力。近年来，以培育和规范为主，我市社会组织发展迅猛，截至 2011 年底，我市登记在册的社会组织共有 301 个，其中社会团体 175 个，民办非企业单位 126 个。

1. 以规范流程为重点，创新社会组织登记管理办法

在社会组织登记过程中，为避免新成立的社会组织与原有的社会组织重名，并规范社会组织的名称，我市创新了社会组织名称预审流程。一是条例有依据。在社会组织工作中，根据相关的规定，在调查研究的基础上，下发了《民政局关于对新成立社会组织名称实行预先核准的函》，对新成立的社会组织实行名称事先核准。二是约定有书面。名称预审的创新在于书面规范，从原来的口头预审变为书面预审，一方面避免重名，另一方面减少因名称不规范而引发的矛盾，进一步规范社会组织登记程序。三是沟通有桥梁。创新社会组织名称预审，需要业务主管单位的大力配合。因此，加强了与各社会组织业务主管单位的沟通联系，减少业务主管单位审批名称与登记管理机关规范名称不相适应的矛盾，减少申办人的申办时间，提高审批效率。

2. 以创新培训为抓手，完善社会组织自我发展机制

为强化社会组织的管理，拓宽社会组织专职人员的视野和知识面，提高业务素质和管理水平，2011 年 3 月，我市举办了首期社会组织专职人员培训班。社会组织培训是加强社会组织规范化建设，促进社会组织制度化管理的重要举措。社会组织财务人员及社会团体秘书长、民办非企业单位负责人共约 280 人参加了培训。培训以财务培训和业务知识培训为主，采取讲座形式，邀请了专家授课。会上，还下发了我们自编的社会组织登记与管理知识读本《社会组织概述和制度》《社会组织政策和法规》。

3. 以评比表彰为手段，推进社会组织规范化建设

为更好地促进社会组织规范化发展，加强自身建设，提高服务能力，2010 年我市创新开展社会组织评估工作。开展社会组织评估是全面推进社会组织能力建设，提高社会组织公信力，创新社会组织监管方式的重要途径。我们的创新亮点在于分类评定，全面推开。一是覆盖面广。在社会团体层面，分行业类、慈善类、学术类，民办非企业单位以教育事业类为主。涵盖了 60% 以上的社会组织类别。二是渗透力强。对评估办法和评估细则进行认真研究和修改，设计了慈善类评分细则，并召开了评估座谈会，以会代训，使参评单位明确评估的方法步骤。三是透明度高。评估分申请、自评、审核、评估、公示、颁证六个阶段进行，按照积极探索、分类评定、循序渐进、稳步推进的原则全面推开。经多方评估，最后评定 4A 级社会组织四家，3A 级社会组织五家。

4. 以购买服务为平台，发挥社会组织管理服务作用

社会组织是为满足社会需要而设立的非营利性组织，在服务社会、服务民生方面发挥着重要作用。2011 年是中国共产党建党 90 周年，我们以政府购买公共文化产品为平台，发挥文艺类社会组织的功能与作用。通过向社区文艺类社会组织购买演出服务的方式，使城乡居民免费享受社区公共文化服务项目。服务项目采用向社会招投标的方式，具有承接演出能力且在我市民政局登记的社区文艺类社会组织为购买服务的对象，为我市城乡九所养老机构提供多场演出。5 月 18 日，我们与各镇社区社会组织签订了购买社区文艺类社会组织公共服务项目合同，标志着我市向社会组织购买服务活动正式启动。

二　社工人才

社会工作人才是现代社会管理与公共服务的重要力量，在解决社会问题、化解社会矛盾、维持社会稳定、促进社会和谐等方面发挥着重要作用。自 2008 年全国开始社工统考以来，我市连续三年组织开展社工考试，截至 2010 年底，共有 53 人通过社工考试取得证书，其中初级 46 人，中级七人。

1. 以社工考试为契机，建立健全社工人才队伍培训机制

全国统一的社工考试是社会工作专业化、职业化的一个重要手段，为社会不断提供专业的社会工作人才。经过广泛发动，2011 年我市通过初审 246 人，其中助理社会工作师和社会工作师分别为 180 人和 66 人，分别占总人数的 73.2% 和 26.8%。我市的这一工作有两大特色：一是全面发动。考试由我局统一组织，在民政系统、社会组织两个层面发动，并在太仓日报上进行了公告，对考试的重要性、目的、意义进行了广泛宣传动员。二是报名踊跃。全市各级各类社会工作从业人员报考积极，报名人数达 273 人，比 2010 年增加了近百人。报考者除民政系统外，还包括了社保、计生、妇女工作、社会组织等行业，涵盖了社会管理和社会服务的各个领域。报名结束后，我们迅速展开培训。3 月，我市 2011 年度社会工作者职业水平考试培训在市委党校正式开班。

2. 以为老服务为中心，大力开发社会工作人才专业岗位

设置社会工作岗位，给予专业工作者适当的薪酬待遇和职业发展空间，既是社会工作职业化进程中的核心，也是建立社会工作制度的目的所在。我市老龄化程度高，养老福利服务化已然形成，如何更好地发挥社工在推进社会福利机构发展和提升服务对象满意度方面的作用是我们今后工作的一大方向。我们将尝试在市福利中心开设社工部，与专业院校合作，设立社工实习基地，培养一批专业社工人才，以专业的社工服务，协助入住服务对象更好地适应机构集体生活，寻找归属感，保持身份认同，激发服务对象的潜能，完成人生自我整合。通过试点，积累经验，总结和制定出符合我市实际的社会工作岗位配置标准和相关领域社会工作人才的管理办法，逐步形成社会工作岗位设置标准体系。

3. 以制度保障为重心，建立健全社会工作人才激励机制

实现激励体系的多元化，激发社工的工作热情和创造力是当前社工培育发展的重要目标。我们将进一步加强资格认证制度、经费保障制度、考核管理制度、社工和义工联动制度等政策和配套制度的研究，逐步建立健全以培养、评价、管理、使用、激励、保障为主要内容的具有太仓特色的社会工作人才队伍建设的政策措施和制度保障体系。一方面，为社工提供公平的薪酬和福利。制定公平和透明的奖赏制度。另一方面，满足社工人才各方面需求。营造团体合作氛围，维持良好的同事互动关系。调动广大社会工作人才的积极性，营造良好的社工人才成长环境，为全市社会工作发展提供有力的人才支持。

附录十一

实施环保民生幸福工程 加快推进
太仓社会和谐

太仓市环境保护局

生态文明建设的首要任务就是从与人民群众关系最密切的环境问题入手，以让广大人民群众喝上干净水，呼吸上新鲜空气，吃上放心食品为根本目标。环境保护部门作为重要的民生部门承担着越来越重要的社会管理责任，环境保护工作在社会建设的推进中已经成为不可或缺的重要组成部分。

按照科学发展观要求，通过实施环保民生幸福工程，全市环境质量综合指数从 2005 年的 95.4 上升到 2011 年的 96.22。市区环境空气质量优良率从 2005 年的 93.7% 到 2011 年的 95.3%。太仓于 2008 年 8 月 1 日被国家环保部命名为国家生态市，2009 年入选全国第二批生态文明建设试点市。良好的生态环境，成为了太仓独具特色的城市品牌，更成为了提升城市形象的重要名片。

一 强化环保基础设施建设，着力打造生态家园

太仓市委、市政府始终把实现环境与经济社会的协调发展作为构建和谐太仓的重要内容来抓，"十一五"期间，全市直接用于环境改善和生态保护的投入占 GDP 的比重每年始终保持在 4% 以上，大大提升和改善了太仓的生态环境质量。

全市六镇三区已建有十座累计日处理能力 17.5 万吨的生活污水处理厂，

配套建设污水收集主管网近 200 公里，支管网 70 多公里，建成了覆盖全市各镇区的"生活污水处理网"。实施"蓝天工程"，结合"西气东输"工程和集中供热网，先后形成市区、港区、沙溪三个集中供热区域，市区烟控区扩大至 21.7 平方公里，集中供热面积扩展至 150 平方公里，全面淘汰"两控区"燃煤设施，建成"城乡集中供热供气网"。先后投资 5 亿多元实施长江引水工程以及"镇镇通""村村通"工程，建成日供水 30 万吨第二水厂和库容为 450 多万立方米的"蓄淡避咸"水库。启动了总投资约 12 亿元、蓄淡避咸有效库容为 1427 万立方米、日供水规模为 60 万立方米的浏河应急水源地项目，建成了"城乡集中供水网"。2006 年投资建成了垃圾焚烧发电厂，基本实现对全市生活垃圾"组保洁、村收集、镇转运、市处理"的无害化处置格局。市财政每年拿出 4000 万元资金用于垃圾清理和处理，全市现有农村卫生保洁员 2600 名，配备压缩式中转站 15 座，垃圾转运车 167 辆，同时建成垃圾发电厂二期工程以及渗滤液处理工程，垃圾日处理能力由 500 吨扩容至 750 吨，生活垃圾无害化处置率达 100%，建成了"城乡垃圾处理网"。全市通过增加绿量，提升档次，加大"绿色太仓"建设力度，重点推进大型片林工程、城镇绿化工程、道路绿化工程、河道绿化工程、村庄绿化工程和绿色产业工程，近年来全市用于绿化建设的投入达 20 多亿元，人均公共绿地面积为 12.7 平方米，林网化率达到 75.32%，森林覆盖率达到 20.23%，形成了"城乡生态绿网"。

二　大力发展循环经济，积极构建资源节约型、环境友好型社会

　　坚持以科学发展观统揽全局，以生态文明为引领，确立了"生态优先、生态立市"理念，将改善环境和维护生态作为新经济时代提升城市竞争力的重要抓手，全力打造一个和谐发展的新太仓。大力推进循环经济，努力实现污染减排目标，推进企业转型升级，推动了经济社会又好又快发展。

1. 污染减排成效显著

　　"十一五"期间，我市认真贯彻落实科学发展观，高度重视环境保护工作，根据国家、省和苏州市下达的"十一五"主要污染物排放总量控制目标及减排任务，把主要污染物排放总量削减明确为"十一五"规划的约束

性指标，将主要污染物排放总量控制与环境质量改善、环境风险防范、维护人民群众环境权益有机结合起来，通过实施结构减排、工程减排和管理减排，扎实推进减排工作，努力克服经济社会发展带来的新增总量的巨大压力，污染物排放总量总体呈现徘徊中下降的局面。根据上级下达我市"十一五"减排目标，编制了《2006～2020年太仓市主要污染物总量控制和减排规划》，成为全国第一个通过"减排规划"评审的县级市。根据上级下达我市"十一五"减排目标，"十一五"期间我市共计安排了36个COD减排项目，削减COD总量达6304吨；二氧化硫（SO_2）减排项目22个，削减二氧化硫（SO_2）总量11453吨。率先实现发电脱硫全覆盖。全市共有电力企业六家，先后投资13.5亿元，全部配套脱硫装置，并安装自动监控系统，脱硫效率达到95%以上，在江苏省率先实现了市域发电企业脱硫工程的"全覆盖"。国华电厂在全国率先实施大机组脱硝工程。

2. 坚持正确的产业导向

单位地区生产总值能耗平均每年下降4.8%。严格按照"两高、两低"的环保准入标准，提高对敏感地区和化工、印染、电镀等重点行业的环保准入要求，近三年共拒批或劝阻重污染项目51个，总投资9.7亿元。共受理办结了建设项目环境影响登记表项目1972个、申报表预审项目1632个、报告表项目1112个、报告书项目181个。自2008年实施建设项目网上审批以来，运行情况良好，全市通过网上申报成功的建设项目达3890个，1702个项目当场办结，现场办结率为51.9%。大力推进循环经济。在44家重点用能企业中开展节能技改、能源审计、循环经济试点等工作，实施重点节能技改项目22个。以推广清洁生产和ISO14000系列认证为抓手，全市共有14家企业建成苏州市级环境友好企业；11家企业建成苏州市资源节约型企业；118个企业被认定为苏州市循环经济试点企业，通过清洁生产审核的企业超过180家，通过ISO14001环境管理体系认证的企业达130多家。

3. 绿色创建成绩斐然

全市所有镇均被环保部命名"全国环境优美镇"；所有的社区都被评为苏州市级以上绿色社区，城厢镇县府社区被评为国家级绿色社区，实现绿色社区创建"一片绿"；全市27所学校被评为苏州市级以上绿色学校，太仓明德高中被评为国家级绿色学校，基本实现绿色学校创建的"满堂红"；69

个行政村被命名为苏州市级以上生态村（其中省级生态村 61 个），电站村成为我市唯一一个国家级生态村，八个村成为江苏省农村环境综合整治示范村；电站村和太仓现代农业园被命名为省级环境教育基地。七家宾馆被评为"国家银叶级"绿色宾馆。国华太电被命名为国家级环境友好型企业。

三 注重环保转型升级，把工作的出发点和落脚点落实到民本建设的实践中

近年来，环境保护的国策地位空前加强，备受各级领导关心、社会各界关切和广大群众关注。环境质量的高低已成为当今社会和百姓共同关心的话题。加快推进以改善民生为重点的环境建设成为太仓在推进全面小康社会和基本实现现代化进程中社会是否和谐、人民生活是否幸福的重要内容。

1. 环境监管进一步加强

从"十一五"开始我市加大污染治理投入，加强环境监管，全市环境污染得到有效控制。通过开展"整治违法排污企业、保障群众健康"环保专项行动，累计组织参与各类执法检查 136 次，检查企业 3 万多厂次，现场检查达 8 万多人次。重点实施对纳入苏州市整治工程的七家企业进行集中整治。实施"一控双达标"行动，对全市 120 家重点 A 类企业进行达标排放治理。出台"组合拳"，对全市 138 家化工企业、26 家电镀企业、50 家印染企业开展"三大"污染行业提标改造。实施太湖流域 37 个水环境综合整治项目，对 400 家超标排放、严重污染环境单位进行了限期治理，关停各类污染企业 146 家，对 72 个重大环境问题实行了挂牌督办，对 124 起环境违法行为实施了行政处罚，顺利实施"退二进三"，九家企业迁出市区。农村"三大"污染源得到有效治理。突破养殖业污染治理"瓶颈"，全面整治全市 100 家规模化养猪场、奶牛场，清理整顿一批不达标的养殖场。落实了农村生活污水收集三年计划，在全市 47 个行政村建设生活污水处理工程。进一步完善了农村生活垃圾收集，无害化处置的管理网络。

2. 环保服务发展能力大幅提升

为形成全社会共同关注环保事业发展的良好氛围，成立了由市政府主要领导为组长，35 个部门一把手为成员单位的环境保护委员会。（1）环保服务基层的能力快速提升。成立了核与辐射和固体废物管理中心，全市环境安

全得到有效保障。投资 400 余万元完成了监测站实验大楼整体改造，实验室总面积达 1000 余平方米，投入 800 余万元用于监测仪器设备升级换代，监测现代化建设基本实现。（2）积极构建环保"三级"网络体系。统筹城乡发展，聘任 158 名村（社区）环保员；建立新型环保监管队伍模式，在全市 161 家环保重点企业聘任 161 名企业环保员，实现了全市行政村（社区）、环保重点监管企业专职人员全覆盖，城乡环保工作三级网络体系逐步健全。（3）壮大基层环保力量。主动与镇（区）负责人协商，抽调经验足、懂业务人员加入环保队伍。为切实落实在监管中强化服务，在服务中做好监管，打破原有管理模式，七个环境监察中队全部派驻七镇第一线，做到全覆盖，每个中队最快五分钟内到达现场，零距离服务基层。创新环境监察中队与乡镇环保办合署办公新模式，使每镇直接从事环保工作的人员达 8～10 人，做到资源共享、共同推进、整体提高。

3. 信访调处高度重视

牢固树立群众环境信访无小事的观念，紧紧围绕"早""快""细""实"四字做好文章，耐心细致的做好解释工作，做到"事事有着落，件件有回声"。三年共受理各类举报投诉 3531 件，处置率为 100%。其中来电 2296 件、来访 90 批/183 人次，市民直通车 755 件，来信 134 件，其他 256 件。三年共办理人大代表和政协委员建议和提案 22 件，办理满意率为 100%。全力做好奥运、世博环境安全稳控工作，制定稳控计划，进行目标分解，责任落实到人。对一些重点、难点、重复信访进行了梳理，通过开展局长大接访活动，解决了多起重点、难点和重复信访问题。

4. 环境安全体系牢固筑守

建立健全环境安全防范体系。大力开展专项行动，环境安全得到保障。充分履行环境执法监督职责，始终把服务民生、促进科学发展、保障环境安全作为执法工作的重点抓实抓好，采取督察整治、专项检查、综合治理等办法，加大了对环境违法行为的打击力度。一是把保护群众饮水安全作为首要任务；二是与监察局联合开展"整治违法排污企业、保障群众健康"环保专项行动；三是加强环境安全监管。建立健全环境安全防范体系。编制了《太仓市减排工作紧急预案》《太仓市突发事件应急预案》和《太仓市辐射事故应急预案》，进一步提高了突发环境事件的应对能力。开展环境安全隐患排查整治。对 100 多家产生危险废物的单位进行清理整顿，及时安全收贮闲置放射源，消除了安全隐患。加强环境突发事件应急处理，组建应急救援专业队，开展应急演练。三年来，先后处置了突发环境事件近十起，确保了环境安全。

太仓环保部门始终坚持以太仓人民群众需求为导向，以解决太仓人民群众最关心的环境问题为导向，以服务太仓经济发展为导向，充分发挥主观能动性和创造性，深入开展环境营造工作，进一步提升了太仓环境质量，促进了太仓生态更和美、人民更幸福、社会更和谐。

附录十二

不断提升交通运输对经济、社会发展的
基础支撑和社会保障能力

太仓市交通运输局

"十一五"期间,在市委、市政府和上级业务部门的正确领导和大力支持下,全市交通系统干部职工以全面落实科学发展观为统领,紧紧围绕太仓经济跨越式的发展目标,继续加快交通基础设施建设步伐,大力推进运输结构调整,全面提升交通运输服务水平,不断提升交通运输对全市经济和社会发展的基础支撑和社会保障能力。

五年光阴,弹指一挥间。"十一五"期间,太仓坚持把交通放在优先发展的战略地位,大力实施公共交通优先战略,积极推进交通重点项目建设,交通事业实现了超常规、跨越式的发展,公路建设、道路运输能力、公共交通服务、行业执法和精神文明建设等各项工作都取得了骄人业绩。

一是道路运输网络进一步完善,"六纵七横九连接"的公路主框架格局基本形成。五年累计完成投资43.99亿元,主要实施了204国道拓宽、339省道复线、224省道和协星路、岳鹿路、双浮路等16项重点工程,完成新建、改建道路和重要道路大修工程总里程127公里,全市建成公路总里程达到1167.5公里,公路密度每百平方公里达到172公里,有效满足了经济发展和百姓出行的需要,超前完成了远期公路总里程1100公里的规划目标。

二是公交事业迅猛发展,城乡居民公交出行条件显著改善。城市公交由"十五"期间的四条线路五辆车,覆盖面积十平方公里,发展至29条线路118辆车,覆盖面积150平方公里。同时,太仓客运中心和公交枢纽站竣工

投运，沪太快线朝阳路站和港区公交站先后建成启用，城乡公交一体化改造顺利完成，太仓公交"一卡通"正式发行并实现与上海等地公交卡的通用和公交付费的智能化，从而大大提高了城乡公交的便捷化程度，有效拉近了城乡及太仓与周边城市的距离。

三是行业管理逐步规范，监管职能不断强化。尤其表现在，（1）建立了农村公路养护管理体制，市、镇、村三级养护责任进一步明确，县（乡）公路好路率稳步提升。（2）行业职能逐步转变，根据国家实施税费改革和取消二级公路收费站的统一部署，妥善完成人员分流安置及行业管理职能的转换等相关工作。（3）行政审批手续不断优化，工作效率显著提高，许可项目全面提速。（4）通过认真开展"双应双提"等教育活动，系统执法人员的业务能力和整体素质显著提高，行业监管力度不断加大，运输市场经营秩序有效改善，安全管理形势持续平稳，创造了连续21年辖区无水上交通死亡事故的佳绩。

四是党建精神文明建设成效显著，交通整体社会形象逐年提升。通过不断创新载体，大力开展文明行业创建，系统干部职工的工作作风显著改善，服务效能明显提升，凝聚力与向心力不断增强，为交通各项中心工作的顺利开展提供了有力保障。全系统先后被评为2005～2006年度江苏省文明行业、2006～2008年度苏州市文明行业和2007～2009年度江苏省文明单位，并在太仓市"高扬主旋律、争创新辉煌"主题教育活动考核评比中，连续六年被评为"十佳"先进集体。

回顾五年来我市的交通发展历程，主要可以概括为以下四个方面的基本经验。

一是必须坚定信心，迎难而上。首先，面对交通工程建设中出现的资金不足、工期紧、拆迁难度大等困难，局党委高度重视，多方协调，积极争取，为工程建设的顺利开展铺平了道路；干部职工主动放弃休息时间，加班加点，争分夺秒，咬住工作目标不放松，按计划保质保量地推进各项工程进度。其次，为积极配合全市应对国际金融危机，在宏观经济形势极为不利的条件下，充分履行好交通职能，局党政领导在深入调研和反复酝酿的基础上，按各自分工，实施了"双十"工程，在全市"保增长、保发展"工作中充分发挥了先行作用。最后，结合国家税费改革和取消二级公路收费的实际，统一干部职工思想，服从大局，认真落实各项改革措施，做到了人心不散、队伍不乱、工作不断，确保了改革的平稳推进和人员分流安置工作的妥善完成。

二是必须加强领导，明确职责。一方面，局党委紧紧围绕全市交通工作中心，切实加强组织领导，建立健全领导分工负责制、限时办结制，党政一把手敢于负总责。各单位重大决策及时向局党委报告，大胆开展工作，遇事不推诿、不越位，确保各项工作落实到位。特别是在接轨上海、服务世博工作中，全局各级领导高度重视，严格落实各项有效措施，从而确保了该项工作出色地完成。在客运服务上，凭借交运集团良好的客运设施条件和优质的服务水平，被指定为上海世博会太仓游客中心和世博会江苏省旅游集散中心。"两个中心"又在世博会前全面完善了咨询、紧急救护等服务措施，为游客参观世博提供了有效的售票出票、停车换乘、场馆预约、餐饮住宿、购物娱乐等一条龙服务，为助推我市三产服务业发展以及全面做好交通接轨上海、服务世博工作均创造了有利条件。在配套建设上，我们赶工期、抓进度，不辱使命提前完成浏茜公路大修，顺利实施浏家港收费站撤站等，从而有效提高了我市道路运输的安全系数，也为我市营造了服务世博的良好氛围。在安保工作上，加大高科技信息化建设投入，努力扼住进入上海的水上"咽喉"，使我市航道实际起到了上海世博安保护城河的作用，并受到了部、省各级领导的一致好评。另一方面，全局上下通过逐级签订"党风廉政建设""安全生产"等责任书，明确职责，严格实行责任制，一级抓一级，一级对一级负责，做到千斤担子众人挑，人人肩上有指标。同时，加强督办检查，坚持定期检查与经常性督促相结合，强化对目标责任制落实情况的检查督促，实现了交通工作的平衡发展。再一方面，全面抓好协调配合，充分利用各种有利资源，积极争取各级各部门的支持和参与，广泛征求社会各界的意见和建议，做到了勤走动，多沟通，认真及时地完成了上级下达的各项应急性任务。

三是必须解放思想，开拓创新。为进一步推动交通事业发展，提高交通服务水平和服务质量，全系统大胆实践，积极采取各项创新举措。在五大处、市行政服务中心交通窗口和汽车客运站售票窗口，统一安装了44个服务评价系统，使服务对象可以直接对当值工作人员服务质量、工作态度、业务能力等进行实时评价，有力地促进了窗口服务质量的进一步提高。同时，认真组织交通系统党员干部开展读书活动，确定学习篇目，并通过交流学习心得体会，统一思想，规范行为，提高了职工的工作责任感和使命感。

四是必须真抓实干，强化落实。为全面确保各项工程建设的顺利推进，我们注重在抓落实上狠下工夫。第一，明确目标抓进度。我们要求施工单位加班加点，抢抓有利工程施工的天气，不断加大人员和设备投入，力保工程按计划推进。第二，加强管理抓质量。交通建设指挥部切实加强对工程建设的管理，并充分发挥一线技术人员和监理人员的监督作用，严格把好工程质量关。第三，明确责任抓安全。全系统各单位认真落实安全生产管理责任制，层层签订安全生产管理责任书，建立健全安全生产管理台账，加大日常安全生产检查力度，确保各项交通工程建设的安全施工。

展望"十二五"，交通人踌躇满志。"十二五"时期是我国深入贯彻科学发展观，全面建设小康社会、积极构建和谐社会的关键时期，也是我市率先基本实现现代化目标，继续实施"以港强市、接轨上海"战略，加快构建"一市双城三片区"发展新格局的有利时期。同时，还是交通实现结构调整、职能转变，加快向现代服务业跨越的重要战略机遇期。为此，在"十二五"发展中，太仓交通运输局将继续坚持在市委、市政府的正确领导下和上级业务主管部门的指导帮助下，以服务全市率先基本实现现代化目标为中心，以配合"创新引领、以港强市、接轨上海、城乡一体、可持续发展"五大战略实施为重点，以"优化接轨上海新网络、完善港口疏运新体系、打造区域快速新通道、提升公交服务新水平、铸就行业管理新品牌、再创交通发展新辉煌"为目标，充分调动各方面积极因素，努力打破以公路建设为主的单一模式，做到"公、铁、水、空"齐头并进，实现全市交通网络化纵横通达顺畅、城乡联网一体和公路、航道、铁路、航空多元化运输的新格局。努力为全市经济社会发展，港区开发建设提供低碳环保、节能高效和全方位、立体式的综合交通运输体系。

一是努力优化接轨上海新网络。从入沪通道改造入手，认真做好锡太高速、岳鹿公路与上海嘉定城北路的对接工作。同时，加快推进与上海轻轨七号线城际公交的对接工作，启动上海轻轨延伸至太仓的规划工作，加快推进浏河客运站新建工作，以更好地方便港区、浏河地区的群众在沪太两地之间的往返。

二是努力完善港口疏运新体系。为满足太仓港不断加快发展的实际需要，在抓紧完善太仓港集疏运体系规划的基础上，我们将以着力推进疏港高速、港外大道、339 省道东延、沪浮璜公路改造、沪通铁路以及杨林塘整治等工程建设为重点，努力为港区货物集散构建更为快速、高效、节能的集疏运体系。

三是努力打造区域快速新通道。我们将结合太仓城市发展特点和市域公路网络建设现状，从完善内、外联系通道两方面着手，狠抓协星路、岳鹿路及双浮公路等工程项目的推进，加快构建"网格状"的"六纵六横"市域快速联系通道。确保主城与各乡镇（区）之间有四车道以上一级公路对接，实现各乡镇（区）10 ~ 15 分钟内进入高速公路，主城至港城、各乡镇（区）、各管理区 30 分钟内互为通达，以有效提升我市道路通行效率，更好地服务城乡群众出行。

四是努力铸就行业管理新品牌。以提高工作效能，强化行业监管，助推运输行业稳定快速发展为目标，充分发挥交通信息平台的科技优势，逐步将全市运输行业纳入信息平台的监控网络，以有效提高行业管理的准确性、针对性和有效性。同时，深入研究行业综合执法新模式，设想通过抽调系统内公路、运管、维管、海事、航道等单位精干力量，组建起一支查处各类交通运输违法行为的综合执法队伍，以全面提升交通行业管理的能力和水平。

五是努力提升公交服务新水平。第一，走节能低碳的公交发展之路。通过对先期投运的 14 辆天然气公交车进行跟踪调查表明，使用该种车型运营，其每百公里运营可节约燃料 25% ~ 30%，每替代一吨柴油，可减少 0.85 吨以上的二氧化碳排放，预计每车每年可减排十吨二氧化碳。为此，我们将加快实施绿色环保公交发展战略，逐步将传统公交车更新为天然气公交车，以提高公交资源的利用效率，节约能源、改善城市交通环境。第二，走科技智能的公交发展之路。为方便乘客快速有效地选择出行时间和出行线路，我们将进一步加大科技投入，提高公交运营的智能化水平，以大幅提升公交调度的灵活性和公交运营的准点率，吸引更多乘客选择公交出行，缓解日益拥堵的城市交通压力。第三，走校企联合的公交发展之路。我们将在继续加强对现有公交驾驶员教育培训的基础上，通过与周边地区职校进行联合，依托职校将素质较好、能力较强的毕业生输送到公交企业进行培养，从而全面提升公交驾驶员队伍的业务能力和整体水平，使公交运输服务更好地满足广大群众的出行需求。

六是努力再创交通发展新辉煌。"十二五"期间，是我市交通运输事业前所未有的大开发、大建设的有利时期，我们将牢牢把握这一难得的历史性机遇，严格按照科学发展观的要求，结合全市经济社会发展的新形势、人民群众的新期待、交通运输事业发展的新情况，坚持从实际出发，正视问题，解放思想，开拓创新，全力破解拆迁、土地、资金等发展难题，以抓大项目为龙头，以改革创新为动力，加快推动太仓交通运输事业再上新台阶。

参考文献

陆学艺：《当前中国经济社会形势与社会建设》，《中国社会建设与社会管理学术研讨会论文集》，2010。

陆学艺：《社会建设就是建设社会现代化》，《中国社会学年会论文集》，2011。

杨红娟、尹小俊、张春华：《社会管理创新 25 题》，中共中央党校出版社，2011。

邹农俭：《现代化：太仓实践》，社会科学文献出版社，2010。

李培林：《完善社会建设增进民生福祉》，《前线》2010 年第 3 期。

宋贵伦：《时代特征中国特色首都特点——关于北京社会建设的理论思考和实践探索》，2009 年 12 月 7 日《北京日报》。

魏礼群：《加快推进以改善民生为重点的社会建设》，2007 年 10 月 30 日《学习时报》。

徐中振：《创新社会管理须把握八大领域新特点》，2011 年 4 月 4 日《解放日报》。

李培林：《中国的新发展阶段和社会改革》，2010 年 10 月 21 日《解放日报》。

南振声：《以公共服务均等化推动社会公平》，2011 年 2 月 27 日《解放日报》。

李兰芳：《在文化大发展中普惠民生幸福》，2012 年 2 月 13 日《苏州日报》。

沈立人：《和谐的实质是公平与正义》，2011 年 5 月 13 日《苏州日报》。

梁鸿：《当代中国的社会福利与社会保障》，2011 年 4 月 24 日《解放日报》。

李扬：《统筹城乡发展：从公平国民收入角度分析》，2010 年 10 月 20 日《解放日报》。

鲍宗豪：《后全球化视野下的社会管理》，2012 年 2 月 19 日《解放日报》。

张子良：《社会管理如何实现"大管理"》，2011 年 4 月 12 日《解放日报》。

〔英〕埃比尼泽·霍华德：《明日的田园城市》，金经元译，商务印书馆，2006 年，第 1 版。

成都市社会办：《成都田园城市》，2011。

张大平：《走出与市场经济相适应的新路》，在"社会建设与社会领域党建"论坛上的发言，2010 年上海。

姜德琪：《略论加强社会建设的路径选择》，《新学术论坛》2008 年第 11 期。

郝永平、彭劲松：《和谐社会建设的四维路径》，2006 年 6 月 28 日《光明日报》。

后　记

　　21 世纪初，跨入全面小康社会的苏南地区，勇敢而自信地承担起基本实现现代化的"第二个率先"的重任。在新的征途中，苏南各级领导坚持把实现社会现代化放到重要的位置，像抓好经济建设那样，把社会建设作为实现"第二个率先"的重头戏抓紧抓好，这是苏南进入 21 世纪以来实现发展方式转变的一个新亮点。这种方向性的转型大约是从 2006 年中央提出建设"和谐社会""以人为本"重大决策以后开始的，短短六七年时间，这里的社会建设和社会管理开始收到了实质性的成效，苏南的领导和干部群众以自身的实践正在积极主动地书写这个历史性的命题。

　　江苏省太仓市是苏南地区的重要成员之一。早在 20 世纪末，该市已将经济社会协调发展放到了突出的位置上。近年来，该市更是不断探索推进社会建设、创新社会管理的特色之路，形成了经济现代化和社会现代化比翼双飞、共生共长的新格局。党中央提出了创新社会管理、促进社会和谐的科学发展方针以后，该市在中国社会学会、中国社会科学院社会学所的直接领导和大力支持下，开展了对前一阶段工作实践的大回顾、大总结、大探索的历程，把推进社会现代化作为该市实现"第二个率先"的重要组成部分，社会建设和社会管理工作进入了一个新的发展阶段。

　　本书上册就是该市大总结的产物。本书课题确立以后，市委、市政府发动全市各部门、各单位结合本部门的特点进行系统地总结回顾，把近六七年来对社会现代化的认识过程、实践路径、实际效果以及前景展望进行一次系统地整理和思考，写出了 60 多篇、多达 50 多万字的总结材料。负责本书上册的执笔者就是在这大量的第一手资料的基础上加以概括、提升、加工而写成的，可以这样说，本书上册所述的内容完全是全市广大干群实践的结晶、创新的成果。

限于篇幅，在本书上册中我们选取了 12 篇文章作为"附录"收入书中，但其他的文字材料不可能全部入书。执笔者尽了最大的努力，把这些总体材料中的精华部分和生动观点基本上收入进本书，除了这大批总结材料外，执笔者还参阅、引用了很多刊登于各类报纸、杂志和内部参阅上的调研报告、思考文章和新闻报道的内容。总之，我们对未能收录进书的总结材料的单位领导和执笔人表示深深的歉意！

向本书提供总结材料的单位有：太仓市民政局、太仓市统计局、太仓市发展和改革委员会、太仓市人力资源和社会保障局、太仓市教育局、太仓市法制办、太仓市卫生局、太仓市政府办、太仓市文广新局、太仓市住房和城乡建设局、太仓市城管局、太仓市委农工办、太仓市环境保护局、太仓市总工会、太仓市人口计生委、太仓市交通运输局、太仓市旅游局、中共太仓市委组织部、中共太仓市委宣传部、中共太仓市委党校、太仓市经济和信息化委员会、中共太仓市委政法委、太仓市人大办公室、太仓市监察局、中共太仓市委市级机关工委、太仓市残联、太仓市行政服务中心、太仓市政协办公室等。这些单位的材料在一年多的时间里，都曾将内容作了多次地修改和加工，倾注了大量的心血，为完成本书上册的写作任务作出了不可磨灭的贡献。

从本课题正式立题开始一直到书稿完成，中共太仓市委书记陆留生，副书记陆卫其，政法委书记王国其以及市委办主任王红星，市委研究室主任潘井亚、副主任刘友佺等人自始至终为本课题做好组织、协调、统稿、定稿等工作，为执笔者提供了极为良好的工作空间和动力，保证了书稿的如期完成。另外，太仓市文联为本书提供了精美的太仓城市风貌照片，张明康为书稿打印付出了大量心血，在此均表感谢。

本书上册得到了中国社会学会、中国社会科学院社会学研究所专家学者的悉心指导，特别是著名社会学家陆学艺教授从定题开始一直到审稿结束，最后专门为本书写序言，倾注了大量的精力，我们深深敬佩他为促进社会事业的发展所作出的贡献！

本书得到社会科学文献出版社的大力支持。谢寿光社长亲自关心书稿的出版进展情况，切实帮助解决具体问题；邓泳红、童根兴、吴敏、史雪莲等同志为本书保质保量如期出版付出了大量精力和汗水，在此向他们表示诚挚的谢意！

真正把社会现代化作为自身的一个实践目标，太仓经过六七年的努力初显成效，但离终极目标还相差甚远，太仓的经验还是初步的，加上我们总结者对社会现代化的认识尚有许多肤浅和偏颇之处，书中难免会有许多疏漏和不周的地方，期待各方面的批评指正！

编者

2012 年 7 月 15 日

图书在版编目（CIP）数据

社会现代化：太仓实践/陆学艺，陆留生主编. —北京：社会科学
文献出版社，2012.10
ISBN 978 - 7 - 5097 - 3707 - 1

Ⅰ.①社… Ⅱ.①陆… ②陆… Ⅲ.①现代化建设 - 经验 - 太仓市
Ⅳ.①D675.34

中国版本图书馆 CIP 数据核字（2012）第 202872 号

社会现代化：太仓实践（上册 总结篇）

主　　编／陆学艺　陆留生
著　　者／朱汝鹏 等

出 版 人／谢寿光
出 版 者／社会科学文献出版社
地　　址／北京市西城区北三环中路甲 29 号院 3 号楼华龙大厦
邮政编码／100029

责任部门／社会政法分社（010）59367156　　责任编辑／史雪莲　郑　嬿
电子信箱／shekebu@ ssap. cn　　　　　　　责任校对／岳爱华
项目统筹／童根兴　　　　　　　　　　　　责任印制／岳　阳
经　　销／社会科学文献出版社市场营销中心（010）59367081　59367089
读者服务／读者服务中心（010）59367028

印　　装／北京鹏润伟业印刷有限公司
开　　本／787mm×1092mm　1/16　　　　本册印张／17
版　　次／2012 年 10 月第 1 版　　　　　　彩插印张／0.25
印　　次／2012 年 10 月第 1 次印刷　　　　本册字数／275 千字
书　　号／ISBN 978 - 7 - 5097 - 3707 - 1
定　　价／99.00 元（上、下册）